DIESES BUCH

... ENTFALTET VORSTELLUNGSKRAFT

... ÜBERWINDET FAMILIENMUSTER

... FOKUSSIERT KOMPETENZEN

... HANDELT MUTIG

... BLEIBT WAHRHAFTIG

... GEHT ENTSCHLOSSEN VOR

... AGIERT VERLÄSSLICH

... REALISIERT OPTIMISTISCH

... KONTROLLIERT IMPULSE

... ENTWICKELT TATKRAFT

... LEBT WERTE

... STELLT WEICHEN

... BEZWINGT HINDERNISSE

... AGIERT GELASSEN

... NIMMT HALTUNG EIN

... BESTIMMT WESENTLICHES

... SUCHT HERAUSFORDERUNGEN

... GEHT VORWÄRTS

... WÄCHST BESTÄNDIGS

... DENKT FÜHRUNG NEU

... FÜHRT WEIBLICH

ISBN 978-3-945112-37-3
Bibliografische Information der Deutschen Nationalbibliothek
Die Deutsche Nationalbibliothek verzeichnet diese Publikation in der Deutschen Nationalbibliografie; detaillierte bibliografische Daten sind im Internet über http://dnb.d-nb.de abrufbar.
Alle Angaben werden mit Herz recherchiert, gesammelt, sondiert, lektoriert und publiziert. Dennoch: Alles ohne Gewähr. Jegliche Haftung seitens der Herausgeberin und|oder der Autoren ist ausgeschlossen.
Dieses Buch ist urheberrechtlich geschützt. Das Buch oder Auszüge daraus dürfen nicht ohne eine ausdrückliche Genehmigung der Herausgeberin und des Autors kopiert oder weiterverwendet werden.
Die Fotos der Autoren entstammen ihren Archiven.
Alle Grafiken & Illustrationen entstammen ebenfalls den Archiven der Autoren.
Die Wiedergabe von Gebrauchsnamen, Handelsnamen, Warenbezeichnungen usw. in diesem Werk berechtigt auch ohne besondere Kennzeichnung nicht zu der Annahme, dass solche Namen im Sinne der Warenzeichen- und Markenschutz-Gesetzgebung als frei zu betrachten wären und daher von jedermann benutzt werden dürften.

© PROFILER'S PUBLISHING Bielefeld 2016 | Druck: BoD, Norderstedt | www.profilerspublishing.com

21 Erfolgsfrauen
21 Karriere-Formeln

Dr. Vanessa Conin-Ohnesorge
Suzanne Grieger-Langer
Dr. Angelika Weinländer-Mölders
(Hrsg.)

PROFILER'S PUBLISHING
Expertenwissen für Ihren Erfolg

Vorwort
Dr. Auma Obama

Liebe Leserinnen und Leser,

ja, eigentlich ist das Verhältnis der Geschlechter weltweit ziemlich ausgewogen. Jedenfalls anteilig an der Gesamtpopulation. Und doch könnte nichts weiter von der Wahrheit entfernt sein.

Geschlechtsspezifische Geburtenverhinderung betrifft fast ausschließlich Mädchen. Geschlechtsspezifische Diskriminierung beim Aufwachsen, beim Zugang zu Schule und Ausbildung sowie höherer Bildung, betrifft fast nur Mädchen. Und selbst in den Industrienationen, die sich seit vielen Jahren die Gleichberechtigung von Frauen und Männern und gleiche Chancen auf die Fahnen geschrieben haben, diagnostizieren wir immer noch Lohngefälle, „gläserne Decken" und Karrierehemmnisse. Weibliche Vorstände bleiben die Ausnahmen in europäischen Unternehmen – und daran wird sich, einer brandaktuellen, weltweiten Studie von Mercer zufolge, so rasch auch nichts ändern. Jedenfalls nicht in Europa. Auch das Institut für Arbeitsmarkt- und Berufsforschung kommt dieser Tage in einer Studie zu dem Ergebnis, dass Frauen in deutschen Unternehmen immer noch so selten an die Spitze gelangen wie vor zehn Jahren.

Umso mehr brauchen wir Frauen wie die Autorinnen dieses Buches, die heute nicht nur Top-Managerinnen sind, sondern die auch offen und persönlich darlegen, mit welchen Hindernissen sie zu kämpfen hatten. Welche Steine ihnen in den Weg gelegt wurden. Und vor allem, welche Strategien sie entwickelt haben, um ihren eigenen Karriereweg zu gehen. Gehen zu können!

Mit großem Interesse habe ich diese Geschichten gelesen. Denn es sind Lebens-Berichte und vor allem Erfahrungen, „Learnings", in denen sich viele von uns wiedererkennen werden. Strategien – die Autorinnen nennen sie „Erfolgsformeln" -, die nach vorne bringen können. Dieses „weibliche Erfolgswissens" als Unterstützung ist wichtig und tut gut. Denn aus meiner eigenen Erfahrung weiß ich, wie es ist, als Frau – als Mädchen - keine Stimme zu haben. Deshalb war ich als Kind „stumm". Ich wuchs in Kenia als ein sehr schüchternes, „stummes" Mädchen auf, das sich nicht traute, für sich selbst zu sprechen. Nicht traute, die Stimme zu erheben. Das sich selbst begrenzte und noch keinen Weg fand, das eigene Potenzial zu erkennen und zu entwickeln. Dieser Weg eröffnete sich mir erst mit meiner Schulbildung, und führte zu einem großen Umbruch, als ich mir selbstständig das Recht und die Möglichkeit erkämpft hatte, nach Deutschland zu gehen. Hier zu studieren, zu promovieren, Filme zu machen und zu veröffentlichen. Ich hatte meine Stimme gefunden – und gelernt, sie so zu erheben, dass ich auch anderen damit helfen kann. Heute werde ich weltweit als Vortragsrednerin für die Themen der ökologischen und ökonomischen Nachhaltigkeit und sozialen Verantwortung gebucht – man hört auf meine Stimme und ich kann damit etwas bewegen, wofür ich sehr dankbar bin.

Nicht zuletzt deshalb habe ich meiner eigenen Stiftung den Namen „Sauti Kuu" gegeben. Diese Worte auf Kisuaheli bedeuten auf deutsch „starke Stimmen".

Ich möchte Kindern und Jugendlichen aus sozial schwachen Familien – insbesondere in ländlichen Gebieten und in den städtischen Slums, und verstärkt Mädchen – dabei helfen, die Stärke der eigenen Stimme und die Kraft des eigenen Potenzials zu erkennen und mit den Möglichkeiten, die sie vor Ort haben, etwas aus ihrem Leben zu machen. Bei der Stiftungsarbeit legen wir großen Wert darauf, dass diese Kinder und Jugendlichen sowie ihre Familien, ihre eigene Verantwortung erkennen. Die Verantwortung dafür, sich Ziele zu setzen und ihr Leben selbst zu verbessern. Den eigenen Weg zu suchen und mit Entschlossenheit zu verfolgen, denn der Weg schiebt sich beim Gehen unter die Füße! Wir dürfen dieser Generation nicht den Eindruck vermitteln, dass sie „abgehängt" ist, dass es sowieso keinen Zweck hat, sich anzustrengen und zu engagieren. Sondern, dass sie ihr Schicksal trotz aller Widrigkeiten selbst zum Besseren drehen können – und dass wir sie dabei mit den Mitteln unserer Stiftung unterstützen. Und das beileibe nicht nur in Afrika, sondern in Projekten weltweit, auch in Deutschland. Auch hier gibt es viele Kinder und Jugendliche – und durch die aktuelle Migration werden es noch mehr -, von denen viele behaupten, sie seien „sozial schwach". Meiner Erfahrung nach stimmt das aber nicht – sie sind vielleicht „wirtschaftlich schwach"; aber wenn man ihnen die Chance gibt, sind sie im Gegenteil „sozial stark"! Sie entwickeln eine Vision, sie setzen sich ein!

Das zeigen nicht zuletzt auch die Nominierten und Gewinner des Sauti Kuu Jugend Awards: Unter den Jugendlichen, die von der Allgemeinheit für diese Auszeichnung vorgeschlagen wurden, waren einige vermeintlich „schwache" und auch Flüchtlinge, die sich hier in Deutschland für andere stark machen und sich sozial engagieren.

Wir haben also immer eine Chance, etwas zu ändern. Wenn wir die Vision haben, wenn wir unsere Stärke und Stimme entwickeln und uns Ziele setzen.

Vielleicht denkt man – kommen wir zu den Autorinnen dieses Buches zurück –, dass dies für Frauen in Deutschland, in den ihnen von jeher zugeschriebenen „Kern-Branchen" Gesundheit, Soziales und Pflege, leichter ist. Denn die Zahlen zeigen, dass von rund fünf Millionen in der Gesundheitsindustrie arbeitenden Deutschen, fast vier Millionen weiblich sind. Besonders hoch ist der Frauenanteil in den Pflegeberufen – jedenfalls auf den Ebenen, auf denen die unmittelbare Arbeit am und mit den Patienten geleistet wird. Wesentlich geringer ist aber auch hier der Anteil von Frauen in den Führungsetagen dieses Industriezweigs. Leitende Pharma-Managerinnen, Vorstände, Geschäftsführerinnen sind immer noch eine Rarität. Und darum ist dieses Buch auch ein Zeit-Dokument, geschrieben von 21 Managerinnen und Führungsfrauen aus der Pharma-Welt, die sich in dieser Branche durchgesetzt, es bis an die Spitze geschafft haben und damit etwas Neues gestalten können.

Lange Zeit waren Politik und Wirtschaft damit beschäftigt, sich zu überlegen wie die Hürden der verschiedenen Unternehmenskulturen überwunden werden können, um den Frauenanteil in Führungsetagen zu erhöhen. Deutschland und die EU haben sich in dieser Frage bewegt: Die Einführung der Frauenquote für Aufsichtsratspositionen und der massive Ausbau von Kinderbetreuungsangeboten, ein von der Gesellschaftspolitik gestaltetes neues Mutterbild des „alles ist möglich", Werbekampagnen für die technischen MINT-Berufe, und sicherlich auch ein über die letzten Jahrzehnte weiten Teils geändertes „bewussteres" Verständnis von unterstützender Erziehung, haben dazu beigetragen, dass sich Frauen zunehmend auf Führungspositionen zubewegen. Die Richtung mag stimmen, die Chefinnen-Stühle stehen in manchen Unternehmen schon bereit, der Weg ist allerdings nach wie vor zäh und mit Widerständen gepflastert. Somit endet er häufig vor einer „gläsernen Schranke". Diese befindet sich aber allzu oft noch in unseren eigenen Köpfen! Abwertende Schlagworte, wie die der „Quotenfrau" auf der einen und hinderliche Glaubenssätze wie „ich bin nicht gut oder stark genug" auf der anderen Seite, bremsen den Wandel in beide Richtungen.

Umfragen, wie sie regelmäßig auf den Karriereseiten der großen Wirtschaftsmagazine veröffentlicht werden, zeigen, dass junge Frauen ihr Potenzial immer noch unterschätzen, dass sie sich selbst begrenzen und von ihrem Umfeld begrenzen lassen, auf im Kern traditionelle Rollenmuster. Muster, aus denen sie nicht mehr herausfinden. Muster, die immer noch in unseren Köpfen und gesellschaftlichen Entwürfen verankert scheinen.

Muster aber auch, die die Autorinnen dieses Buches durchbrochen haben. Sie zeigen, dass und wie es geht! Sie haben sich Freiräume erkämpft. Macht. Möglichkeiten, Dinge anders zu gestalten. Jede persönliche Weiterentwicklung basiert auf der Grundlage, Freiraum zur Entfaltung zu bekommen. Diese Freiräume können Sie und wir heute weitergeben, wir können sie tradieren – eine neue, bessere Tradition schaffen.

Wir alle – Männer und Frauen – sind gefordert, im Sinne einer Gleichberechtigung und Chancengleichheit, den gegenseitigen Respekt zwischen den Geschlechtern zu wahren. Erst der Respekt vor dem „anders Sein", der Respekt vor dem anderen Geschlecht, der anderen Hautfarbe oder Religion, macht uns zu besseren Menschen. In diesem Sinne nehmen wir uns ein Beispiel an den tollen Geschichten dieser 21 Frauen.

Dr. Auma Obama

Januar 2016

Dr. Angelika Weinländer-Mölders

Frauen in Führung zu bringen, ist unser erklärtes Ziel

Noch immer sind die Führungsetagen in der Gesundheitsindustrie männlich dominiert – trotz jahrelanger angeregter Diskussionen und Errungenschaften zur Förderung von Frauen in Führungspositionen.

Oftmals liegt es an der Kultur des Unternehmens, aber auch an der fehlenden Unterstützung und dem Selbstvertrauen der Frauen an sich, dass der Frauenanteil in Führungsetagen nur sehr langsam zunimmt.

Dr. Vanessa Conin-Ohnesorge

Wir meinen: Wirtschaft braucht Heterogenität. Denn heterogene Führungsstrukturen bedeuten Vielfalt, Innovation und Risikodiversifizierung. Frauen sollten in Führung gehen! Gerade junge Frauen sollten speziell gefördert und auch gefordert werden, um auf die Führungsebenen nachzurücken.

Wer seine Fähigkeiten und Fertigkeiten kennt, kann diese ausbauen. Wer seine Stolpersteine kennt, kann diese umgehen. Ein gutes Selbstmanagement ist das Tor zur Karriere.

Damit dies jungen Frauen mit Führungsverantwortung besser gelingt, werden sie von Topmanagerinnen auf ihrem Weg an die Spitze beraten und unterstützt – durch Tipps zur Selbstpositionierung, zur Karrierestrategie oder auch durch Hilfe zu Aufbau und Pflege von Kontakten.

Dieses Buch möchte den weiblichen Führungsnachwuchs auf dem Weg in die Chefetage hilfreich begleiten.
Insbesondere ist es für junge Frauen geschrieben, die entweder bereits Führungsverantwortung haben oder da noch hineinwachsen.

Der Weg zu diesem Buch

Am Anfang ist da eine Idee, die einfach so stark ist, dass sie sich immer weiter ausbreitet und irgendwann nicht mehr wegschieben lässt. Die Keimzelle eines jeden Erfolges. Alles erscheint so leicht und logisch. Dann beginnt die Planung des Projekts, das Ziel fest im Visier. Ein Team wird gebraucht und zusammengestellt. Die Arbeit beginnt und

Wir bedanken uns bei unseren Projektbegleiterinnen, allesamt erfolgreich in ihrem Business:

Martina Lackner (cross m) – ihres Zeichens Public Relations Fachfrau und für uns stetig am Puls der Zeit; genau die wertvolle Strategin, die ein solches Projekt braucht.

Suzanne Grieger-Langer (Profiler's Publishing), die als Profilerin schon lange Leistungsträger unterstützt und fördert und als Verlegerin mit Herzblut für uns die perfekte Wahl war.

Stefanie Klief (Lektoratexten), die das Werk aus Passion begleitet hat. Ein Buch besteht aus Worten, die jedes für sich allein keinen Sinn ergeben. Erst wenn man das Ganze betrachtet, offenbart sich dem Leser auch eine ganze Welt. Ihre Arbeit mit den Autorinnen trug viel zu dieser Welt bei.

Und natürlich bedanken wir uns ganz besonders bei unseren 19 Mitstreiterinnen aus dem Topmanagement, die für unsere Buchidee offen ihre Lebenswege, Stolpersteine und Karriereformeln preisgaben. Sie alle eint das Anliegen, zur Förderung von mehr Frauen in Führungspositionen beizutragen.

Erfolg ist immer die Summe vieler einzelner Facetten, doch hat jede Autorin eine für sie wichtige Erfolgsformel herausgearbeitet. In dieser Fokussierung liegt der Mehrwert für unsere LeserInnen.

Wer sind wir?

Dr. Angelika Weinländer-Mölders: Ich war als Chemikerin und Geschäftsführerin bereits in diversen mittetständischen und börsennotierten Unternehmen der Gesundheitswirtschaft tätig - und bin die Ideengeberin des Buches.

Als Mentorin unterstütze ich seit einigen Jahren junge Frauen bei ihrem beruflichen Werdegang. Die Mentees zu ermutigen, Neues auszuprobieren und ihre Eigeninitiative zu stärken, macht mir großen Spaß. Immer wieder fragen sie mich nach praktischen Tipps, so dass ich mich irgendwann fragte: warum die nicht mal bündeln und einem breiten Publikum zugänglich machen? Zunächst nur ein Gedanke, ist er heute Realität. Ich freue mich sehr darüber!

Dr. Vanessa Conin-Ohnsorge: Ich bin Ärztin, Unternehmerin in zweiter Generation in der Gesundheitsindustrie und leidenschaftliche Familien- und Businessfrau. Als Initiatorin des Healthcare Frauen e.V., dem exclusiven Businessnetzwerk für weibliche Führungskräfte im Gesundheitswesen, fand ich die Idee für dieses Buch von Anfang an großartig und habe es mit Begeisterung unterstützt. Ich freue mich besonders, wenn es uns damit Buch gelingt, wieder einen kleinen Beitrag zur Steigerung der Heterogenität in den Führungsstrukturen zu leisten.

Was wollen wir?

„Erfolgsfrauen- 21 Überholspuren für die Karriere" spricht offen jene Hindernisse an, die wir als Führungsfrauen auf dem Weg ins Topmanagement überwinden mussten: Stolpersteine, die uns in den Weg gelegt wurden und Fallen, in die wir getappt sind.

„Erfolgsfrauen" ist ein Buch, das Mut machen will, sich der eigenen Entwicklung und den Herausforderungen aktiv anzunehmen. Es zeigt, dass Frauen es schaffen können, einen Weg zu gehen, der zwar immer noch gepflastert ist mit Hürden und Widerständen, aber sich dennoch lohnt – persönlich wie auch aus volkswirtschaftlicher und gesellschaftspolitischer Verantwortung.

Was wünschen wir unseren LeserInnen?

Ob bei bestehender oder zukünftiger Führungsverantwortung – wir wünschen Ihnen Freude am Tun und Motivation für die Aufgaben, vor allem Empathie und Verantwortung für die Menschen, die Sie führen. Denn nur die Freude beflügelt uns, lässt uns über uns selbst hinauswachsen und gibt unserem Leben einen Sinn.

Herzlichst,

Dr. Angelika Weinländer-Mölders
Dr. Vanessa Conin-Ohnsorge

Januar 2016

Vorwort

Suzanne Grieger-Langer

Ich bin Profiler – ja, genau so, wie Sie es aus dem Fernsehen kennen. Immer dann, wenn es um Wirtschaftskriminalität geht, werde ich gerufen.

Auch diesmal wurde ich zur Falllösung gerufen, aber unter völlig anderen Vorzeichen. Ich präsentiere Ihnen mit großer Freude das Ergebnis:

Hier sind 21 Frauen, die es bis an die Spitze der Wirtschaft geschafft haben.
Sie haben es verdient, eine öffentliche Stimme zu bekommen – aufgrund ihrer Begabung, ihres beherzten Einsatzes und ihrer außerordentlichen Leistungen.

Diese 21 Frauen sind ausnahmslos alle, so wie sie sind, Erfolgsfrauen. Sie sind Vorbilder – und das nicht nur für Frauen.

Im Folgenden hören Sie die 21 Stimmen derer, die sich weder von Blendern beeinflussen, von Bremsern blockieren oder von Unbilden abbringen ließen und ihre großen Vorhaben in die Welt brachten.

Ich, als Profiler, jage nicht nur Verbrecher, ich ermittle auch in Sachen individueller Fähigkeiten. Diese positive Art der Spurensuche liegt mir besonders am Herzen. Denn die Entfaltung des persönlichen Potenzials wirkt nicht nur individuell, sondern auch gesellschaftlich befreiend.

Die Stärkung der Gesellschaft erfolgt über die Stärkung der Wirtschaft. Und eine starke Wirtschaft ist die natürliche Folge starker Menschen.
So weiß ich um die Wichtigkeit der Entfaltung des persönlichen Potenzials – es kann so viel Gutes bewirken. Entsprechend freue ich mich, dass 21 Erfolgsfrauen uns an ihrem Wissen teilhaben lassen.

Mein Beruf ist geprägt von Schattenwirtschaft und so bin ich begeistert, Ihnen mit diesem Buch die Lichtseite der Wirtschaft präsentieren zu dürfen.

Freuen Sie sich auf Einsichten und Einblicke in Erfolgslebensläufe.

Profiler Suzanne Grieger-Langer

Januar 2016

Inhalt

VORSTELLUNGSKRAFT ENTWICKELN
CHRISTEL RÖTTINGER ———————— 16

FAMILIENMUSTER ÜBERWINDEN
MARTINA LACKNER ————————— 24

KOMPETENZEN FOKUSSIEREN
MANUELA HOFFMANN-LÜCKE ———— 32

MUTIG HANDELN
MONIKA FENZAU ————————— 40

WAHRHAFTIG BLEIBEN
DR. ANGELIKA WEINLÄNDER-MÖLDERS — 48

ENTSCHLOSSEN VORGEHEN
MARIA V. POPOVA ————————— 56

VERLÄSSLICH AGIEREN
DR. SABINE HUPPERTZ-HELMHOLD ——— 64

OPTIMISTISCH REALISIEREN
SUSANNE JURASOVIC ———————— 72

IMPULSE KONTROLLIEREN
DR. JULIA SCHÄFER ———————— 80

TATKRAFT ENTWICKELN
DR. RENATE BRAEUNIGER-WEIMER ——— 88

WERTE LEBEN
DEHLIA THÜRHEIMER ———————— 96

WEICHEN STELLEN
PETRA EXNER ——————————— 104

HINDERNISSE BEZWINGEN
INGRID BLUMENTHAL ———————— 112

GELASSEN AGIEREN
SYLVIA WEIMER-HARTMANN ————— 120

HALTUNG EINNEHMEN
DR. VANESSA CONIN-OHNSORGE ——— 128

WESENTLICHES BESTIMMEN
BIRGIT MARIA WEINLÄNDER ————— 136

HERAUSFORDERUNGEN SUCHEN
NELA NOVAKOVIC ————————— 144

VORWÄRTS GEHEN
SUSANNE CASPAR ————————— 152

BESTÄNDIG WACHSEN
MONIKA TIEDEMANN ———————— 160

FÜHRUNG UMDENKEN
KATRIN WENZLER ————————— 168

WEIBLICH FÜHREN
MARINA FRIESS —————————— 176

Vorstellungskraft entwickeln
Christel Röttinger

Leben Sie Ihre Ideen.
Ich bin sehr neugierig und an vielem interessiert, vor allem an Menschen. Und ich bin reich, sehr reich sogar – vermögend an Ideen und der nötigen Willenskraft, diese umzusetzen. Ich bin immerzu die geistige Wurzel einer neuen Idee. Da diese gleichzeitig Antriebsfedern sind, tragen sie mich – vielleicht nicht gerade in die Lüfte, so doch von Erfolg zu Erfolg.

Das Fliegen habe ich bis heute nicht gelernt. Den Pilotenschein zu machen, war immer mein großer Traum. In die Dimension des Hinauf und Herunter eintreten zu können und nicht auf links und rechts begrenzt zu sein, neide ich den Vögeln. Zumindest in Ansätzen habe ich es mir auf andere Art und Weise ermöglicht. Aber dazu später.

Mut tut gut

Eingangs möchte ich Sie fragen: Was hält Sie davon ab, entscheidende Weichenstellungen in Ihrem Leben vorzunehmen? Meine Antwort lautet: Häufig ist es schlicht der fehlende Mut. Mut ist eine Tugend, so sagt man. Ich definiere Mut als die Fähigkeit, sich bewusst in eine potenzielle Gefahr zu begeben. Was man als Gefahr empfindet ist freilich subjektiv und situationsbezogen. Verängstigte Naturen machen schon einen Bogen um den heimischen Briefkasten – denn es könnte ja ein Stapel unbezahlter Rechnungen darin lauern. Andere suchen die Gefahr förmlich. Nichts geht ihnen über den Adrenalin-Kick, das Kribbeln in der Magengegend. Sogar die eigene Gesundheit sind sie bereit, dafür aufs Spiel zu setzen. Heute brauchen wir keine Angst mehr vor einem Säbelzahntiger oder dem Angriff eines Mammut zu haben. Doch haben sich die physischen automatisierten Abläufe unserer Körper, angesichts einer drohenden Gefahr, über Jahrtausende nicht wesentlich verändert.

Wir erleben eine Situation, wir bewerten sie: entweder positiv oder negativ oder neutral. Das löst entsprechende Gefühle, Körperreaktionen und/oder Verhaltensweisen aus. Unsere Prägungen, daraus abgeleitete Wertmaßstäbe, kurz: Unser Lebensgefühl leitet uns. Leben wir eher im gestern, heute oder morgen? Können wir den Augenblick genießen? Blicken wir entschlossen nach vorne? Hilft oder hemmt uns der Blick zurück?

Wir sind umstellt von unseren gelernten und vererbten Automatismen. Doch sie sind nicht unverrückbar! Geht es darum mutig zu sein, hängt es allein von Ihnen ab, in welche Gefühlslage Sie sich versetzen. Eine Situation ist zunächst mal wie sie ist. Und oft nicht steuerbar. Doch unsere Bewertungsmaßstäbe sind anpassungsfähig. Insofern hat niemand anderer als wir selbst Verantwortung für unsere Gefühle. Hier, bei uns ganz persönlich, beginnt sie konkret, die Eigenverantwortung. Dabei geht es nicht darum, in einer Gefahrensituation Mut um jeden Preis zu zeigen, sondern um das permanente Abwägen von Chancen und Risiken. Das sorgfältige Sezieren eines Risikos, das Einschätzen der Gefahrenpotenziale ist unverzichtbar.

Als ich mit meiner Geschäftspartnerin vor fünf Jahren eine neue Firma gründete, interviewte mich eine Lokalreporterin. Sie fragte ganz verwundert, woher ich denn in diesen schwierigen Zeiten noch den Mut und in meinem Alter, mit 52 Jahren, den Elan hernähme, etwas ganz Neues zu beginnen. Mir kam es vor, als sprächen wir eine andere Sprache.

Ohne Zweifel leben wir auch in Deutschland nicht unter einer Glaskuppel, die uns vor den Wogen der Weltwirtschaft oder den noch größeren Fragen von Krieg oder Frieden abschirmt. Ganz im Gegenteil ist Deutschland als Exportnation von all diesen Unwägbarkeiten stark beeinflusst. Und doch profitieren wir immer noch von einer beneidenswerten politischen Stabilität. Sie gibt uns eine Sicherheit, von der wir vor einer Generation nicht zu träumen wagten. Die Chancen unserer Marktwirtschaft wissen viele, leider nicht alle, zu ihrem Vorteil zu nutzen. Einen sozialen Ausgleich zu schaffen gelingt uns nicht immer befriedigend, im weltweiten Vergleich aber doch zumindest hinreichend gut! Dennoch: Dem Schwarzmalen und der German Angst sind wir inniglich verbunden. Die Risikobereitschaft ist wahrlich nicht der Deutschen liebstes Kind.

An den eigenen Ansprüchen messen

Meine Lebenseinstellung war hingegen nie der bewahrende Stillstand. Ich kann das, was ich erreicht habe, genießen und wertschätzen! Doch bleibt mein Geist immer wach für Plan B und C. Oder eben auch immer wieder für einen neuen Plan A. Auch noch mit über 50. Beziehungsweise, gerade dann. Denn mit der Lebens- und Businesserfahrung von heute, gründe ich doch sehr viel erfolgversprechender, als ich es noch vor 16 Jahren beim Aufbau meiner ersten eigenen Firma tat! Ich gehe noch weiter: Für mich ist Stehenbleiben schon wie eine vergebene Chance. Nehmen wir das Beispiel eines nicht ausfüllenden Jobs. Was bringt es, im Status quo zu verharren, nur weil uns der Mut fehlt für den nächsten Schritt? Der regelmäßige Eingang auf dem Gehaltskonto hat einen hohen Preis: das demotivierende Weiter-so im Trott der zunehmend nervenden Gewohnheiten, die innere Kündigung. Dies ist Sackgasse und Einbahnstraße in einem! Der Super-GAU. Man steht vor einer Hürde und kann nicht einmal mehr zurück.

Ist es wirklich riskant, nichts anderes als nur sich selbst als Maßstab zu nehmen? Oder ist es nicht vielmehr das Nonplusultra? Ein erfolgreiches Leben anzuvisieren, und die Leistung am Ende des Tages an den eigenen Ansprüchen zu messen - ja, das kann fürchterlich schiefgehen. Aber ist ein Versagen das Schlimmste, was passieren kann? Ist es nicht viel schlimmer, den Versuch zu unterlassen, dem eigenen Weg auf die Spur zu verhelfen? Man mag im Leben einiges geschenkt bekommen, aber eines sicher nicht: die Selbstbestimmung. Oder um ein weniger verbrämendes Wort zu wählen: die Macht. Macht muss man sich hart erarbeiten. Hat man sich auf den Weg gemacht, ergeben sich die Etappensiege meistens wie von selbst. Erfolge, die zufrieden und glücklich machen, haben immer mit der eigenen Leistung und Anstrengung zu tun. Und seien sie noch so klein, sie erzeugen die Schubkraft, immer weiter zu gehen. Nur so kommen Wandel und Fortschritt zustande. Aber bedenken Sie: Voran geht es besser Schritt für Schritt, Stufe für Stufe. Denn es heißt Erfolgsleiter, nicht Erfolgslift! Wann gehen Sie an den Start? Sie sind Ihr eigener Motivator.

Mit Leidenschaft und Vernunft

Am Anfang steht sehr häufig der Sprung ins kalte Wasser. Apropos Wasser: Ich war leidenschaftliche Taucherin. Weil ich mit diesem Hobby meinem Traum vom Fliegen immer ein wenig nahe gekommen bin. Sie erinnern sich? Nicht nur rechts und links, sondern auch rauf und runter! Vor einigen Jahren hatte ich jedoch einen Unfall. In ca. 20 Metern Tiefe bekam ich Nasenbluten. Als ich das Blut in meiner Taucherbrille wahrnahm, erfasste mich Panik. Ich führte diesen Tauchgang mit meinem Bruder durch. Er war auch postwendend an meiner Seite und schätzte die Situation richtig ein. Ich war bereits im Begriff, mich reflexartig nach oben zu bewegen, um mich der Brille entledigen zu können. Dass dies wegen des notwendigen Druckausgleichs langsam geschehen musste, wusste ich zwar. Doch der innere Druck war in diesem Moment ungleich stärker. Zum Glück behielt mein Bruder die Nerven. Er hielt mich fest und bedeutete mir, ihm in die Augen zu sehen. Diese kleine Geste beruhigte mich. Ich war nicht allein, er als erfahrener Taucher würde mich sicher nach oben geleiten. Mit Handzeichen signalisierte er mir, die Augen zu schließen und mich ganz seiner Führung anzuvertrauen. Aber ich gehorchte ihm nicht. Mein Business-gestähltes Naturell diktierte mir instinktiv: die Augen immer weit offen haben und den Blick nach vorne gerichtet.

Am Ende ging alles gut aus. Und am nächsten Tag unternahm ich sofort einen neuen Tauchgang. Ich wollte keine Phobie aufkommen lassen, doch langfristig hat es nicht geholfen: Das Tauchen, bis dahin eines meiner liebsten Hobbys, habe ich seither nicht mehr betrieben. Was war mit mir passiert? Nein, mein Selbstvertrauen war nicht erschüttert worden. Es war etwas anderes geschehen: Der Unfall hat mir die Existenz einer höheren Macht ins Bewusstsein eingebrannt. Ich war angreifbar. Selbst ich, die immer alles im wahrsten und positiven Sinne des Wortes „anzugreifen" gewohnt war. In einer solchen Situation innezuhalten, in sich hineinzuhören und ein Gefühl der Angst zuzulassen, das in Vorsicht mündet, ist ok und wichtig. Auch wenn es, wie in meinem Fall, zur Aufgabe führt. Sei es für sehr lange Zeit oder gar für immer. Menschen sind keine Roboter. Wir haben Gefühle, die unsere Ratio beeinflussen – eine sehr sinnvolle Schutzfunktion, die uns von der Evolution mitgegeben wurde.

Mit diesem Beispiel möchte ich niemanden demotivieren. Ich möchte Sie vielmehr dazu aufrufen, immer ganzheitlich zu denken und dies in Ihr Leben zu implementieren. Irgendetwas komplett auszusparen ist dumm, Schwächen zu negieren, noch dümmer. Leidenschaft und Vernunft sollten bei Entscheidungsprozessen nie getrennt herangezogen werden, sondern immer Hand in Hand gehen. Wenn wir Ratio und Emotio verbinden, öffnet sich uns der Blick dafür, was in einer Entscheidungssituation als nächstes zu tun ist. Erkenntnisse und Intuition für die Beurteilung heranziehen, Alternativen rational abwägen – daraus lässt sich dann der Entwurf eines erfolgversprechenden Handlungsplans ableiten.

Aber viel zu oft läuft es anders. Wenn überhaupt, so handeln Menschen danach, was ihnen ihre Schwächen diktieren. Ich komme zurück auf mein Beispiel der frustrierenden Arbeitsstelle, da dies sehr viele betrifft. Trotz hohem Leidensdruck hält man an seinem Job fest. Früher hat es ausgereicht, gut zu verdienen. Heute ist die Frage nach dem Sinn der Arbeit allgegenwärtig. Work-Life-Balance heißt die nicht mehr ganz neue Zauberformel, ob in den Medien und beim Smalltalk im Kollegenkreis. Das bedeutet nicht nur, privates und berufliches Leben in die richtige Balance zu bringen. Nein, nicht minder wichtig ist es, Freude an der Arbeit zu haben und sich im Büro wohlzufühlen. Wenn Sie also an Veränderung denken, dieser Gedanke Ihnen aber gleichzeitig Angst macht, dann hilft nur ein Abwägungsprozess. Wobei wir wieder bei der Kategorie des Mutes angelangt sind: Mutiges Denken und Handeln sind gefragt.

Die Basis dafür ist eine ausgeprägte Fähigkeit zur Selbstreflexion. Verschaffen Sie sich also Klarheit über Ihre Persönlichkeit, Ihre Prägungen, Ihre Stärken und Schwächen.

Aber wo liegen Ihre Stärken? Fragen Sie sich das gerade? Ok. Tun Sie das. Ein wichtiger Schritt. Schauen Sie zunächst darauf, wo Sie augenblicklich stehen. Das, was Sie bisher erreicht haben, hat in erster Linie nichts mit Zufall oder irgendwelchen glücklichen Umständen zu tun. Sondern mit Ihnen, Ihren Entscheidungen und Talenten. Zählen Sie diese doch mal auf. Sie zögern? Scheuen Sie davor zurück, sich selbst in einem positiven Licht zu sehen und dies auch noch in Worte zu fassen? Kein Problem. Das ist eher normal und gehört in die Kategorie: Der Fokus liegt auf unseren Unzulänglichkeiten. Das haben wir Frauen viel zu lange verinnerlicht. Wir wissen heute noch ganz genau, in welchem Schulfach wir am schlechtesten waren, welche Lehrer uns gezwiebelt haben. Aber nennen Sie mir doch mal bitte aus dem Stegreif Ihren Lieblingslehrer ...

Wer etwas lösen will, ein Problem, eine Situation oder was auch immer, der muss sich zuerst innerlich befreien und die Vogelperspektive einnehmen. Von oben betrachtet ist es möglich, im Gedankenlabyrinth Lösungsansätze zu entdecken.

An dieser Stelle möchte ich Ihr Augenmerk auf eine entscheidende Fragestellung richten: Welche Kompetenzen zeichnen Sie aus? Diese zu kennen und zu sezieren sind wichtige Schritte. Denn erst dann können wir den Fokus auf diejenigen Situationen richten, in denen wir bereits einmal gute Ergebnisse erzielt haben. Eine Situationsanalyse, die die Erfolgsfaktoren einbezieht, sind der

Nährboden für ein großartiges Gefühl: das Gefühl, an sich zu glauben. Und das wiederum fördert den Mut, Entscheidungen zu treffen. Eine Entscheidung zu treffen, bringt die Auflösung eines inneren Konflikts. Wenn Sie keine treffen, leiden Sie am meisten. Und dann schwebt das Damoklesschwert der Mutlosigkeit weiter drohend über Ihrem Kopf.

Warum aber fällt es uns oft so schwer, uns zu entscheiden? Weil wir mit der Entscheidung für etwas gleichzeitig auch etwas loslassen müssen. Und wir wissen nicht genau, ob das nicht einen Verlust bedeutet. Es kommt also auch hier auf die Perspektive an: Trenne ich mich von etwas (ab) oder bekomme ich etwas? Das gilt es im Einzelfall zu prüfen. Wie eine Headline Ihres Lebens sollte über allem stehen: Ich kann alles tun oder lassen. Das ist einzig und allein meine Entscheidung! Also: Sie haben es in der Hand. Leben Sie Ihr Leben und lassen Sie sich nicht von anderen leben. Das tun viel zu viele Menschen - und werden nicht selten darüber krank.

Womit gleich das nächste interessante Phänomen zutage tritt: Es gibt viel mehr Studien zu Krankheitsbildern der Depression oder des Burnout als zu Freude und Glück. Das ist per se nicht negativ. Im Gegenteil: Für schwerwiegende Erkrankungen kann es nicht genug neue Therapieansätze geben. Doch läge das Zentrum der Aufmerksamkeit von Beginn an auf der Prävention, würde sich dies auf die ganze Gesellschaft positiv auswirken. Die chinesische Medizin macht es uns vor. Bei ihr liegt der Fokus auf dem gesund bleiben und nicht auf dem Heilen.

Zurück zu den schlechten, uns frustrierenden Eigenschaften und dem Umgang mit ihnen. Wir werden oft genug automatisch an sie erinnert. Das erledigen schon unsere inneren Stimmen. Keine Sorge.

Wie klingen Ihre inneren Stimmen? Oder noch präziser: Wie sprechen Sie bewusst über sich? Eher geringschätzig? Oder kehren Sie Ihre positiven Seiten in den Vordergrund? Trauen Sie sich zu, neue Herausforderungen anzunehmen, ins kalte Wasser zu springen? Oder nehmen Sie dabei vorsichtshalber immer Schwimmflügel mit? Würden Sie sich selbst eher als schüchtern oder zugewandt bezeichnen?

Wie auch immer Ihre Antworten ausfallen: Letztlich kann jeder das Leben führen, das er sich wünscht. Das ist die Quintessenz meiner bisherigen Lebenserfahrung. Sind Sie mit dem, was Sie haben, zufrieden? Super! Ich gratuliere Ihnen. Alles ist gut. Sind Sie unzufrieden? Super! Ich gratuliere Ihnen. Dies ist der erste Schritt für eine entscheidende Veränderung in Ihrem Leben. Und die heißt nicht umsonst: entscheidende Veränderung. Weil sie keinen Platz in Ihrem Leben bekommen wird, wenn Sie sich nicht dafür entscheiden! Proaktiv.

Denn wer ist es, der unsere Welt lenkt? Sind das die großen „Weltenlenker"? Die „Yes-we-can"– und die „Wir-schaffen-das"-Politiker? Ist das ein Benedict oder ein Franziskus?

Marc Zuckerberg oder Bill Gates? Gewiss, sie alle sind es auch. Doch zuallererst sind Sie es. Mit Ihren Ideen. Die Ideen eines jeden Einzelnen müssen dabei keineswegs visionär, die dürfen sogar ein bisschen verrückt sein. Unabhängig von ihrer Beschaffenheit sind es Ihre Ideen, Ihre Gedanken, die zu einer persönlichen Handlung führen. Einer Aktion, die weitere Aktionen auslöst, die Neuland eröffnet. Ein Neuland, befreit von äußeren Zäunen und inneren Begrenzungen!

Mit dem Placebo nach oben

Nun, es gibt Menschen, die Erfolg haben. Und es gibt Menschen, die keinen Erfolg haben, obwohl sie sich ganz genauso anstrengen. Das wissen wir alle. Dieses Phänomen nur auf Talent, Fachwissen oder eine mehr oder minder glückliche Fügung des Schicksals zurückzuführen, greift zu kurz. Wie sehr man an etwas glaubt oder nicht – das macht den Unterschied. Menschen, denen augenscheinlich alles zufällt, deren Wünsche in Erfüllung gehen, haben sehr häufig eine doppelt so starke Vorstellungskraft. Es sind Menschen, die den Placebo-Effekt im Leben verstanden haben. Placebos sind bekanntlich Scheinmedikamente. Man hat in vielen Versuchen nachgewiesen, dass sich eine signifikante Heilwirkung zeigt, wenn der Patient glaubt, es sei ein echtes Medikament.

Schauen wir genauer hin, so zeigen sich unter anderem große Unterschiede in der Wirkung, je nachdem, ob der Patient das Medikament widerwillig oder optimistisch einnimmt. Und je nachdem, ob er dem Arzt besonders vertraut oder nicht. Eine positive Stimmung und Vertrauen können die heilende Wirkung um das Doppelte oder Dreifache verstärken. Diese Wirkung erklärt man sich mit der natürlichen Heilkraft des menschlichen Körpers. Logisch, da es keine wirklichen Medikamente sind, muss es ja damit zu tun haben. Aber wie wird diese entfacht? Simpel erklärt: Eine starke gedankliche Vorstellungskraft regt das Immunsystem an. Wichtige Funktionen werden aktiviert und die „guten Nachrichten" von den Nerven verbreitet, die Anzahl der Lymphozyten im Blut wird erhöht, die Immunabwehr gegen die Krankheit initiiert und der Weg der Besserung kann tatsächlich gelingen.

Diesen Placebo-Effekt können Sie auch für Ihren Erfolg nutzen. Beginnen Sie Ihren Weg nach oben, indem Sie den Fuß auf die erste Stufe einer imaginären Leiter setzen. Schritt für Schritt – Sie erinnern sich! – geht es weiter. Und eh Sie sich versehen, werden daraus die Sprossen einer realen Erfolgsleiter! Es schlummern so viele verborgene Fähigkeiten in unserem Geist und Körper. Würde man diese Möglichkeiten alle stimulieren, die Menschen gingen buchstäblich durch die Decke ;-)

Sie zweifeln nach wie vor an der Kraft der positiven Gedanken? Mein Rat: Lassen Sie diese einfach zu. Mehr müssen Sie nicht tun. Sie werden bald erkennen: Es gibt viel zu viele Begrenzungen, die gar nicht wirklich vorhanden sind, sondern nur in Ihrer Vorstellung. Vergessen Sie nicht: Sie bestimmen Ihr Leben, niemand sonst.

Ich möchte Sie deshalb einladen: Aktivieren Sie Ihre Potentiale mit Mut und Entschlossenheit; bekennen Sie sich zu Ihrer Eigenverantwortung und scheuen Sie nicht die Konsequenzen. Diese gibt es immer, auch wenn Sie nichts tun. Seien Sie mutig, ohne übermütig zu sein. Gehen Sie ruhig auch an Ihre Grenzen. Machen Sie die Erfahrung, wie es sich anfühlt, eine für sich manifeste Grenze ein klein wenig zu verschieben. Weiter gekommen zu sein, als jemals zuvor, ist beglückend. Entdecken Sie die Perspektiven eines für Sie völlig neuen Horizonts. Das verleiht Flügel! Womit wir wieder – der Kreis schließt sich - bei meinem Traum vom Fliegen angekommen wären.

Nicht, dass es Ihnen so ergeht, wie diesem verhinderten Piloten, ...

Ein armer, gläubiger Mann betet zu Gott: „Lieber Gott, bitte lass mich im Lotto gewinnen." Am nächsten Tag betet er wieder: „Herr, bitte mach, dass ich im Lotto gewinne." So geht das Tag für Tag. Nach einem Jahr betet der Mann immer noch: „Lieber Gott, bitte lass mich auch mal im Lotto gewinnen." Nichts passiert. Der Mann betet tapfer weiter. Eines Tages erhellt sich plötzlich der Raum und eine tiefe, laute Stimme spricht zu ihm: „Lieber Mann, gib mir eine Chance und kauf dir einen Lottoschein!"

... den ich am liebsten wachrütteln möchte um ihm zuzurufen:

Tu es endlich.

Meine Erfolgsformel

   Ideen aufgreifen
+ Entscheiden
+ Fliegen
_____
= Erfolg

Familienmuster überwinden

Martina Lackner

Besetzen Sie Ihre eigene Bühne.
Ich hörte auf mich selbst zu erklären, als ich bemerkte, dass die Menschen mich immer nur auf dem Level ihrer eigenen Wahrnehmung verstehen (können). Dies lernte ich ziemlich früh in meinem Leben, denn der Level meines Elternhauses war der, der konservativen Provenienz. Dies als meine Zukunftsperspektive anzunehmen, entsprach ganz gewiss nicht dem mir in die Wiege gelegten Persönlichkeitsmuster.

Wussten Sie, dass es die meisten Männer in Saudi-Arabien für absolut unnötig halten, dass ihre Frauen die Möglichkeit bekommen Auto zu fahren? Der Staat soll sich gefälligst nicht in das gesellschaftliche und private Leben einmischen. Außerdem handle es sich nur um ein Luxusproblem einiger weniger Frauen, schließlich wolle die Mehrheit der Frauen es ja eigentlich gar nicht. Es gebe einfach Unterschiede bei den Geschlechtern und deswegen fahren Frauen gar nicht so gerne Auto. Und überdies: Ein staatlicher Eingriff in die Freiheit der Männer könne nicht geduldet werden ...

Warum ich mit einem Beispiel des Landes beginne, wo alleine der Gedanke daran, dass Frauen jemals auf einer Stufe mit dem männlichen Geschlecht stehen könnten, bereits schwere Strafen nach sich zieht? So wurde erst kürzlich eine Frau zu 150 Peitschenhieben verurteilt, weil sie es tatsächlich gewagt hatte, sich ans Steuer zu setzen. Man muss ihnen eben nachdrücklich klar machen, dass es nur zu ihrem eigenen Besten ist, so hat ein Scheich kürzlich festgestellt, da die Körperhaltung beim Autofahren das Becken nach oben drücke und so die Eierstöcke spontan geschädigt würden, was zur Unfruchtbarkeit führe ...

Ich stelle dies voran, weil ich mich manchmal extrem ärgere, wie Frauen in Deutschland ihre Chancen mit Füßen treten. In einem Land, in dem jedem so gut wie alles möglich ist, wird trotzdem gejammert, und viel geklagt. Gerade Frauen monieren eine angebliche Ungerechtigkeit, die sie häufig selbst, durch ihre ureigenen Lebensentscheidungen, nach Rollenzuschreibungen manifestieren. Sicher nicht alle, nie kann man alles über einen Kamm scheren. Doch sind wir auch noch weit davon entfernt, dass alle Frauen ihr Leben völlig eigenverantwortlich ähnlich frei gestalten, wie es die Männerwelt vornehmlich tut. Und ganz genau da liegt der Kern. Es tun, es umsetzen. Es leben.

Martina. Lackner.

Meine Weltsicht war schon früh darauf geprägt: Was kostet sie? und nicht: Wie sieht sie mich? Es ging und geht um meinen Blickwinkel und nicht um das Brennglas meiner Umwelt. Ich bin keine Feministin. Feminismus ist eine Ideologie und eine mit ihr einhergehende politische Praxis. Deren Ziel es ist, politische Macht zu erlangen. Ich möchte Ihnen etwas anderes nahe bringen: Martina Lackner. Deren höchste Bestimmung als weiblich Geborene es war zu gebären und sobald wie möglich den Betreuungsmodus einzunehmen. Jedenfalls wenn es nach meiner Mutter gegangen wäre. Ja, ich kam quasi schon zur Welt, mit dem Schriftzug auf der Stirn: *Ich kümmere mich!* So wuchs ich auf, so wurde ich erzogen. Dieses konservativ und katholisch geprägte, traditionelle System meiner Ursprungsfamilie hatte als Credo: Eine Frau kann nur zu sich selbst finden, wenn sie das Muttersein als Lebenszweck ansieht und neben ihrem Mann

segensreich an der Gestaltung des Familienlebens mitwirkt. Das volle Programm: von Marmelade kochen bis Altenbetreuung! Meine spätere Schwiegermutter sah das ganz genauso. Beide verleugnen bis heute die Selbstverwirklichung und Selbstbestimmung von Tochter und Schwiegertochter und sehen die gottgewollte Aufteilung der Menschheit etwa so:
Der Mann geht zur Jagd und sorgt für den Lebensunterhalt der Familie, während sich die Frau um das Heim, den Herd und die Kinder kümmert. Küche, Kirche, Kinder – eine sehr verantwortungsvolle Aufgabe, mit der Frau dem Mann nicht nur zur Seite steht, sondern ihm in seinen täglichen mühseligen Pflichten den Rücken stärkt; die 100 Marmeladenrezepte im Schlaf aufsagen kann und sich gleichzeitig um die Senioren-Generation kümmert. Harmonischer Frieden in den Familien die Folge, und auf dieser stabilen Grundlage können gute, gesunde, pausbäckige Kinderlein entstehen und in die Welt hinausgeschickt werden, die nun ihrerseits, diese solide Basis weitergeben. Und wenn sie nicht gestorben sind, so leben sie heute noch ...

Können Sie sich vorstellen, dass aus diesem klebrigen Biotop zähester Klischees, und was meine Mutter betraf, vor allem Verdrängungen, eine selbstsichere und stabile Persönlichkeit heranwuchs? Nun denn, hier bin ich. Es gelang mir, diesen Abgründen schwärmerischer Familienverklärung zu entrinnen; es gelang mir, gemeinsam mit meinem Mann ein Leben aufzubauen, ohne diese Unterdrückungsmuster zu übernehmen. Dieser Weg kostete Kraft, doch gab er sie mir auch gleichermaßen zurück. Und umso mehr, als dass ich diesen privaten Kampf – und ich benutze dieses Wort bewusst – nicht mal als den ewigen Geschlechterkampf gegen eine männerdominierte Welt führte. Sondern gegen die verbissene Ausdauer einer Generation von Frauen, die ganz sicher selbst auch manipuliert worden war - von wiederum ihren Müttern. Doch die sich deshalb nicht damit herausreden darf, es nicht besser gewusst zu haben.

Meine Mutter und Schwiegermutter entstammen der Nachkriegsgeneration, die es nicht leicht hatte. Es sich jedoch bezüglich des Themas: Mann und Frau nach Gattungs- bzw. Fortpflanzungszweck zu definieren und ihren Nachkommen die Wiedergutmachung für selbst erlittenes Unrecht anzuheften, zu leicht machte. Die Traumatisierung der Kriegskinder ist ein breites thematisches Feld, und ganz sicher ist die pathologische Weitergabe an die sogenannten Kriegsenkel ein viel zu lange vernachlässigtes Thema der Psychoanalyse. Das weiß ich als Psychologin nur zu gut. Doch ist es dann die Pflicht von Betroffenen wie mir, darauf aufmerksam zu machen und, den Blick nach vorne gerichtet, aufzuklären, warum es gerade deshalb so wichtig ist, sich aus diesen Verstrickungen zu lösen. Da die Kette der generationenübergreifenden Weitergabe von Traumata sonst nicht unterbrochen wird.

Die Rolle.

Nicht nur in meiner Familie gab und gibt es Vorurteile und Pauschalisierungen und absolute Lösungsvorschläge, wie Mann und Frau ihr Leben zu leben haben. Befreit man sich davon, so bleibt doch am Ende die Einsicht, dass alle auf ihre Art und Weise das Recht auf freie Lebensgestaltung haben, wenn das, was sie leben und fordern, dem Anderen nicht schadet.

Doch, ist das mit dem Schaden so eine Sache. Europäische Frauen fühlen sich ja manchmal schon dadurch benachteiligt, wenn sie den Abwasch machen müssen. Ich kenne Nur-Hausfrauen, die sind mit ihrem Leben derart unzufrieden, dass sie regelmäßig kundtun müssen, selbstverständlich auch gestresst zu sein! So hätten sie zwar eine Spülmaschine, diese müsse aber ja nun mal auch ein- und ausgeräumt werden müsse. Außerdem hüpfe die Wäsche auch nicht alleine in die Waschmaschine, und wenn sie gebügelt haben, wird der „Stress" an den Mann adressiert, indem die Sachen nicht in den Schrank geräumt, sondern fein säuberlich für ihn zur Kenntnisnahme aufs Bett gelegt werden. Ja, sieh her, Mann, auch ich arbeite. Ich kann es mir zwar einteilen, habe keinen Chef, dem ich Rechenschaft ablegen muss, aber das heißt noch lange nicht, dass ich nicht auch ein Anrecht auf Stress hätte ... Bitte nicht falsch verstehen: Ich schmeiße meinen Haushalt selbst und weiß um das, was da zu tun ist, wenn ich auch keinen Mann zu „versorgen" habe, was ich sehr genieße(!), da mein Mann dies nicht nur nicht erwartet, sondern auch mit Leben füllt. Wir leben fern jeder Rollenzuschreibungen seit fast 20 Jahren eine Verbindung, die nicht frei von Konventionen ist, sonst wären wir nicht verheiratet. Die aber in sich frei von Klischees und der Erwartungshaltung ist, der eine könne etwas besser als der andere. So beruflich erfolgreich wir beide sind, so gut oder schlecht kann ein jeder von uns kochen, putzen, backen, bügeln. Ich nenne das nicht gerne Gleichberechtigung, weil mir das, was dahinter steht, so selbstverständlich vorkommt, dass es nicht derart betitelt werden muss, sondern: Wertschätzung auf allen Ebenen. Darauf kommt es an im Leben. Immer. Aber allem voran auf die Wertschätzung, die ich mir selbst gegenüber an den Tag lege. Und unter dieser Prämisse sollte sich jedermann und jede Frau den Rahmen ihres / seines Lebens selbst aussuchen (dürfen, aber auch wollen). In dem Rahmen Zufriedenheit zu empfinden, das sollte das Ziel sein, ansonsten läuft etwas grundlegend falsch.

Das Leben ist aber doch kein Wunschkonzert? Stimmt. Es ist aber auch kein Lamentierzirkus. Ein immerzu gehetzter Balanceakt zwischen Beruf und Familie zur Unzufriedenheit aller ist nicht erstrebenswert. Und der Beruf der Hausfrau sollte meiner Meinung nach genauso viel Wert sein, wie ein „externer" Beruf - keine Frage. Aber die Wertschätzung muss bei den Betroffenen zuallererst selbst beginnen. Ganz egal welcher Berufung Sie nachgehen: Die Spiegelung, die dies in Ihrem Umfeld nach sich ziehen wird, ist bemerkenswert.

Also, meine lieben Damen, die ihr Euch auch entscheidet, entscheidet so, dass Ihr damit gut leben könnt. Und lasst Euch niemals etwas diktieren oder aufpflanzen. Denn dann fällt es euch unweigerlich irgendwann vor die Füße und dann kommt man ins Stolpern. Was weh tut. Oder sogar auf die Füße, was noch mehr schmerzt. Und liebe Herren? Na ja, lest einfach mal weiter ...

Mein Weg.

Was nicht bedeutet, dass eine Art Diktat nicht manchmal der einfachere Weg sein kann. Jedenfalls auf den ersten Blick. Erwartungen zu erfüllen, die sich darin erschöpfen in eine bestimmte, vorgegebene Rolle zu schlüpfen, ist so, wie ein Drehbuch auswendig zu lernen und zu spielen. Das Drehbuch fürs Leben selbst zu schreiben, erfordert da schon ein klein wenig mehr Initiative. Und die begann sich bei mir bereits ziemlich früh einen Weg ins Außen zu suchen. Schon beim Schulwechsel von der Grundschule auf die weiterführende Schule, schien mein Weg vorprogrammiert: denn immerhin hatte noch kein Mädchen bislang auf dem Gymnasium gelernt, wie es ein Kind zu bemuttern oder die eigene Mutter zu betreuen oder den Boden zu wischen hat. Insofern erschien meiner Mutter das Abitur nicht relevant für meine Zukunft. Glücklicherweise hatte ich diesbezüglich meine Tante an meiner Seite. Sie musste der Teilnahmslosigkeit meiner Mutter, an den Chancen für mein Leben, gar nicht mal groß Paroli bieten, sie nahm es einfach an diesem Punkt in die Hand - und ich ging aufs Gymnasium. Nach dem Abitur, kaum 18 Jahre alt, setzte ich mich ab. Die Distanz, die ich bis dahin bereits innerlich zu meinem Elternhaus aufgebaut hatte, suchte sich ihren Raum in einem nächsten Schritt – im wahrsten Sinne des Wortes. An meiner Ausbildungsstelle gab es ein Wohnheim, ein Stipendium half mir bei der Finanzierung und ich belegte dort ein Zimmer. Mein Weg in die unaufhaltsame Selbstständigkeit hatte begonnen. Den versuchte mein Vater mir zwar zwei Jahre später nochmal zu beschildern, indem er mir einen Arbeitsplatz besorgte, doch für mich war klar: Nun war ich so weit meinen Heimatort zu verlassen und in Salzburg zu studieren. Ich fragte niemanden um Rat oder gar um Erlaubnis, suchte mir Studienplatz und Nebenjob und ging einfach und schnurgeradeaus – meinen Weg.

Ich wählte einen Zweig, der meine Fähigkeit, Menschen in den Kopf schauen zu können, unterstützte. Mit der Psychologie holte ich etwas in mein Leben, das es mir bis heute erlaubt meine Selbstbestimmung zu untermauern. Denn zu einem Lebensweg gehören immer auch andere Menschen. Die zu integrieren oder zu selektieren ist die große Kunst. Und wenn ich auch immer schon eine recht gute Menschenkenntnis hatte, so bekommt man doch in dieser vertiefenden akademischen Ausbildung sein eigenes Gespür noch einmal geschliffen. Warum mir das so wichtig war? Nun, ich war damit groß geworden in einem Korsett aus Erwartungen zu stecken. Dieser Enge einmal entronnen, bleibt man sehr wach und aufmerksam dafür, dass nicht auch andere Menschen dies mit einem versuchen. Und: Den Seelenzustand meiner Mitmenschen darauf abzuklopfen, wie ich mein eigenes Verhalten darauf abstimmen kann, ohne mich zu verdrehen, hat mich unter anderem so erfolgreich gemacht.

Ihr Weg.

Leider wird immer noch viel zu häufig uns berufstätigen Frauen pauschal der schwarze Peter zugeschoben. Man meint uns an die gottgewollte Ordnung erinnern zu müssen und für alle Ärgernisse der Familie, der Demographie, der Sozialisierung, Stabilisierung von Kindern usw. verantwortlich zu machen. Da werden uns angebliche Nachweise um die Ohren gehauen, dass Kinder von Hausfrauen grundsätzlich bindungsstärker und sozial gefestigter seien, als Kinder von berufstätigen Müttern. Und dass früher weniger Ehen geschieden wurden, liegt natürlich auch an unserem Selbstverwirklichungstrip. Letzteres stimmt sogar – mittelbar und glücklicherweise. Denn, es war ja nicht nur jahrhundertelang gesellschaftlich verpönt, sich zu trennen, sondern vor allem für die Frauen ein wirtschaftliches und soziales Fiasko, also eine riesige Hürde in jeder Hinsicht. Aber sieht man sich mal die glorifizierten goldenen Zeiten des Spießbürgertums der 50er bis 70er Jahre an, dann brodelte darunter die harte Wirklichkeit. Dass es früher bspw. weniger Scheidungen gab, war nur den Konventionen geschuldet, weil damit eine gesellschaftliche Ächtung verbunden war, die wir heute überwunden haben. Der Mann hatte bis zu den Familienrechtsreformen in den 70er Jahren weitgehend das Bestimmungsrecht über Finanzen, Wohnort, Berufstätigkeit der Ehefrau, das Recht, Maßregeln für die Familie aufzustellen und sie in allen Vorfällen zu vertreten. Um sich - falls in der Praxis so gelebt - aus diesem Gefüge der Kleinhaltung als Ehefrau herauszulösen, hätte es sehr viel Ehrgeiz, Mut und gesellschaftliches Achselzucken benötigt. Ich gehe deshalb nicht davon aus, dass die Ehen früher glücklicher waren. Man hatte sich nur viel öfter „aneinander vorbei arrangiert". Es wundert mich jedoch immer wieder, wie viele Frauen auch heute noch oder heute wieder, der Illusion erliegen, dass wirtschaftlich abhängige und ans Haus gebundene Frauen angeblich mehr ehrliche Liebe und Treue für ihre „jagenden" Männer empfinden - und umgekehrt. Oder der Vorwurfshaltung, dass dieses „nur Mutter sein" die leichteste Variante sei, sein Leben zu gestalten. Wer sich dafür entscheidet, verdient meine Anerkennung. Aber wenn Frau sich dagegen entscheidet, ist es ebenfalls in Ordnung.

Insofern ist aus meiner Sicht gerade die Selbstverwirklichung etwas grundsätzlich „gottgewolltes" oder nennen wir es, ein Naturgesetz - unsere Begabungen, Neigungen oder auch Muttergefühle auszuleben. Dass es bei all dem Organisationsprobleme gibt, ist natürlich. Aber: Kann es ernsthaft sein, dass die Qualität einer Entscheidung daran gemessen wird, ob sie einen ab und zu Nerven kostet? Das Prinzip Familie hat sich Jahrtausende lang bewährt. Die Familie war schon immer die Basis für unsere Gesellschaft. Und genauso wenig wie sie niemals aufhören wird zu existieren, möchte ich hier keineswegs gegen die Familie anschreiben. Wozu ich aufrufen möchte, ist eine Reflexion über scheinbar immer noch in uns manifestierte Rollenzuschreibungen, die, selbst wenn wir sie nicht leben, in viel zu vielen Frauen ein schlechtes Gewissen auslösen.

Geschlechtsstereotype sind gesellschaftlich verursacht, nicht biologisch angelegt. Wenn sich Frauen gegen Kinder entscheiden, ist das ihr Recht und kein Makel. Unser demoskopisches Problem ist auch eine Folge der Geburtenplanung und nicht eines angeblichen Werteverfalls. Und die Familie ist nicht immer das vollkommene Glück, sondern ein Lebensentwurf unter anderen.

Warum sich damit aufhalten, zu versuchen, festzulegen, wann welche kulturelle Form des gesellschaftlichen Zusammenlebens nun wo genau stattzufinden hat? Ich persönlich empfinde das als Zeitverschwendung, denn „es wechseln die Zeiten", um mit Brecht zu sprechen. Viel wichtiger ist mir, zu betrachten, woran es denn nun genau haken könnte, dass ich mich im 21. Jahrhundert, wie gesagt, immer noch oder wieder, dazu aufgerufen sehe, das Thema zu priorisieren. Aus Sicht einer Frau, ist da zum einen die Frage der Biologie. Oder nennen wir es ihre Antwort: Frau bekommt die Kinder und hat auch (zumindest biologisch gesehen) eine spezielle Beziehung und Bindung zu diesen; das ist Fakt und von keiner Genderfeministin dieser Welt wegzudiskutieren. Sie mögen es versuchen, doch machen sie sich damit lächerlich. Gleich danach, kommt die existentielle Sicherheit.

Möchte ich als Frau die finanzielle Stabilität für meine Kinder und mich selbst vergrößern und nicht alles auf eine Karte setzen, muss ich arbeiten und kann nicht „nur" Hausfrau sein. In den Zeiten, während derer ich arbeite, bin ich wiederum fern von meinen Kindern. Es sind gesellschaftliche Zusammenhänge, welche das Ganze noch weiter verkomplizieren. Diese für alle Beteiligten absolut zufriedenstellend zu ändern, wäre aber wohl leider nur als sehr langfristiger Prozess möglich, der mit viel Bereitschaft zu innovativem Denken und mit viel Differenzierungsfähigkeit verbunden sein müsste. Und mal ehrlich: Sehen Sie das in unserer aktuellen gesellschaftspolitischen Situation abgebildet? Ich nicht. Ich denke, das liegt zum Teil daran, weil Frauen immer noch als Opfer gesehen und vor allem dazu ermutigt, jedenfalls keineswegs entmutigt werden, sich weiterhin selbst als Opfer wahrzunehmen. Die absolut freiwillige und autarke Entscheidungskompetenz, wird öffentlichkeitswirksam oft gar nicht wahrgenommen. Ich gehe so weit zu behaupten, dass die Frauenbewegung einer Frau ihre Entscheidungen über das eigene Leben nicht auf der ganzen Linie zuerkennt, sondern sie insgesamt „den Männern" anlastet. Damit stilisiert sie Frauen aber nicht nur zum Opfer, sondern macht Männer spiegelbildlich zu Tätern. Und das in einer Form der Generalisierung, die den Anliegen der Frauen eher hinderlich denn dienlich ist.

Aber, Sie können nur dann Ihre Chancen wahrnehmen, wenn Sie Ihr Potenzial vollkommen entfalten und nicht darauf warten, dass Sie ein anderer auswickelt. Lösen Sie die Knoten Ihrer Prägungen und leben Sie keine Muster nach. Es kommt heutzutage einzig auf die individuelle Bereitschaft an, das eigene Leben, die eigene Kernfamilie, den beruflichen Karriereweg so zu gestalten, wie Sie das wollen. Und wenn Sie Widerstände dagegen verspüren – entweder in sich oder von außen, dann bitte ich Sie:

Analysieren Sie Ihre eigene Rolle und steigen Sie im Zweifel aus, denn wenn Sie sich nicht um sich selbst kümmern, wird es niemand tun, da im Grunde genommen, niemand ein wirkliches Interesse daran hat, dass Sie zu stark, zu selbständig, oder zu mächtig werden! Das würde voraussetzen, dass Sie reife und mit einem hohem Selbstwert ausgestattete Persönlichkeiten in Ihrem Umfeld haben, und das ist leider eine Seltenheit.
Wer sein Ideal an einem Fixpunkt seiner Lebensgestaltung ausrichtet, der muss sich trotz aller Widrigkeiten auch darauf fixieren. Ich wünsche Ihnen von Herzen die Antriebsenergie, die dafür notwendig ist.
Seien Sie gewiss – es lohnt sich!

Meine Erfolgsformel

   Knoten lösen
+ Chancen wahrnehmen
+ eigenes Drehbuch schreiben
_____

= Erfolg

Kompetenzen fokussieren
Manuela Hoffmann-Lücke

Machen Sie einen Unterschied.
Wie lassen sich das Engament in und damit die Produktivität von Unternehmen steigern? Oder anders gefragt: Warum machen immer noch circa zwei Drittel der deutschen Arbeitnehmer nur „Dienst nach Vorschrift"? Für mich liegt die Antwort in der Vielfalt menschlicher Kompetenzen.

Nach Meinung der meisten Personalleiter haben folgende Weiterbildungsinhalte in den nächsten Jahren die größte Bedeutung für Unternehmen: die Entwicklung und Förderung der Führungskompetenz sowie der sozialen Kompetenz. Neben der fachlichen tritt also zunehmend die soziale Qualifikation in den Vordergrund und entscheidet über Erfolg und Misserfolg. Führung wird in einer Zeit, in der fachlich kompetente Mitarbeiter ihrem Vorgesetzten gegenüber auch bezüglich der betrieblichen Zusammenarbeit und Kommunikation höhere Ansprüche anmelden, künftig immer mehr zur Hauptaufgabe werden.

Die Personalverantwortlichen werden also neue Wege bei der Rekrutierung von Führungskräften gehen müssen. Kennen Sie diese, wird es Ihnen auf dem Weg zur Führungskraft nutzen! Denn, wenn die Fachkompetenz in der Zukunft eine geringere Bedeutung als die Führungs- und Sozialkompetenz haben wird oder es sich ungefähr angleicht, werden auch Quereinsteiger aus anderen Branchen interessant. Welchen Anforderungen muss eine Führungskraft zukünftig genau gerecht werden, und wie kann sie diese geforderten Fähigkeiten erwerben? Sie sollte wissen, wie man zielstrebig, selbstsicher, reflektiert und mit verantwortlichem Handeln gestalterisch tätig ist. Sie sollte in der Lage sein, die wachsende Komplexität der beruflichen Umwelt zu erfassen und über Integrität, Verlässlichkeit und Glaubwürdigkeit verfügen. Dazu über die Fähigkeiten, Visionen zu entwickeln und andere zu begeistern, ihre Mitarbeiter zu motivieren und vor allem - zu binden. Es braucht also Wissen, Fähigkeiten und Haltung:

Wissen, betrachtet als Komponente der Qualifikation von Führungskräften, umfasst diesbezüglich alle theoretischen und praktischen Kenntnisse und Erfahrungen, über die eine Führungskraft verfügt. Allgemein kann dabei zwischen tätigkeitsspezifischem und nichttätigkeitsspezifischem Wissen unterschieden werden.

Fähigkeiten beziehen sich auf die Umsetzbarkeit des Wissens. Insbesondere meint dies, inwieweit eine Führungskraft in der Lage ist, ihr individuelles Wissen tatsächlich in den Prozess der Aufgabenerfüllung einzubringen.

Haltungen stehen schließlich als Oberbegriff für alle Komponenten, welche die Leistungsbereitschaft einer Führungskraft betreffen. Die Bereitschaft zur Leistung steht dabei ganz oben und wird als der Wille verstanden, anstehende Aufgaben und Probleme zu lösen.

Einmal quer durch viele Länder um anzukommen

Unternehmen können nur erfolgreich sein, wenn sie flexibel, variabel und intelligent auf verschiedene Umweltveränderungen reagieren. Dies setzt ein hohes Maß an innerer Effizienz voraus, die nur zu erreichen ist, wenn die Reibungsverluste gering und die Synergien hoch sind. Ja, die sozialen Kompetenzen sind wichtig, doch machen sie die Fachkompetenzen natürlich nicht obsolet. Und speziell die Fachkompetenzen für mich zu definieren, halte ich für sehr wichtig, da sie die Grundlage von effizientem Arbeiten UND dem Wohlfühlen im Rahmen der Arbeit ausmachen. Nicht alles, was ich sehr gut kann, mache ich auch sehr gerne. Doch etwas zu tun, das ich nicht gut kann, macht doch wohl nur ganz selten Spaß. Und die breite Masse befindet sich genau dazwischen. Wenn Sie dazugehören, sich also eher mit den Ihnen übertragenen Aufgaben abfinden, statt sich damit zu identifizieren, möchte ich Sie ganz speziell aktiv dazu aufrufen, für sich herauszufinden, wo genau Ihre Leidenschaft liegt. Und dann auch dabei zu bleiben! Denn: Wer sich permanent neu versucht zu finden, wird sich verlieren. Das heißt, der Prozess kann selbstverständlich eine ganze Weile dauern, aber wichtig ist, ihn bewusst anzugehen und sich nicht wie ein Fähnchen im Wind, je nach Situation oder Stellenbeschreibung, auf Biegen und Brechen anzupassen.

Ich selbst habe einige Zeit gebraucht meine natürlichen Anlagen zu erkennen und auszuleben. Ich hatte in den ersten Jahren meiner beruflichen Laufbahn einen Chef, der seine Mitarbeiter eher als fleißige Bienen gesehen hat, sich aber nicht durchringen konnte diese zu fördern und Verantwortung auch mal zu delegieren, um ihnen Wachstum zu ermöglichen. Damals verfügte ich naturgemäß noch nicht über die notwendigen Fähigkeiten oder Erfahrungen damit entsprechend umzugehen und mir die Tools zu suchen, die mir hätten helfen können einen eigenen, stringenten Weg zu finden. Einen Weg, der mich zu meinen Kernkompetenzen geführt hätte! Zudem war ich eher schüchtern und durch meine Erziehung nicht wirklich in der Lage eine größere Verantwortung einzufordern. Ich war so erzogen und dementsprechend gepolt worden, dass ich dachte: Wenn ich nur fleißig arbeite und mein Bestes gebe, dann wird das schon jemand sehen, und dann werde ich dafür mit entsprechenden Beförderungen belohnt.

Heute denke ich, das war gar nicht mal so naiv, wie es sich anhört. Denn gute Führungsarbeit, sollte ganz genau dazu in der Lage sein. Potenziale wahrzunehmen, vielleicht auch manchmal über Umwege zu erkennen und den Mitarbeitern entsprechende Weichenstellungen nahe zu bringen oder gar zu ermöglichen. Ein gutes Mentoring hätte mir sicherlich damals sehr geholfen. Doch war das, was heute endlich in den Köpfen der Manager anzukommen scheint, dass Umdenk- und Umlenkungsprozesse strategisch und menschlich gesteuert gehören, damals noch nicht so präsent.

Einer Mischung aus glücklicher Fügung, Kalkül, Ambition und Kaltschnäuzigkeit ist es zu verdanken, dass ich dann doch selbst die Stellschrauben meiner Entwicklungspotenziale entdeckte und nutzte. Ich sprang ein, als mein Chef sich für mehrere Monate „verabschiedet" hat, ohne eine offizielle Übergabe an jemanden in unserem Team zu machen. Dieser Sprung ins kalte Wasser härtete mich ab und vor allem – eröffnete mir neue Horizonte. Denn als mein Chef zurückkam und tatsächlich glaubte, ganz genauso weitermachen zu können, wie zuvor, verließ ich das Unternehmen und ging ins Ausland, in ein komplett anderes Umfeld. Von da an entwickelte ich mich. Aus der fleißigen jungen Frau wurde eine nicht minder effiziente Frau, die nun aber auch konstruktive Forderungen stellte und vor allem einen realistischen Blick dafür entwickelte, was sich zwischen Wunschdenken und klaren Umsetzungsstrategien abspielt. Und da spielt auf dem Weg nach oben, das Herausfiltern der eigenen Kern- und Sachkompetenzen eine ganz wichtige Rolle, um nicht in Tagtraumschlössern aufzuwachen und – gemäß meiner Einleitung nur noch sehr unzufrieden Dienst nach Vorschrift zu machen.

Eines hat ganz gewiss auch dazu beigetragen: Ich durchlebte einige berufliche Stationen im Ausland. Ich arbeitete sowohl in einem nordischen Umfeld, in Finnland, Norwegen, Schweden, Dänemark und Island und wurde in Griechenland mit einem komplett anderen Anspruchsdenken konfrontiert. Das hat mich geschliffen. Es schulte mich darin, nicht von den unterschiedlichen Ansprüchen an mich zerrieben, sondern meiner eigenen Ansprüche an mich gewahr zu werden.

Und wo geht Ihre Reise hin?

Wo stehen Sie aktuell? Da gibt es ja durchaus verschiedene Wahrnehmungsebenen. Der Blickwinkel, an den Sie gewöhnt sind und auf der anderen Seite eine Realität, in der Sie vielleicht eine ganz andere Wirkung haben könnten. Das Bewusstsein dafür zunächst einmal zuzulassen, öffnet Ihnen wiederum neue Perspektiven. Wenn Sie nicht bloß Erwartungen von außen erfüllen, treffen Sie nicht nur authentischere Entscheidungen, sondern stehen auch voll und ganz in Ihrer Arbeitskraft, statt diese vor sich hindümpeln zu lassen. Wenn Sie bereit sind in diese neue Wirklichkeit einzutreten, dann wird Ihr Leben einen Unterschied machen.

Wie sieht es denn gerade bei Ihnen aus? Haben Sie den Arbeitsplatz, der ganz genau Ihren Kompetenzen, denen im Kern, im Zentrum, entspricht? Werden Sie an den Punkten absolut gefordert, wo Sie auch perfekte Leistung abzuliefern in der Lage sind, weil Sie einfach so verdammt gut sind, in dem was Sie tun? Sicher – machen auch Ihnen gewisse Aufgaben oder ganze Projekte mal zu schaffen – doch können Sie sich andererseits sicher sein: Sie arbeiten in einem Bereich, der Ihrer individuellen Persönlichkeit Raum zur Entfaltung gibt und Ihre Begabungen abfragt.

Sie zögern mit der Antwort? Nun, dann möchte ich Ihnen einen kleinen Stupser geben, sich einmal ganz genau mit diesen Fragen zu beschäftigen, so Sie denn nun bei

Ihnen offenbar offen sind: Wo liegen Ihre Kernkompetenzen und welche Grundmotive prägen Ihr Verhalten?

Die Balance der Wippe - Persönliche Lebensmotive

So wie das Leben sich häufig anfühlt, als säßen wir auf einer Wippe und jemand anderes, unser Gegenüber, bestimmt mit seinem Gewicht unser Hin und Her, so liegt es einzig und allein an uns, diesen diffusen Gefühlen abzuhelfen und unser ganzes Gewicht einzusetzen; uns mit den Füßen kraftvoll abzustoßen und die Bewegungen der Wippe – unseres Lebens – selbst zu bestimmen. Nur man selbst hat den eigenen Erfolg in der Hand. Dazu muss man sich aber zunächst und sehr intensiv mit sich selbst beschäftigen. Und bevor wir zu den beruflichen Kernthemen kommen, kann es sehr wichtig sein, zunächst die Bedürfnisse, Werte und Ziele, die Ihr Denken und Wollen am stärksten dominieren, herauszufinden und wie sich dies im Alltag am besten umsetzen lässt. Was motiviert Sie auf einzigartige Weise, was bringt Sie generell dazu, Leistung zu zeigen oder motiviert und dauerhaft Anstrengungen auf sich zu nehmen?

Eine Methode herauszufinden, wie Sie diesbezüglich „ticken" ist, dies mit Hilfe eines Reiss Profiles zu tun. Steven Reiss, entwickelte in den 90er Jahren auf empirischer Basis ein Persönlichkeitsmodell mit 16 Lebensmotiven, darunter Status, Anerkennung, Familie, Idealismus, Rache/Kampf sowie Schönheit und Essen. Mit seiner Hilfe lassen sich sowohl präzise Anforderungsprofile für alle Positionen in einem Unternehmen erstellen, als auch blockierende Faktoren im Führungsverhalten von Vorgesetzten und im Verhalten von Mitarbeitern erkennen. Daraus sind konkrete Hilfestellungen und Handlungsanweisungen ableitbar, wie die Theorie aktiv in den betrieblichen Alltag überführt werden kann. Denn die Lebensmotive umschreiben individuelle Motivatoren, Werte und Ziele, die mit dem ureigenen emotionalen Belohnungssystem unseres Gehirns verbunden sind. Diese unbewussten Prozesse, die automatisiert ablaufen, sind die Voraussetzung für Ausdauer, Fleiß und Motivation.

Auf diese Erkenntnisse baut ein von Reiss entwickelter Persönlichkeitstest, der die Grundantriebe eines Menschen herausfiltert und abbildet: Er misst die persönliche Ausprägung der Lebensmotive im Vergleich zum Bevölkerungsdurchschnitt. Von besonderem Interesse sind dabei die stark ausgeprägten Motive, denn sie bestimmen maßgeblich die eigene Wahrnehmung und dienen damit als Grundlage für die effizientere Einbindung und Entwicklung im Unternehmen. Das Reiss Profile gibt es seit 2007 auch in Deutschland. Mit über 700 zertifizierten „Reiss Profile Mastern"- Berater, Coaches und Trainer - ist das Angebot, den Test und die anschließende Beratung im Einzelgespräch professionell durchführen zu lassen, sehr groß.

Der Meister und der Himmel – Berufliche Kernkompetenzen

Nun möchte ich Ihnen einige Impulse geben, Ihre beruflichen Kompetenzen herauszuarbeiten. Es gibt viele Arten sein Leben zu leben. Zwei Arten umschreiben den bekannten Spruch „Es ist noch kein Meister vom Himmel gefallen" auf unterschiedliche Weise: *Übe, um ein Meister zu werden* oder: *Sei ein Meister, der übt.* Was glauben Sie, wozu die Mehrzahl gehört? Die meisten Menschen sind die, die beharrlich trainieren, um zur Meisterschaft zu gelangen - doch es nie ganz schaffen. Wenn Sie das Gefühl haben, im Üben des Meisterwerdens festgefahren zu sein und nicht essentiell vorwärts kommen, dann fragen Sie sich doch mal, warum das so ist. Vielleicht, weil Sie eben kein Meister sind, der übt. Weil Sie stattdessen Wunschträumen hinterherlaufen, die dann irgendwann zerplatzen. Das bedeutet, es ist von sehr großer Wichtigkeit, einen Arbeitsplatz zu finden, in dem Ihre Kompetenzen auch tatsächlich gefragt sind. Dann sind Sie nicht nur gut in dem was Sie tun, Sie werden auch immer besser! Dafür ist es – ähnlich wie beim Reiss-Profil – sehr hilfreich, sich mal in Ruhe hin- und mit sich selbst auseinanderzusetzen. Erstellen Sie für sich ein Kompetenzprofil!

Stellen Sie sich vor dem Aufbau bitte folgende Fragen:

- Für welche Funktion genau sucht das bzw. stehe ich im Unternehmen?
- Wie gliedert sich dieses Angebot in die verschiedenen Kompetenzen?
- Was kann ich von der Aufgabenbeschreibung/aktuelle Stellenbeschreibung sehr gut und in welcher Art und Weise?
- Welche konkreten (große oder kleine) Erfolge habe ich jeweils erzielt?
- Welche meiner Kompetenzen nutz(t)en dem Unternehmen am meisten?

Als Hilfe für die Beantwortung dieser Fragen, hier nachfolgend die wichtigsten Kompetenzbegriffe. Gehen Sie die Punkte Schritt für Schritt durch und damit müssten Sie die Antwort auf die finale Frage finden: Was genau ist meine Kernkompetenz und mein Nutzen für dieses oder künftige Unternehmen!

Die Führungskompetenz habe ich schon ganz am Anfang behandelt. Sie erinnern sich? Wissen, Fähigkeiten und Haltung. Hierunter fallen auch:

- **Durchsetzungsvermögen** ist die Bereitschaft und Fähigkeit einer Person, ihre Ziele auch dann weiterzuverfolgen und zu erreichen, wenn sie dabei von anderen Personen Widerstand erfährt. Bei diesem zielgerichteten, flexiblen und überzeugenden Verhalten werden auftretende Konflikte offen und fair geregelt.
- **Entscheidungskompetenz** bedeutet in schwierigen Situationen rechtzeitig klare Entscheidung zu treffen und diese offen zu vertreten.

- **Projektleitungsfähigkeit** ist die Fähigkeit, unterschiedliche Charaktere, sowohl in ihrer Fachlich- wie auch der Persönlichkeit, rasch zu einer funktionierten Gruppe und in eine(r) zielorientierte(n) Gruppenarbeit führen zu können.

Die Grundlage der Sozialkompetenz sind die zwischenmenschlichen Kenntnisse und Fähigkeiten, mit anderen Menschen außerhalb des unternehmerischen Wirkungskreises kommunikativ, kooperativ und partnerschaftlich zusammenzuarbeiten, Perspektiven zu übernehmen sowie Empathie, Rollendistanz und Ambiguitätstoleranz zu entwickeln. Die Kommunikationsfähigkeit und Teamfähigkeit ist dabei die wichtigste Ausprägung der Sozialkompetenz. Im Einzelnen:

- **Einfühlungsvermögen** ist die Bereitschaft und Fähigkeit, sich in andere Menschen und Situationen hineinversetzen zu können. Dazu gehört die Befähigung den Menschen zu verstehen und zu begreifen - in seinem Verhalten, den Handlungen, Absichten und Bedürfnissen sowie Gefühlen und Gedanken.

- **Kommunikationskompetenz** ist die Fähigkeit, sowohl seine Gedanken überzeugend schriftlich oder mündlich darstellen und auszudrücken wie auch die anderer Personen empfangen und verarbeiten zu können. Gerade Letzteres, das aktive Zuhören, ist dabei die wesentlichere Fähigkeit.

- **Konfliktlösungskompetenz** ist die Fähigkeit, in der Zusammenarbeit zwischen unterschiedlichen Interessensvertretern auftretende Konflikte im positiven Sinne zu lösen. Dies setzt einen gewissen Pragmatismus, das Entwickeln alternativer Konzepte, sowie die Fähigkeit zu Kompromissen voraus.

- **Kooperations- oder Teamfähigkeit** ist nicht nur die Fähigkeit in einer Gruppe zu arbeiten, sondern ein Teil dieses Teams zu sein. Dies setzt voraus, dass dabei die jeweiligen Kollegen in ihrer Leistung und Persönlichkeit respektiert werden und selbst Lösungsbeiträge geliefert werden.

Eine flexible, aufgeschlossene und positive Grundeinstellung ist die Voraussetzung zum Erwerb der **Methodenkompetenz**. Sie betrifft einen relativ breiten Umfang der Fähigkeiten, wie etwa sich in komplexen Arbeitsabläufen sich eigeninitiativ mit neuen Verfahren, Denkweisen, Kenntnissen und Fertigkeiten vertraut zu machen und geeignete alternative methodische Vorgehensweisen zu finden, um die vorliegende Arbeit mit Hilfe des verfügbaren Wissens eigenständig lösen zu können.

- **Konzeptionelle Fähigkeiten** werden vor allem dann benötigt, wenn zur Bewältigung einer Aufgabe keine Vorgehensweisen vorgegeben sind. Das Entwickeln einer Konzeption bedeutet in diesem Fall, ein Gerüst aufzustellen, mit dessen Hilfe das entsprechende Ziel in einer bestimmten Zeit erreicht werden kann.

- **Managementfähigkeit** wird auch häufig als unternehmerisches Denken bezeichnet. Mitarbeiter, die sich mit der Vision und Strategie des Unternehmens identifizieren, interessieren sich auch für die Ergebnisse ihrer Arbeit und sind dementsprechend bereit, sich für das Unternehmen einzusetzen und dessen Interessen möglichst gewinnbringend oder kundenorientiert zu vertreten.

- **Organisationskompetenz** ist das Vermögen, Zeit, personelle und sachliche Ressourcen sinnvoll einteilen zu können.

Und zur Abrundung hier noch die wesentlichen **persönlichen Kompetenzen**:

- **Belastbarkeit** bedeutet, eine hohe Arbeitsbelastung gut bewältigen, aber auch Niederlagen verkraften und Haltung wahren zu können. Diese Fähigkeit erwächst durch Erfahrungen und erfordert Selbstdisziplin, geistige Konzentration, Stressresistenz und Ausgeglichenheit.

- **Kritikfähigkeit** zeigt sich nicht nur im Vermögen andere zu kritisieren sondern insbesondere auch darin selbst Kritik annehmen und verarbeiten und damit positiv mit umgehen zu können.

- **Verantwortungsbewusstsein** bezeichnet die Fähigkeit, bestehende Verpflichtungen innerlich anzuerkennen und ihnen entsprechend handeln.

- **Verbindlichkeit und Zuverlässigkeit** umfasst das selbstständige Einhalten von Absprachen insbesondere hinsichtlich vereinbarter Termine und zugesagter Leistungen.

Führen Sie sich selbst

Im Vergleich zur ersten Fließbandfabrik von Henry Ford vor rund hundert Jahren, hat sich die Arbeit nicht nur für ein paar kreative Köpfe geändert, sondern für uns alle. Sie wurde vielschichtiger, komplizierter, eigenständiger. Kaum ein Unternehmen könnte heute noch ohne die Individualität seiner Mitarbeiter auskommen. Weder Unternehmen, noch Arbeitskräfte sollten sich an einem falsch verstandenen „Gleichheitsprinzip" ausrichten. Führung und Motivation ist ganz im Gegenteil nie so zu gestalten, als ob alle Mitarbeiter dieselben Bedürfnisse hätten; und ein buntes Chamäleon zu sein, das alle Bedürfnisse des Arbeitgebers abdeckt, je nachdem welches gerade gebraucht wird, ist auch der falsche Hebel um weiterzukommen. Machen Sie also nie nur Dienst nach Vorschrift, sondern stellen Sie sich in den Dienst Ihrer eigenen Vorschriften – dies ist der engagierteste und damit produktivste Weg für alle Beteiligten.

Meine Erfolgsformel

   Sachkompetenz
 + Führungskompetenz
 + Fokus auf die Kernkompetenz
 _____
 = Erfolg

Mutig handeln
Monika Fenzau

Sind Sie mutig? Prima, dann bleiben Sie erfolgreich.
Was hält uns davon ab, erfolgreich zu sein? Was hält uns davon ab, das zu tun, was wir für richtig halten? Häufig ist es fehlender Mut. Oder ist es die Angst? Die Angst zu scheitern? Die Angst vor dem Ungewissen? Die Angst vor der Veränderung? Ich bin überzeugt, mutig ist, wer Angst hat und es trotzdem macht!

Veränderungen lösen Ängste aus. Unbekanntes Terrain ist uns unheimlich. Das ist gut so. Es lässt uns Chancen und Risiken abwägen. Es macht uns vorsichtig. Aber Angst sollte uns nie davon abhalten, das zu tun, was wir für richtig halten.

Trotzdem: Angst ist ein starkes Gefühl, und haben Gefühle nicht immer Recht? Die Frage aller Fragen. Sicher ist: Gefühle zu verdrängen, sie abzuwehren oder gar zu bekämpfen, hilft nicht. Die Lösung heißt, genau hinzuhören – in uns hineinzuschauen. Uns kennenzulernen. Mit allen Sinnen. Was ist es, was uns verunsichert? Was macht uns ein mulmiges Gefühl? Dazu braucht es Geduld und viel Übung. Aber diese Erkenntnisse, dieses „Selbstbewusstsein" - im wahrsten Sinne des Wortes – ist der erste Schritt zu mutigem Handeln und mehr Erfolg. Er führt zu: Hab' Angst, aber mach' es trotzdem.

Mut zu mehr Selbst - Bewusst - Sein

Die Basis für mutiges Handeln ist die Reflexion. Verschaffen Sie sich Klarheit über Ihre persönlichen Werte, Wünsche und Ziele. Entdecken Sie die Vielfalt Ihrer Persönlichkeit, und schärfen Sie den Blick für Ihre Stärken und Schwächen.

Das ist gar nicht so einfach wie es klingt. Stellen Sie sich vor, wir würden eine Umfrage zu Stärken und Schwächen der Menschen machen. Bekämen wir zuerst eine Schwäche oder zuerst eine Stärke genannt? Erfahrungsgemäß sind es unsere Schwächen, die wir (Frauen!) prompt nennen, denn wie bei den meisten Menschen sind wir davon überzeugt, dass unsere Schwächen unsere Stärken überwiegen. Unsere Schwächen haben wir abrufbereit. Sie sind mit starken Emotionen verknüpft: Ärger, Wut, Enttäuschung. Dementsprechend liegt der Fokus im Alltag wie im Beruf darauf, unsere Schwächen zu kompensieren und zu mildern. Wir haben es nicht gelernt gütig mit uns zu sein. Unsere Schwächen zu akzeptieren und angemessen mit ihnen umzugehen. Und noch viel weniger haben wir es gelernt, unsere Stärken zu stärken. Aber diese oft tief verwurzelte Konzentration auf unsere Schwächen, hemmt uns erfolgreich zu sein.

Ich möchte Sie deshalb einladen: Lernen Sie sich kennen. Fragen Sie sich: Wer bin ich? Wo liegen meine Stärken? Welche Kompetenzen, Fähigkeiten und Eigenschaften sind es, die mich glücklich und erfolgreich machen. Diese zu (er)kennen ist ein enorm wichtiger Schritt. Gehen Sie hin und schreiben Sie Ihre Erkenntnisse auf! Und dann gehen Sie noch einen Schritt weiter: Fragen Sie Freunde und Verwandte, Kollegen und Vertraute. Fragen Sie ganz offen und gezielt nach Ihren Stärken. Fragen Sie, was andere an Ihnen toll finden. Freuen Sie sich auf die Ergebnisse. Wir selbst neigen dazu, unsere Unzulänglichkeiten in den Vordergrund zu stellen, aber andere sehen in uns viel eher die positiven, die liebenswerten Seiten. Für Dritte sind unsere Stärken oft viel sichtbarer und klarer, als für uns selbst. Am Ende steht ein rundes, ausgewogenes Bild Ihrer persönlichen Stärken und Schwächen.

Wenn Sie Lust und Zeit haben, dann schauen Sie doch mal auf die Homepage von Eckart von Hirschhausen und suchen Sie nach dem „Pinguin-Prinzip". Sie finden eine wunderbare, kleine Geschichte zum Thema „Stärken stärken" – viel Spaß dabei.

Im nächsten Schritt sind Sie aufgefordert zu beschreiben, was Sie wollen. Wo wollen Sie hin? Was ist Ihnen wichtig? Sicherheit, Internationalität, Wertschätzung, Einfluss, Eigenständigkeit, Verantwortung, ... Machen Sie sich klar, was Sie wirklich wollen. Und tun Sie sich einen Gefallen: Denken Sie „grenzenlos". Blenden Sie für kurze Zeit „die Schere im Kopf" aus. Lassen Sie sich an dieser Stelle (noch nicht) von all den Äußerlichkeiten und Zwängen des Alltags und / oder der Familie einschränken. Was geht und was nicht geht, kann zu einem späteren Zeitpunkt im Rahmen eines „reality checks" geklärt und vereinbart werden. Jetzt geht es erst einmal nur um Sie! Um Ihre Wünsche und Ihre Ziele.

Ich zum Beispiel habe schon immer gerne „das Heft in die Hand" genommen. In der Schule als Schulsprecherin und auch später im Beruf. Führungskraft zu sein liegt in meiner Natur. Ich würde mich selbst als Alphatier bezeichnen: Selbstbewusst, initiativ, selbstständig, engagiert, selbstkritisch. Ein Macher-Typ. Macht im Sinne von Einfluss ist für mich positiv besetzt. Das zu wissen und zu akzeptieren, hat mich weit gebracht.

Zu wissen, was Sie wollen und welche Stärken Sie mitbringen, um Ihre Ziele zu erreichen, wird Sie erfolgreicher machen. Warum? Weil Sie konsequenterweise ein Arbeitsumfeld suchen und finden werden, das es Ihnen ermöglicht Ihre Stärken und Ziele in Einklang zu bringen. Im Ergebnis macht Sie das erfolgreicher, zufriedener und gelassener. Und wie hat es Oskar Wilde so schön formuliert: „Nichts ist so aufreizend wie Gelassenheit."

Mut zu mehr Präsenz

Sie kennen das: Ich bin ok – Du bist ok. Aber ok ist nicht genug! Haben Sie Mut zu mehr Präsenz. Was ich damit meine?

Zunächst einmal nehmen Sie Ihre Stärken und Schwächen an. Seien Sie gütig zu sich selbst. Kritisieren Sie nicht ständig an sich herum, sondern seien Sie sie selbst. Nur so können Sie authentisch sein.

Seien Sie aber auch sensibel dafür, dass Ihre herausragende persönliche Stärke - Ihre besonderen rhetorischen Fähigkeiten, Ihre außerordentliche Schnelligkeit, Ihre bewundernswerte Präzision oder Ihre allumfassende Empathie - im Extremfall auch Ihre größte

Schwäche werden kann. Immer dann, wenn sie zu viel des Guten wird. Das muss nicht sein, kann aber – und ich möchte Sie dafür sensibilisieren, dass dieser Umstand nicht so selten ist, wie wir es vielleicht glauben wollen. Ich zum Beispiel bin manchmal zu raumgreifend, zu bestimmend. Allein das zu wissen, hat mir oft geholfen, mich situationsspezifisch anzupassen, ohne meine Authentizität zu verlieren.

Trotzdem möchte ich Ihnen Mut machen, mehr Raum einzunehmen! Fallen Sie auf! Und das wörtlich. Schüchternheit und vornehme Zurückhaltung werden Sie nicht weiterbringen. Everybody's darling is everybody's fool. Ecken Sie ruhig ein bisschen an – je nachdem in welchem beruflichen und privaten Umfeld Sie aktiv sind. Ich bin zum Beispiel fast 1,80 Meter groß. Wenn ich in einen Raum komme, dann habe ich „meinen Auftritt", ob ich will oder nicht. Klar haben einige damit ihre Probleme, und so habe ich mühevoll gelernt die Bedürfnisse meines Gegenübers besser wahrzunehmen und zu berücksichtigen. Aber mich „klein machen", dafür gibt es keinen Anlass.

Im beruflichen Umfeld kann Präsenz bedeuten, dass Sie Projekte übernehmen, mit denen Sie Aufmerksamkeit schaffen und sich ins Blickfeld rücken: Präsentationen gegenüber dem Vorstand, Abstimmungen mit dem Leitungsteam, öffentliche Veranstaltungen – je nachdem was in Ihrem Unternehmen und Umfeld gerade wichtig und „en vouge" ist. Eine Freundin von mir arbeitete im Controlling. Sie nutzte die Gelegenheit in einer Projektgruppe zum Thema „Betriebskindergarten: Ja oder Nein" mitzuarbeiten. Die Projektgruppe präsentierte ihre Ergebnisse vor der Geschäftsführung, sie erläuterte das Zahlenwerk. Das war ihr erster Auftritt. Heute steht sie regelmäßig auf den großen Bühnen des Konzerns und führt ein internationales Team von Finanzexperten. Suchen Sie sich auch solche Gelegenheiten und nutzen Sie diese. Es wird sich lohnen!

Mut zu mehr Präsenz im Sinne von Auftreten, Aufmerksamkeit und Ausstrahlung braucht Kraft und Kondition. Deshalb schaffen Sie sich Freiräume. Fragen Sie sich, was tut mir gut? Wie kann ich am besten den Kopf freibekommen und neue Energie tanken? Für mich ist es Laufen, Golfen und Coaching.

Laufen ist voller Dynamik: Angefangen habe ich mit der 10 km Strecke. Jetzt mag ich die 5 km noch lieber, und dazu gekommen ist seit ein paar Jahren der sogenannte Jedermann-Triathlon (500 Meter Schwimmen, 25 km Radfahren, 5 km Laufen). Ich trainiere mit einer kleinen Gruppe von Enthusiasten. Wir motivieren uns gegenseitig und haben uns nach dem Laufen schon oft gestanden, dass wir allein nicht vom Sofa aufgestanden wären. Das gemeinsame daran macht Spaß und der Wettkampf im Juli - einschließlich Winners-Party - sind für uns das jährliche Highlight.

Golfen ist anders: Ein Gepäckmarsch, verbunden mit der Konzentration auf den nächsten Schlag. Für mich die perfekte Symbiose. Der Ball liegt da ganz ruhig und wartet darauf weiter zu kommen. Jeder spielt für sich und trotzdem spielt man mit anderen zusammen, tauscht sich aus, genießt den Tag. Eine wunderbare, naturnahe sportliche Betätigung und gleichzeitig eine gute Netzwerk-Gelegenheit.

Das Coaching ist für mich eine wertvolle Unterstützung, eine Oase der Reflexion und Inspiration: Wie bleibe ich souverän und entspannt, wenn ich mit überhöhten, unlogischen oder inkompatiblen Erwartungen konfrontiert werde? Wie kann ich mich in einem stetig ändernden und komplexen Umfeld noch besser positionieren? Wie kann ich das Verhalten von anderen besser verstehen und gleichzeitig meinen Standpunkt erfolgreich kommunizieren? Das Coaching liefert dazu keine vorgefertigten Lösungsvorschläge, sondern es unterstützt bei der Entwicklung eigener Handlungsalternativen. Ein Denken in grundsätzlichen Möglichkeiten. Spannend und immer hilfreich!

Sport und Coaching sind Ausgleich und Aha-Erlebnis, Anregung und Spaß, Fitness und Kräftemessen. Vorab definierte Ziele werden zwar nicht jedes Jahr erreicht, aber sie bringen mich und das Team Schritt für Schritt voran. Das ist das Entscheidende.

Mut zu mehr Erfolg

Neuer Job? Ich und Chefin? Andere Stadt oder gar anderes Land? Ähem – wo ist hier der Pausenknopf? Vielen wird bei dem Gedanken an solche Fragen schon schwindelig. „Das soll ich machen? Das soll ich schaffen? Dazu fehlt mir doch die Erfahrung!" Ja, vielleicht, aber wenn Sie es nicht machen, wie kommen Sie dann zu der Erfahrung? Dadurch, dass Sie Veränderungen zulassen und Risiken eingehen, können Sie nur gewinnen – allein schon durch das Erlernte. Und selbst, wenn es nicht so laufen sollte, wie geplant, so können Sie sich am Ende zumindest nie vorwerfen, es nicht wenigstens probiert zu haben.

Oder anders herum gefragt: Was wäre denn das Schlimmste, was passieren kann? Kein Erfolg? Ich halte es da mit Franklin D. Roosevelt: „Im Leben gibt es etwas Schlimmeres als keinen Erfolg zu haben: Das ist, nichts unternommen zu haben."

Schaffen Sie Gelegenheiten und haben Sie den Mut die Gelegenheiten auch zu nutzen. Viele Weggefährtinnen stehen meines Erachtens „viel zu früh" auf der Bremse. So zum Beispiel bei Bewerbungen. Wenn es um eine neue, herausfordernde und vor allem leitende Position geht, fangen viele Bewerberinnen schon weit vor den Vertragsverhandlungen an zu überlegen, warum sie für den neuen Job nicht die Richtige sind, oder was gegen die Annahme der neuen Position spricht. Ich sage dann immer: Entscheiden müssen Sie sich erst, wenn der Vertrag auf dem Tisch liegt. Erst am Ende eines Bewerbungsprozesses ist es sinnvoll die Vor- und Nachteile endgültig abzuwägen. Prüfen Sie, ob Sie die Ungewissheit der Unzufriedenheit vorziehen können und treffen Sie erst dann eine Entscheidung. Viel zu oft wird schon weit vorher die Handbremse gezogen. Das geht manchmal so weit, dass die geplante Familiengründung in ein paar Jahren als Argument gegen eine heutige Führungsposition angegeben wird. Wie schade. Ich glaube, dass den Frauen und den Unternehmen viel entgeht, wenn Frauen gar nicht erst ihren Hut in den Ring werfen. Natürlich spricht nichts dagegen weitblickend sein Leben zu sortieren. Aber: gemachte Erfahrungen kann Ihnen niemand mehr nehmen. Wenn Sie sie nicht machen, macht sie jemand anderer, der oder die Ihnen dann in ein paar Jahren, nach der Elternzeit, die interessanten Jobs vor der Nase wegschnappt. Dann dürfen Sie sich allerdings auch nicht wundern.

Also, haben Sie den Mut und machen Sie den nächsten Schritt! Sie können dabei nicht verlieren. Und auch mit Glück hat Ihr Erfolg nichts zu tun! Denn „Glück ist, wenn Vorbereitung auf Gelegenheit trifft", das wusste schon Seneca.

Eines muss uns allerdings auch klar sein: Je weiter wir kommen, desto höher ist die Gefahr zu fallen. Nur, das ist nichts Neues und auch nichts Frauenspezifisches. Je mehr Top-Managerinnen es geben wird, desto mehr wird es geben, die es irgendwann nicht mehr weiter geschafft haben. Je mehr Gründerinnen und Unternehmerinnen es geben wird, desto mehr werden auch scheitern. Aber das sollte Sie nicht entmutigen. Im Gegenteil – wir sollten vielmehr überlegen, wie wir als Gesellschaft mit Scheitern umgehen.

Was haben Stephen King, Joanne K. Rowling, Harrison Ford und Steve Jobs gemeinsam? Sie haben die Angst vor dem Verlieren verloren. Sie haben sich durchgeboxt, sind „gefallen" oder gar oft grandios gescheitert, aber sie sind wieder aufgestanden – und würden das notfalls wieder tun. Thomas Edison, der Erfinder der Glühbirne, hat es für sich mal so ausgedrückt: "Ich habe mit Erfolg zehntausend Wege entdeckt, die zu keinem Ergebnis führen."

Warum zogen sich diese Menschen nicht zurück? Warum machten sie weiter? Im Wesentlichen hängt das mit der inneren Einstellung zusammen. Mit Widerstandskraft und der Fähigkeit, Misserfolge nicht persönlich zu nehmen.

Das bedeutet natürlich nicht, den Grund für das Scheitern jemand anderem zuzuweisen. Es bedeutet ganz einfach die Diktion: „Ja, da habe ich versagt!" statt „Was bin ich doch für ein elender Versager!" Mit Letzterem beurteilen Sie sich als Person und nicht den Punkt um den es geht. Schlimmer noch: Sie verurteilen sich! Das hat dann den Zungenschlag von: „Ich kann das nicht. Und ich werde das auch nie hinbekommen." Es manifestiert ein negatives Selbstbild und unterminiert Ihr Selbstvertrauen. Das ist dramatisch, denn das führt dazu, dass Sie in Zukunft neuen Herausforderungen lieber aus dem Weg gehen, statt sie weiter zu suchen. Sollte der nächste vermeintliche Fehler hinzukommen, wird es immer schlimmer.

Stellen Sie Ihren Misserfolg stattdessen unter die Prämisse: Da habe ich wohl noch nicht die richtige Strategie angewendet. Oder: Der Weg ist offenbar nicht der richtige für mich. Seien Sie ehrlich mit sich und analysieren Sie die Gründe, die zum Scheitern geführt haben. Lernen Sie, verändern Sie und gehen Sie mutig weiter!

Menschen, die einen Misserfolg nicht als Angriff auf ihre Persönlichkeit empfinden, haben ein sogenanntes wachstumsorientiertes Selbstbild. Sie sind fest davon überzeugt, dass sie sich weiterentwickeln können, wenn sie Einsatz zeigen. Sie glauben an den Trainingsfaktor; daran, dass sie besser werden können. Da geht es nicht um Schicksal oder Murphys Law, da geht es einzig und allein um den pragmatischen Blick auf das Machbare. Sie glauben daran, dass sie ihr Schicksal in den eigenen Händen halten. Oder, wie in Joanne K. Rowlings Fall, die innere Stärke, von ihrem Wirken derart überzeugt zu sein, dass auch die wiederholte Ablehnung sie nicht klein bekommen hat. Stecken Sie einen vermeintlichen Rückschlag entspannt weg, das erspart Ihnen Kraft für den nächsten Anlauf. So gestalten Sie einen Misserfolg zu einem konstruktiven Lernprozess.

„Toll, wie mutig du bist." Das ist das Feedback, das ich oft zu hören bekomme. Denn mein Lebensweg wies nicht geradewegs in Richtung Unternehmerin und ist in vielerlei Hinsicht ein kontinuierlicher Lernprozess.

Schritt für Schritt

Ich bin ein klassisches Arbeiterkind. Mein Vater ist Tischler, meine Mutter Hausfrau und ich die älteste von sechs Kindern. Ort: Berlin-Lichtenrade - Anfang der siebziger Jahre - sozialer Wohnungsbau – das Geld war immer knapp. Es war eng, laut und intensiv. Freiheit gab es auf dem Bolzplatz oder später in der öffentlichen Bibliothek: Da konnte ich lesen, mich in andere Welten träumen und später auch in Ruhe lernen.

Für mich war damals klar und doch noch ganz „unscharf": Ich will etwas anderes vom Leben. Ich will anders sein - was zu Rebellion und Henna roten Haaren geführt hat - ich will was ändern und ich möchte mir keine Sorgen um Geld machen müssen.

Das Abitur schien mir auf diesem Weg wichtig zu sein und ich hatte auch immer gute Noten. Aber die alles überschattende Frage war: Schaffe ich das? Als erste und einzige in der Familie auf einem Gymnasium? Da habe ich mir – soweit ich mich erinnern kann – zum ersten Mal gesagt: Tausende haben es vor dir geschafft, warum solltest du es nicht auch schaffen?!

Diese Beharrlichkeit, diese Klarheit und dieser Mut hatten aber auch eine Kehrseite, denn ich musste diese Entscheidungen nicht nur vor mir tragen, sondern auch zu Hause durchsetzen. Die dortigen Konflikte eskalierten, so dass ich noch vor dem Abitur von zu Hause auszog und mir meinen Lebensunterhalt mit Putz-Jobs verdiente.

Nach dem Abitur war ich stolz wie Bolle und wollte nicht von einer „Lernfabrik in die nächste". Deshalb habe ich erst einmal „Radio gemacht". Super spannend! Radio ist ein tolles, schnelles Medium mit unglaublich vielen Möglichkeiten, aber ich habe auch gemerkt: Wenn du hier „etwas werden willst", dann kommst du um ein Studium nicht herum. Ok – also galt es noch so eine Institution zu nehmen, die mir erst einmal nicht geheuer war. Ich entschied mich für ein Studium der Politikwissenschaften und stehe heute für mehr als 20 Jahre Führungs- und Umsatzverantwortung – von der Krankenkasse bis hin zur Diagnostika- und Pharma-Industrie.

Den Schritt von einer erfolgreichen Angestellten internationaler Konzerne ins Unternehmertum, habe ich mir nicht leicht gemacht, und doch war er für mich irgendwann eine logische Schlussfolgerung. Ein kluger Weggefährte sagte vor ein paar Jahren zu mir: Warum du nirgends so richtig happy bist? Weil du viel zu unternehmerisch denkst und handelst. Und ich fragte: Wirklich? Und alle um mich herum lachten, weil es stimmt. Tja, ich hab' mich lange gewehrt und andere Werte in den Vordergrund gerückt: Gestaltungsmöglichkeiten, Verantwortung, finanzielle Unabhängigkeit - aber die unternehmerische Freiheit kam zu kurz.

Im Jahr 2012 war es dann soweit: Ich gründete FENZAU & Company. Ein Unternehmen, spezialisiert auf Health Policy Advice und Market Access Services. Den Traum gelebt: Von Putz-Jobs zum eigenen Unternehmen. Langjährige, erfolgreiche Managerin, Jung-Unternehmerin, Executive Advisor, Business Speaker, Dozentin - mit internationalen Systemkenntnissen und einem wertvollen und sehr wertgeschätzten Netzwerk. Das alles macht FENZAU & Company heute zu einem erfolgreichen Unternehmen in der Life Science, Medtec & Healthcare Branche. Und das sage ich nicht, um zu prahlen, sondern um zu veranschaulichen: Ich bin heute das Ergebnis meiner Erfahrungen. Meine Klarheit und mein Mut haben mich etliche Hürden nehmen lassen. Ich konnte meine Potenziale nutzen und mich weiterentwickeln. Und womit? Mit der Überwindung meiner Ängste und dem festen Willen es zu schaffen. Getreu des japanischen Sprichwortes: „Wo die Angst ist, da ist der Weg."

Meine Erfolgsformel

$$\frac{\text{MUT} + \text{PRÄSENZ} + \text{MACHEN}}{} = \text{ERFOLG}$$

Wahrhaftig bleiben
Dr. Angelika Weinländer-Mölders

Werden Sie zum Authentizitäter.
Wahrheitsliebender Wohltäter oder selbstsüchtiger Übeltäter? Wer immer ehrlich sein möchte und deshalb vermeintlich echt auftritt, der kann schon mal anderen in deren Empfinden derbe auf die Füsse treten. Die Abwägung, sich selbst treu zu sein oder dem Leben auch mal flexibel gegenüberzustehen, ist nicht immer einfach und schon gar nicht einheitlich zu treffen. Doch wichtig ist: Etwas dauerhaft vorzuspielen, hat noch niemandem dauerhaft die Bühne des Erfolgs gesichert.

Ich hatte das Glück in einem kindgerechten Umfeld groß geworden zu sein. Mein Spielplatz war die Natur. Kein noch so pädagogisch wertvoll ausgestatteter Abenteuerspielplatz kann da mithalten. Baumbuden bauen oder die ausgedehnten Wurzelzwischenräume großer Bäume tatsächlich als einzelne Zimmer anzulegen, hat meine Phantasie angeregt und die Sinne geschärft für ein Spiel, das ohne Hilfsmittel auskam. Die verschiedenen Tiere in Wald und Feld zu beobachten, war noch spannender! Und natürlich war der freie Umgang draußen, ohne elterliche Aufsicht und Kontrolle, Gold wert. Sowohl was das Verhalten von uns Kindern untereinander anging, ohne Einmischung eines Erwachsenen Konflikte zu regeln und zu bereinigen, als auch abends todmüde ins Bett zu fallen. Meine Zukunft als Tierfilmerin war aufgrund dieser Kindheitserfahrungen jedenfalls definitiv vorprogrammiert.

Nun – es kam anders. Den Naturwissenschaften blieb ich als Chemikerin immerhin treu, doch meine große Tierliebe zum Beruf zu machen, erschien mir nicht zielführend. Dieser Affinität einen Platz in meinem Leben zu geben, war allerdings schon ziemlich früh vorprogrammiert. Seit 17 Jahren haben mein Mann und ich ein Pferd und zudem gehört ein prächtiger Rhodesian Ridgeback - Leo - zu unserer Familie.

Warum gehen mir diese Bezugspunkte meiner Kindheit heute, wo ich hier sitze und eigentlich versuche meine businessmäßigen Erfolgskoeffizienten zu reflektieren, durch den Kopf? Ja, es hat damit zu tun, dass ich meinen Eltern für vieles dankbar bin, was sie mir mit auf den Lebensweg gegeben haben. Sie bestanden nur auf wenigen Regeln, die dann allerdings konsequent befolgt wurden, und diese Freiheit meiner Kindheit machte mich schon früh zu dem, was ich heute bin. Ich wuchs in dem Bewusstsein auf: **Ich darf das. So sein. Wahrhaftig sein. Zu mir stehen. Und gemeinsam mit mir bin ich stark ...**

Und wenn ich als Bezugspunkt der Geschichte für dieses Buch den Titel **Authentizität** setze, so schließt sich an dieser Stelle der Kreis: über meine Karriere hin zu dem Punkt, wo ich heute stehe - unter anderem, wenn ich mir Leo ansehe.

Leo trägt seinen Namen vollkommen zu Recht. Nicht nur, weil die Ridgebacks in ihrer Heimat Afrika zur Löwenjagd eingesetzt wurden, sondern weil er vor Kraft und gleichzeitiger Anmut nur so strotzt. Dieser Hund hat mich in seiner Erziehung sehr häufig bis aufs Äußerste gefordert Doch genauso, wie ich im Verlaufe meiner Karriere lernte mein Führungsspektrum zu erweitern, um 200 Mitarbeiter zu führen und ihre Entwicklung zu fördern, machte ich es mir hartnäckig zur Aufgabe, auch diesem Tier gerecht zu werden. Es brauchte Zeit, es brauchte Kraft, aber es gelang: Das Blatt wendete sich und dieser Hund gab mehr Kraft als er nahm.

Bei der Erziehung eines Hundes darf es nie vorrangig darum gehen, das „Recht des Stärkeren", des Halters, durchzusetzen, genauso wenig, wie man sich auf der Nase herumtanzen lassen darf. Doch bei Leo waren diese Grundregeln, ob seines starken Charakters, um es mal etwas euphemistisch zu beschreiben, und seiner mit knapp 45 kg, starken Statur, besonders wichtig. Konsequenz und stimmiges Auftreten mussten mir ins Blut übergehen, ansonsten nutzte er jede meiner vermeintlichen Schwächen gnadenlos aus Und neben vielem anderen lehrte mich dieser Hund in doppeltem Sinne, was es heißt, ganz bei mir zu sein und zu bleiben - auch wenn es rund geht: Denn er konnte dies immer schon perfekt. Und ich muss es sein, weil er meine Unsicherheit sonst spürt. Ein mit forscher, aber aufgesetzter Stimme gegebenes Kommando, wäre heiße Luft. Ich muss authentisch sein. Ganz genauso, wie er es ist, wie es im Grunde alle Hunde sind. Ungekünstelt, echt und geradlinig.

Jeder Leser, der ein wenig Ahnung von Hunden hat, mag nun die Stirn runzeln und natürlich gibt es auch da Ausnahmen. Doch ich spreche von der Regel eines gut sozialisierten Tieres. Und ein solcher Hund spielt einem anderen weder vor, er wäre ein Lämmchen noch ein Werwolf. Er ist einfach wie er ist. Authentisch.

„Das Selbst ist kein Ding, sondern ein Vorgang." Thomas Metzinger

Soviel zum Thema: Authentizität im Tierreich. Aber wie funktioniert das bei uns? Instinktgesteuertes Verhalten bekommen wir weitestgehend aberzogen. Also, wie erkennt man das Authentische, das Echte – in sich? Gibt es so etwas wie unsere einzig wahre Persönlichkeit? Einen prägnanten Kern, der unsere Charakteristika unvergleichlich sein lässt und vielleicht sogar in unserer Genetik angelegt ist? Oder sind wir einem ständigen Fluss unterlegen, müssen uns immer wieder neu erfinden und wissen so erst auf dem Sterbebett, was an uns und für uns Priorität hatte. Das wäre für mich schrecklich. Denn natürlich gibt es einen ständigen Wandlungsprozess in unserem Leben – doch „erliegen" wir diesem nicht, wie man so schön sagt, sondern genau das macht Leben aus. Für mich ist es eine Mischung aus beidem: Veranlagung und Selbstfindungsprozess.

Fakt ist: Der Mensch wird als Individuum geboren und bleibt es – sein Leben lang. Doch muss er sich als Individuum in einer Gesellschaft bewegen lernen, sich in ihr integrieren und am besten auch wohlfühlen. Letztlich wird er als Teil der Gesellschaft zur Gesellschaft. Dies zu erreichen ist ein langer Weg. Dass ein Baby bei Geburt noch ein unsozialisiertes Wesen ist, zeigt sich bereits am ersten Lebensschrei: Der kleine Mensch äußert seine Befindlichkeiten und Ansprüche, indem er sich vorrangig schreiend artikuliert. Er hat keine andere Wahl und handelt da noch - sowohl beim Lächeln als auch beim Schreien - vorrangig instinktiv. Regeln sind ihm noch komplett fremd. Bliebe dies so, führte das unweigerlich zum Zusammenbruch der Gesellschaft. Deshalb werden wir erzogen, sozialisiert und geprägt. Die Sozialisation ist ein Prozess der dafür sorgt, dass die Gesellschaft überlebensfähig bleibt - und umgekehrt: Das Erlernen von Regeln, Traditionen, Werten und Gesetzmäßigkeiten sind essentielle Voraussetzungen für das Heranwachsen, die weitere Entwicklung und die Akzeptanz in der Gruppe. Denn das alles macht eine Gesellschaft aus.

Dabei geht es nicht darum, dass sich der Mensch in allem anzupassen hat, denn die Gesellschaft ist nicht statisch. Sie verändert sich permanent durch ihre Individuen und so ist die Entwicklung hin zu dem, was uns aus - und echt macht, insgesamt ein dynamischer Prozess: Das Individuum wird in die Gesellschaft „hineingezogen", aber jede Gesellschaft wird auch durch die in ihr lebenden Individuen geformt.

Mit fortschreitendem Alter umgeben den Menschen immer komplexere soziale Strukturen, mit denen er umzugehen hat. Die Erwartungsebenen und –haltungen werden umfangreicher, die Situationen und Institutionen erweitern sich bis zum Arbeitsleben und darüber hinaus.

Sozialisation bedeutet also die Übernahme und Verinnerlichung sozialer Werte und Rollennormen der sozialen Umwelt. Diese Werteinternalisierung geht im Idealfall so weit, dass sie zu einer eigenen Motivation führt, immer weiter im Rahmen einer eigenen Wertematrix nach sozialen Normen zu handeln. Irgendwann kommen wir aber zu dem Punkt, wo wir uns der Wahrnehmung einer Rollenstruktur auch bewusst widersetzen können und dürfen, so dass die Persönlichkeit nicht mehr nur als ein „Spiegelbild" der gesellschaftlichen sozialen Struktur erscheint, sondern zu einem eigenständigen Konstrukt wird.

Wir werden wir - exakt dann, wenn Sozialisation nicht in das Erlernen der jeweiligen Rollen, sondern in eine selbstbestimmte Entwicklung mündet. Das Individuum nicht als angepasstes Spiegelbild der Gesellschaft, ohne eigenen freien Gestaltungsspielraum, sondern: ich – Angelika und du – Leser!

Das hört sich ja zunächst einmal gut an. Wir wissen nun, wie wir zu uns finden, aber bedeutet das gleichzeitig, dass ein authentischer Mensch auch immer der bessere Mensch ist? Zumindest ist er doch in unserem Sprachgebrauch nicht negativ, sondern positiv behaftet.

Authentizität gilt als wichtigste Eigenschaft eines Managers, der etwas auf sich hält und sie wird von der Mitarbeiterschaft meistens höherwertig als Fachkompetenz oder Belastbarkeit eingestuft. Dabei entbehrt das nicht eines gewissen Trugschlusses. Denn wer braucht schon einen immerzu ‚authentischen' Choleriker als Vorgesetzten? Gleichwohl der Choleriker an sich sehr viele angenehme Eigenschaften hat, so sind diese doch weniger auf seine Mitmenschen ausgelegt. Einen Chef, der sich auf Kosten anderer auslebt und sein Innerstes ohne Filter rauslässt, egal ob cholerisch polternd, phlegmatisch lamentierend oder melancholisch quengelnd? Den braucht niemand.

Die Frage: Wie viel ‚Wahrhaftigkeit' verträgt mein Umfeld? ist also durchaus wichtig zu beantworten, und zwar zweigleisig: Kann ich mir das eigentlich leisten, in meiner Rolle als Führungskraft? Ist es nicht vielmehr eine Schwäche mich transparent zu zeigen, denn hilfreich? Mache ich mich damit nicht vielleicht sogar angreifbar?

Beim Thema Authentizität geht es mir allerdings nicht primär darum, wie ich zu mir selbst finde oder wer ich bin - und wenn ich es weiß, wie manifestiere ich das und lasse mich dann nur noch genau so zu! Denn das hätte etwas von einer Starrheit, die ich nicht mein Eigen nenne. Entscheidend ist, sich kontinuierlich zu entwickeln und zu verbessern und nicht zu erwarten, dass man einen Marathonlauf ohne Training absolvieren kann.

Der imaginäre Blick in den Spiegel ist für diese Form der Weiterentwicklung durchaus wichtig. Er darf nur nicht mit der Erwartung einhergehen, dass ich jeden Tag, immerzu und beständig das gleiche sehe. Es mag Menschen geben, für die ist der Spiegel gleichbedeutend mit einem Selbstportrait. Einmal geschossen, eingerahmt und aufgehängt – und das war's. Eine Form der Beständigkeit, die auch Zuverlässigkeit transportiert. Dagegen ist nichts einzuwenden, doch kann ich diese auch leben, wenn ich nicht gleichzeitig in Stagnation verfalle. Ich muss offen bleiben für äußere Einflüsse. Gerade für eine Führungskraft ist dies außerordentlich wichtig und hat nichts damit zu tun, dass ich mich verbiege.

Unsere Wirbelsäule ist dann am gesündesten, wenn sie beweglich bleibt. Ein starres, einzwängendes Korsett braucht es im Gegensatz dazu als Therapie, wenn sie sich pathologisch verkrümmt hat - was meistens aufgrund von Haltungsfehlern oder falschen Bewegungsabläufen entsteht. Ich sehe darin eine perfekte Metapher, denn ein starres Lebensmuster zu befolgen ist genauso falsch, wie sich ständig unter der Last anderer Ansichten oder Vorgaben zu verbiegen. So hat es denn auch nichts damit zu tun, zu wenig Rückgrat zu beweisen oder nicht authentisch zu sein, wenn ich nicht stetig und standhaft auf meiner Art die Dinge zu sehen und anzugehen beharre. Im Gegenteil. Es kommt darauf an, mein Gegenüber da abzuholen, wo er steht – obwohl ich selbst vielleicht einen ganz anderen Standpunkt vertrete – und ihm auf diesem Empfängerhorizont zu begegnen. Dort kann ich kommunizieren und auch agieren – ohne mich zu verbiegen oder mir selbst untreu zu werden.

Mein Tipp für die Auseinandersetzung mit der eigenen Authentizität: Stellen Sie sich folgende Fragen beziehungsweise, behalten Sie sie im Hinterkopf und holen Sie sie immer mal wieder hervor, um Ihr Handeln mit Ihrem Inneren abzugleichen.

1. Welche Wertmaßstäbe sind für mich in meinem Leben am wichtigsten und wie haben sich diese Werte im Laufe der Zeit verändert?
2. Welche Schwierigkeiten muss ich überwinden, um diese Werte umzusetzen- beziehungsweise was bin ich bereit aufzugeben, um nach diesen Wertvorstellungen zu leben?
3. Welche Eindrücke oder Anreize von außen und aus meinem Inneren heraus, beeinflussen mich am meisten?

„Man sieht sich selber nie genug, niemals ganz."
Felix Philipp Ingold

Schon während meiner Promotionszeit ging ich diesbezüglich durch eine harte Schule, die ich aber im Nachhinein nicht missen möchte. Mein Doktorvater, den ich einerseits sehr schätzte, hatte anderseits aber auch seine Schattenseiten, da er für viele Doktoranden zum Schicksal wurde. Einige haben bei ihm fünf oder gar sieben Jahre gearbeitet, aber ihre Promotionsarbeit nie abgeschlossen. Ob diess einem Kalkül entsprang oder einfach einer Gleichgültigkeit dem Menschen gegenüber, hat sich mir nie erschlossen, doch ich hielt mich auch nicht damit auf, SEINE Beweggründe zu erforschen, sondern machte mich auf MEINEN Weg, meine Interessen durchzusetzen! Ich habe mich durchgeboxt und die Verantwortung in die eigene Hand genommen. Mit extremer Beharrlichkeit blieb ich immer wieder an ihm dran, wenn ich einen Termin brauchte - auch nach wiederholten Absagen oder Sonntagsterminen. Ich wollte ja etwas von ihm, also musste ich auch etwas dafür tun.. Seine Art, Menschen abzukanzeln und wie Dummköpfe hinzustellen, machte nicht nur die Terminfindung schwierig, sondern auch die Gespräche selbst. Vermutlich hielt dies manch anderen Studenten davon ab, sich ihm zu stellen. Er fand immer ein Haar in der Suppe, ganz egal, wie viel Mühe man sich gab. Da musste man durch und solange an den bisherigen Ausarbeitungen herumfeilen, bis er sie nicht mehr kritisieren konnte. Meiner Überzeugung nach werden Menschen stärker über Lob motiviert und ins Handeln gebracht, als wenn man sie klein macht. Letztlich hatte ich meinen Titel in der Tasche, ohne vor meinem Doktorvater zu Kreuze zu kriechen.

Diese gerade Form der hartnäckigen und dynamischen Zielstrebigkeit habe ich dann von Anfang an beruflich so gelebt - und mit der Zeit immer bewußter und intensiver. In meiner ersten beruflichen Station war es mir besonders wichtig, mich nicht wegen eines Jobs verbiegen zu müssen. Obwohl mein Vater im Jahr zuvor gestorben war und damit auch der im Zweifelsfall sichere Hafen wegfiel. Doch vermutlich war es gerade deshalb ganz essentiell für mich, von Anfang an zu bestehen, nach meinen Prinzipien und Regeln. Denn nur so baut man das richtige und stabile Selbstbewusstsein auf, das nachhaltig wirkt. Ich hätte schon damals wie heute lieber eine andere Stelle gesucht, als mein Wesen zu verändern. So habe ich bereits im Außendienst, in den ich als Neuling völlig unbedarft eingestiegen bin, gelernt, mir zu vertrauen. Sich täglich auf andere Menschen einstellen zu müssen, hat mir geholfen, die Bandbreite meines Verhaltens zu erweitern, ohne dass dies meine Persönlichkeit verändert hätte. Ich intensivierte das, was ich über meinen Professor gelernt hatte: Sei variabel in deiner Art der Kommunikation, nimm den Bedarf wahr - stell dich auf den Menschen vor dir ein, richte deine Antennen auf ihn aus, dann musst du dich nicht unbedingt nach ihm richten. So nimmt man den Kunden mit, ohne ihm etwas vorzuspielen und bleibt seinen Werten treu.

Als ich danach meinen ersten Führungsjob und die Verantwortung für zehn Mitarbeiter bekam, gehörte dazu einer, der mir gleich zu Beginn mitteilte, dass er bereits 30 Jahre Erfahrung als Außendienstler hatte und sich von mir nichts sagen lassen würde – ich war 32. Dies beeindruckte mich zwar, lähmte mich jedoch nicht, im Gegenteil. Ich machte mir seine Expertise zu Nutze ohne ihn auszunutzen. Er bemerkte den ihm von mir entgegengebrachten Respekt, frei von Sorge oder Überheblichkeit, und dankte es mir mit einer tollen und loyalen Teamleistung.

Der Wechsel in die Vertriebs- und Marketingleitung eines anderen Unternehmens, einige Jahre später, brachte mir die Erfahrung ein, was es heißt, wenn jemand nicht authentisch ist. Ich behielt meine forsch dynamische Art bei, bewegte mich schnell und geradlinig und fühlte mich durch meinen eigenen Elan angespornt, ganz natürlich mein Bestes zu geben. Doch ich schaute zu wenig nach rechts und links, war mittlerweile auf eine Art und Weise selbstbewusst, die sich für meinen Vorgesetzten, den Geschäftsführer des Unternehmens, gefährlich anfühlte. Ich hatte ihm seinen Rang abgelaufen, Mitarbeiter wendeten sich eher an mich und statt dies im Sinne des Unternehmens zu nutzen, fühlte er sich bedroht. Die Konsequenz: Ich „durfte" gehen. Was war geschehen? Ich hatte mich ausschließlich auf die Fakten konzentriert und lösungsorientiert an den Verbesserungen des Firmenauftrittes und der Umsatzzahlen gearbeitet und nicht darauf geachtet, wie mein Chef darauf reagierte. Im Nachhinein hätte ich meine Schritte und Veränderungen mit ihm abstimmen und sie zumindest auch zum Teil als unsere gemeinsamen Ideen verkaufen sollen. Ich hatte für eine Weile aus den Augen verloren, was ich doch bereits gelernt hatte: die Bedürfnisse meines Gegenüber genauso ernst- und wahrzunehmen, wie meine eigenen.

Daraus die Lehre zu ziehen, mich ständig umzusehen, ob mir jemand einen Dolch in den Rücken rammen will, wäre für mich sicher der falsche Weg gewesen, doch erinnerte ich mich an meine Außendienstzeit. Wenn die Kundenorientierung auch die Paradedisziplin für vertriebsorientierte Führungskräfte ist, so darf man nie bei der Kundenkommunikation stehen bleiben. Und meine Art der Kommunikation innerhalb des Unternehmens, ob in Bezug auf die Mitarbeiterführung oder in der Funktion als Bindeglied zur Vorstandsetage, durfte ruhig einw enig beherrschter sein, ohne dass ich deshalb etwas von meinem Elan oder meiner Persönlichkeit einbüßte. Ich blieb bestimmt und vor allem selbstbestimmt, auch wenn ich meinem eigenen Kommunikationsrepertoire das meiner Umwelt hinzufügte. Meine eigene Sprache wird nicht weniger verständlich, indem ich sie um den Sprachschatz anderer erweitere – ganz im Gegenteil.

Aber was bedeutet das für meine Authentizität? Geht die dann nicht verloren? Nein! Wenn Sie für sich Ihre ureigene besondere berufliche Nische gefunden haben, in der Sie ein Abbild oder die Schnittmenge Ihrer Persönlichkeit und dem Leitbild des Unternehmens leben können: Bingo, genießen Sie den Volltreffer und wissen Sie dies zu schätzen!

Nicht immer aber gibt es Nischen, die auf Sie warten. Genauso wichtig ist es, den Platz, den Sie schon innehaben, so authentisch wie möglich zu besetzen. Ich kann mir mein unternehmerisches Umfeld nicht immer aussuchen und auch nicht immer umstricken, wie ich es gerne hätte. Daraus ergeben sich viele Möglichkeiten: von „sich damit abzufinden" bis dahin, alles „komplett umzukrempeln". Ersteres wird immer zu meinen Lasten gehen, wenn ich kein Chamäleon bin, und Letzteres würde ein Hund ganz sicher nie tun. Dazwischen liegt die Kooperation, sowohl mit den Menschen meines Umfeldes, als auch mit den Umständen. Ruhig auch mal flexibel sein dürfen, doch nie zur Blaupause werden. Das Primat des Handelns nicht aus der Hand geben, eher beharrlich sein, denn sturköpfig; den Abgleich meiner Lebensleitlinien nicht aus den Augen verlieren und doch anerkennen, dass die Reflexionen durch die Augen eines anderen hin und wieder sehr wertvoll sein können. Das alles funktioniert, ohne den Authentizitätsanspruch an sich selbst zu verlieren, denn man sieht sich selbst eben niemals ganz. Und das – ist ja vielleicht auch ganz gut so.

Meine Erfolgsformel

  Veranlagung annehmen
+ Wandlungsbereitschaft
+ Wahrhaftigkeit
―――――――――――――――――――
= Erfolg

Entschlossen vorgehen
Maria V. Popova

Machen Sie sich auf den Weg.
Menschen unterscheiden sich prinzipiell darin, ob sie proaktiv vorgehen, entscheidungsfähig und selbstregulierend – oder sich als eher passiv, grüblerisch und (selbst-)gehemmt verhalten. Unser aller Handeln basiert auf Grundlage von Motiven und Motivation. Doch sind die nie unerschöpflich. Stossen wir an deren Grenzen, müssen wir andere Hebel ansetzen, um zu unseren Zielen zu gelangen – wenn wir dies denn unbedingt wollen!

Kürzlich las ich etwas über die New Yorker Art Direktorin Matilda Kahl. Sie trägt seit drei Jahren die gleiche Kleidung im Büro. Jeden Tag eine schwarze Hose und eine weiße Bluse. Ihr Schrank ist voll von diesen gleichen Outfits. Sie hatte es satt sich immer wieder entscheiden zu müssen, ob heute der Hosenanzug zu förmlich oder morgen das Kostüm mit Minirock zu leger wären. So wählte sie eine Kombination, die immer und in jeder Situation als passend und angemessen, aber nie overdressed wirkte, und wenn sie nicht gerade spontan in die Oper eingeladen würde, auch nie negativ auffallend war.

Matilda Kahl begründet diese Vorgehensweise damit, dass sie jeden Tag wichtige Entscheidungen zu treffen habe und sich nicht mehr mit der im Grunde so harmlosen und unwichtigen Frage herumschlagen wolle, wie sie auf andere wirke. Was zwar nur in Einzelfällen, aber dann zu extrem peinlich verlaufenden Situationen, führen kann. Sie nennt ihre Kombi selbst Arbeitsuniform und wirkt darin auf Bildern auch auf mich gleichzeitig sehr entspannt und professionell. Eine gute Wahl und eine gute Entscheidung. Die man im Grunde mit der der Männerwelt vergleichen kann. Denn da ist es ja schon generationenübergreifend so, dass ER mit Anzug, Hemd und Krawatte immer perfekt gekleidet ist. Egal, wo er sich aufhält. Und im Büro sowieso. Wenn auch da die Mode immer mehr eingreift, so fällt diese Bastion noch lange nicht.

Als ich davon las, fragte ich mich, wie ich dazu stünde. War es nicht ein Armutszeugnis dieser Frau, sich aufgrund gesellschaftlicher Konventionen einem eigenen Diktat zu unterwerfen? Ist das Leben und gar die Mode dafür nicht viel zu bunt, um sich so zu kasteien? Aber, tat sie das überhaupt? Oder gewann Matilda Kahl nicht eher eine ungeheure Freiheit, indem sie sich so entschied. Einmal. Nur ein einziges Mal. Um das Ergebnis jeden Tag zu spüren. Das positive Ergebnis eines entspannteren Tagesbeginns. Und dass sich Entspannung fortsetzen kann, genau wie sich Spannung an uns festkrallen und den Tag verderben, kennen wir doch alle. Wie viel schöner ist es, locker in den Alltag zu gehen? Das erobert zusätzliche Kapazitäten, graue Gehirnzellen, die ich bei anderen Entscheidungen sehr gut gebrauchen kann. Und: Sogar US-Präsident Barack Obama hat sich mal derart geäußert, er wolle nicht entscheiden, was er isst oder anzieht. Er habe genug wirklich wichtige Entscheidungen zu treffen. Man ist geneigt, ihm das zu glauben.

Ja, ich finde die Idee klasse. Ich würde sie zwar nicht nachahmen wollen, dafür bin ich ein viel zu kreativer Mensch, der seinen Kleiderschrank auch mal nach Stimmung und nicht nur nach den anstehenden Terminen benutzt. Aber ich kann nachempfinden, warum sie es tat. Und ich sehe in ihr dadurch keinen Menschen, der unentschlossen durchs Leben eiert, sondern der ganz im Gegenteil, ganz besonders entschlussfreudig ist. Der durch Entschlossenheit glänzt. Ich sehe darin ein Spiegelbild meiner Person. Und das, obwohl ich aufgrund meiner Herkunft eigentlich überhaupt keine Affinität zu Uniformen habe, sie ganz im Gegenteil verabscheue.

Auf Erfolg gedrillt

Ich bin in Russland geboren und musste in Moskau eine Schule mit militärischer Fachausrichtung absolvieren, nur weil diese Schule in unserem Bezirk lag. Hat es mir geschadet? Meinen Oberoffizieren blind zu folgen, habe ich nie gelernt. Ja, ich lernte zu marschieren, zu salutieren und die Kalaschnikow zu säubern, aber vor allen Dingen: Selbstbeherrschung. Die Entschlossenheit mir nie etwas befehlen zu lassen, sondern ganz im Gegenteil, immer die Kraft für Meinungsbildung und Selbstregulation in MIR zu suchen und zu finden. Also: Nein – es schadete mir nicht. Im Gegenteil: Es machte mich stark.

Dass meine Großeltern und Eltern Apotheker und Ärzte waren, wirkte sich allerdings zunächst auch auf meine persönliche Berufsauswahl aus. Ich wurde Apothekerin. Nach fünf weiteren Jahren des Marschierens und Salutierens, hatte ich mein Diplom in Pharmazie der Moskauer Medizinischen Hochschule in der Tasche. Dies machte mich automatisch zum Leutnant des medizinischen Wehrdienstes, doch glücklicherweise war die UdSSR 1988 schon nicht mehr in der Lage von meinen militärischen Kenntnissen zu profitieren und im Chaos der Perestroika, durfte ich mir selbst eine Anstellung suchen.

Ich fing bei der russischen Niederlassung der Schering AG als Assistentin des deutschen Geschäftsführers an und wurde so deren erste Angestellte in Russland. Als Assistentin von Anfang an äußerst ungeeignet, versuchte ich ständig eigene Entscheidungen zu treffen. Mein damaliger Chef hatte jedoch eine Engelsgeduld und sah vermutlich den Nutzen, den ich dem Unternehmen brachte.

Den nächsten Schritt in den Außendienst, meisterte ich dank der hervorragenden innerbetrieblichen Weiterbildung. Ich hatte schon nach kurzer Zeit über 80 Mitarbeiter zu führen und die Markteinführung von zehn Produkten zu verantworten. Verhütungsmittel und Hormonersatztherapeutika waren in Russland damals nicht breit vermarktet. Die objektive Aufklärungsrate der Frauen war niedrig, weil die Ärzteschaft Hormone zu undifferenziert mit Giftcocktails gleichsetzte. Die Abtreibungsrate war die höchste in Europa. Ich hatte als Produktmanagerin mit vielen Menschen, Ärzten, Pharmazeuten und Politikern zu tun, und meine Arbeit war sehr abwechslungsreich. Ich lernte dabei auch sehr viel über die „Unternehmenspolitik". Derer ich mich beileibe nicht immer unterwarf, so dass ich eines Tages vor einem Neuanfang stand. Ich hatte immer schon meinen eigenen Kopf und war entschlossen, meinen Weg zu gehen und mich nicht zu einer Marionette degradieren zu lassen. Auch wenn es mich Umwege kostete, so baute mir meine Entschlossenheit immer Brücken und reduzierte etwaige Probleme auf ein Ziel.

Harte Arbeit, Fleiß und Ausdauer gehören dazu, gewiss. Doch ist das Geheimnis des Erfolgs auch mal eine vielleicht wackelnde Hängebrücke zu nehmen, die über einen reißenden Wildbach führt. Klar kann ich mir vorher überlegen, ob ich statt dessen einen Umweg, durchs Tal wandernd in Kauf nehme. Doch hab ich es einmal entschieden, ist es wichtig das wackelnde Ding auch mutigen, entschlossenen Schrittes zu überqueren.

Aber ist es wirklich so einfach? Ist es weniger eine Sache der Intelligenz, des Talents, der Top-Ausbildung und des Know-hows, sondern ganz einfach: nicht aufzugeben, sich durchzuboxen, straight away - egal, was kommt? Ja und nein. Denn die erwähnte Abwägungsphase, ist sehr wichtig: am Abhang sitzend und in den Wildbach schauend und gleichzeitig in mich hineinhörend, was meine inneren Stimmen dazu sagen, also meine geistige und körperliche Kondition abcheckend.

Doch gibt es eben sehr unterschiedliche Prozesse der Entscheidungsfindung. Auch, wenn wir alle viele Facetten in uns tragen, kann man doch zwei Menschentypen grob unterscheiden: Personen die sich immerzu in langwierigen Abwägungsprozessen wiederfinden und Personen mit einer starken Willenskraft, die stärker an der Realisierung von Zielen orientiert sind und das zeitnah.

Der Königsweg

Da ist also zum einen die Entscheidungsmüdigkeit. Weil Entscheidungen manchmal oder auch meistens als „so anstrengend" empfunden werden. Das resultiert aus Unsicherheit. Wenn es im Unternehmen um Fortschritt, Wachstum und Innovationen geht, haben wir es mit ganz besonders viel Unsicherheit zu tun. Denn dann geht die Entscheidung mit einer großen Verantwortung einher. Eins führt zum anderen – die Entscheidung wird hinausgeschoben, was den Prozess nicht minder quälend und nicht zufriedenstellend für alle Beteiligten macht.

Das Gegenteil von Entscheidungsmüdigkeit ist die Verbissenheit, auf Teufel komm raus eine Entscheidung treffen zu wollen. Verbissenheit klingt negativ: nach Wahnsinn, Sturheit und Fanatismus. Doch dabei verwechseln wir letztlich Ursache mit Wirkung. Es kommt dabei immer auf das Ziel an. Und da wird dann schnell aus dem negativen Fokus – im Gegenteil - eine besondere Qualität dieser Eigenschaft. Etwa, wenn etwas wirklich rasend schnell entschieden werden muss, weil sehr viel davon abhängt, egal ob menschlich oder monetär. Ein Arzt, der in einem Krisengebiet verbissen um das Leben seiner Patienten kämpft und dafür immer wieder ad hoc Entscheidungen zu treffen hat, verdient unseren Respekt. Ein Broker, der in Sekundenschnelle den Aktienmarkt bedient und dabei vielleicht Arbeitsplätze rettet, unsere Achtung. Aber es gibt sicher auch genug Beispiele, wo Verbissenheit Wunden schlägt und Narben hinterlässt, anstatt produktive Wege zu eröffnen.

Es geht mir jedoch gar nicht darum, das eine oder das andere per se zu kritisieren, sondern es kann beides im Einzelfall notwendig sein: Sich je nach situativem Erfordernis sehr rasch und fokussiert zu entscheiden oder sich aus vielleicht persönlichen Gründen Bedenkzeit zu nehmen. Da ist mir der Weg der Entschlossenheit lieber. Ich will ihn nicht Mittelweg nennen, viel lieber: den Königsweg! Unter Entschlossenheit verstehe ich, dass man sich sehr genau vergegenwärtigt, warum man etwas will und was der innere Treiber dafür ist und geeignete Umsetzungsstrategien dafür ausarbeitet. Und das zwar zentriert, doch keineswegs starrsinnig. Die Flexibilität von einem einmal gesetzten Ziel auch wieder abweichen zu können, muss erhalten bleiben beziehungsweise trainiert werden. Etwa, wenn wir erkannt haben, dass wir sie nur noch deswegen verfolgen, weil es die Vernunft vermeintlich nahelegt, weil es andere von uns erwarten oder wir von uns selbst. Anreize, Erwartungshaltungen und Zieloptionen, wie unsere Motive, dienen nur als Ausgangspunkt, danach muss es konkret werden. Kommt zur Motivation die Volition, also die Willenskraft, bilden sie gemeinsam ein festes Fundament für die Entschlossenheit.

Ich möchte es einfach – also handle ich

Motive gehören zu den persönlichen Variablen eines Menschen. Das heißt, sie stellen individuell unterschiedliche personelle Eigenschaften dar. Es handelt sich um Veranlagungen. Motive beeinflussen, wie jemand bestimmte Handlungssituationen wahrnimmt und bewertet. Sie sind nicht so variabel, wie die aus ihnen resultierenden Motivationen. Während Motive als eine Wertungsdisposition und nahezu feste Merkmale der Person gelten, entsteht eine Motivation vor allem aus Faktoren der betreffenden Situation heraus.

Wann wird ein Motiv zur konkreten Motivation? Beziehungsweise: Decken sich denn nicht immer alle meine Motive mit meiner augenblicklichen Motivation? Nein, das tun sie nicht. So kann es für mich ein starkes Motiv sein, Tiere zu lieben. Sie immerzu um mich haben zu wollen, eine vielleicht stärkere Zuneigung für sie zu empfinden als für Menschen, und aus dieser Zugewandtheit auch den permanenten inneren Drang zu verspüren, ihnen zu helfen. Muss ich deshalb ein Tierheim eröffnen? Ganz gewiss nicht. Denn meine berufliche Ausrichtung, kann und darf durchaus von dem anderen Motiv getriggert sein: Erfolg zu haben und viel Geld zu verdienen. Muss es dann der Tierarzt sei? Auch das nicht, denn Tiere zu lieben, muss nicht bedeuten, sie auch unbedingt operieren zu wollen oder zu können. Motive wecken also immer einen starken inneren Antrieb im Menschen, doch entheben sie mich nicht der Bewertung. Das heißt: Schon meine Motive bringen mich in Abwägungsprozesse. Oh du heilige Entschlossenheit – mir scheint, wir entfernen uns immer weiter von ihr. Nein, tun wir nicht. Wir umkreisen sie und engen sie immer weiter ein.

Denn motiviertes Handeln entsteht durch das Streben nach Wirksamkeit in Form der Organisation von Zielengagement oder Zieldistanzierung. Dieses Streben nach Wirksamkeit, welches bereits im Säuglingsalter angelegt ist und sich zunehmend ausprägt und später zu einem Streben nach Erfolg ausweitet, hat der Mensch mit allen Säugetieren gemeinsam. Engagiert er sich für ein Ziel, erwartet er positive Wirkmechanismen und richtet sein Handeln darauf aus. Das Gegenteil davon ist die Zieldistanzierung. Hierbei unterlässt eine Person nicht nur zielengagiertes Handeln, sondern tut bewusst das Gegenteil. Dies kann beispielsweise durch andere - nun höher gewichtete Ziele - motiviert sein. Wir separieren also und kommen unserem Entschluss dadurch näher!

Wichtig ist: Motivation kostet uns keine Kraft. Wir sind motiviert und entschließen uns einfach etwas bestimmtes zu tun. Es ist ganz leicht und natürlich. Wir tun etwas, weil wir es möchten. Weil es gefühlt das Richtige ist. Das ist das Großartige an der Motivation: die Leichtigkeit und Mühelosigkeit. Doch manchmal fehlt sie uns auch ganz. Und das, obwohl wir wissen, dass es eigentlich vernünftig wäre, etwas zu tun oder etwas sein zu lassen. Wenn uns trotz besseren Wissens die Motivation fehlt, dann liegt das oft daran, dass ein eigentlich vernünftiger Grund uns emotional nicht berührt. Denn Motivation entsteht eben nicht durch Vernunft, sondern durch Emotion. Durch das Andocken an in uns angelegte Motive! Fehlen diese, ist etwas anderes gefragt.

Ich möchte es einfach nicht – aber ich handle trotzdem

In diesem Fall ist dann etwas anderes gefragt: die Volition, die Willenskraft. Willenskraft ist also da notwendig, wo keine Motivation vorhanden ist. Im Grunde setzt sie bei der Selbstmotivation an, denn dies ist ja bereits ein willentlicher Akt. Doch geht sie noch viel weiter, denn Willenskraft ist die Fähigkeit, trotz weiterhin fehlender Motivation, trotz Unlust und sogar trotz innerer Widerstände, zu tun, was getan werden muss. Ist unser Verhalten zu einem großen Teil automatisiert und reaktiv, erlaubt es uns die Willenskraft, hier kognitiv gezielt unser Handeln eingreifend zu steuern und zu regulieren.

Allerdings hat die Sache einen kleinen Haken: Wenn ich aus einer Motivation heraus handele, dann klappt das ohne Anstrengung. Wenn ich mich jedoch selbst reguliere und Willensstärke aufwende, dann kostet mich das etwas: Ich sehe was getan werden muss und ob ich dazu nun Lust mitbringe oder

Selbst-Test

	Trifft voll zu	Trifft weniger zu	Trifft kaum zu	Trifft gar nicht zu
1. Egal, was ich anfange: Ich versuche stets der Beste zu sein.	O	O	O	O
2. Ich habe schon viele Rückschläge überwunden, um meine Ziele zu erreichen.	O	O	O	O
3. Ich bin sehr ehrgeizig.	O	O	O	O
4. Ich will den Erfolg. Unbedingt.	O	O	O	O
5. Mich bringt so leicht nichts von meinem Weg ab.	O	O	O	O
6. Ich bin fleißig, arbeite viel und hart.	O	O	O	O
7. Was ich anfange, beende ich, auch wenn es länger dauert.	O	O	O	O
8. Ich bin sehr gewissenhaft.	O	O	O	O
9. Ich habe schon Projekte beendet, die Jahre in Anspruch nahmen.	O	O	O	O
10. Widerstände stacheln mich erst recht an.	O	O	O	O
11. Ich setze mir viele Ziele. Und zwischendurch gerne auch wieder neue.	O	O	O	O
12. Ich lasse mich mit neuen Ideen und Projekten von meinen bisherigen gerne ablenken.	O	O	O	O
13. Meine (beruflichen) Interessen können schon mal von Jahr zu Jahr wechseln.	O	O	O	O
14. Ausdauer brauchen doch nur die, die keine zündenden Ideen haben.	O	O	O	O
15. Bei Schwierigkeiten gebe ich lieber früher auf als mich sinnlos festzubeißen.	O	O	O	O
16. Ich habe Probleme, mich auf Jobs zu fokussieren, die über mehrere Monate dauern.	O	O	O	O

Auswertung

Teilen Sie Ihren Antworten Punkte zu.
Fragen von 1 bis 10: A = 4 Punkte, B = 3 Punkte, C = 2 Punkte, D – 1 Punkt
Fragen von 11 bis 16: A = 1 Punkt, B = 2 Punkte, C = 3 Punkte, D = 4 Punkte.

Addieren Sie alle Punkte und vergleichen Sie das Ergebnis mit der folgenden Skala auf der nächsten Seite.

nicht, ich verhalte mich entsprechend und diese Selbstregulation kostet Energie. Das lässt sich sogar wissenschaftlich nachweisen, denn wenn das Gehirn stärker aktiv werden muss, verbraucht der Körper auch mehr Glukose.

Noch einmal zusammengefasst: Motivation ist die Handlungsbereitschaft, die entsteht, wenn wir für uns gute, emotionale Motive haben, etwas zu tun. Motivation können wir erzeugen, indem wir unsere Ziele anpassen oder emotional aufladen. Volition beschreibt die Fähigkeit uns gezielt zu motivieren, auch für Ziele und Vorhaben, die uns noch nicht so richtig mitreißen. Aber auch komplett anders zu handeln, als wir es aus unserer Intuition, unseren Automatismen oder unserem Gefühl heraus eigentlich tun wollen. Gemeinsam ein unschlagbares Team, denn daraus wird die selbstbestimmte Entschlossenheit zum Handeln.

Zum Abschluss möchte ich Ihnen gerne statt Fragen zur Selbstreflexion, einen Test an die Hand geben, dessen Durchführung Ihnen vielleicht an der ein oder anderen Stelle die Augen öffnet.

Viel Spaß dabei!

16 bis 32 Punkte: Sie mögen viele gute, erfolgreiche Eigenschaften haben - aber Entschlossenheit zählt eher nicht dazu. Dafür lassen Sie sich zu leicht ablenken und reagieren zu stark auf neue Reize. Sehen Sie das aber bitte nicht nur negativ. Das ist auch eine Stärke, dahinter steckt Begeisterungsfähigkeit, Offenheit und Neugier.

33 bis 48 Punkte: Sie zeigen eine gute Mischung aus Entschlossenheit und Veränderungsbereitschaft. Lesen Sie sich die Aussagen bitte noch einmal selbstkritisch durch und prüfen Sie, ob Sie manchmal nicht vielleicht doch mehr Durchhaltevermögen zeigen sollten. Die positive Verbissenheit bewährt sich gerade an dieser Stelle.

49 bis 64 Punkte: Sie haben definitiv eine große Entschlusskraft. Haben Sie sich einmal entschieden und haben Sie Ihre Weichen gestellt, dann rollen Sie wie eine Dampflok auf der Schiene dem Ziel entgegen. Nichts und niemand lenkt Sie dann noch davon ab.

Meine Erfolgsformel

   Motivation
+ Entschlussfreude
+ Willenskraft
———————————————————
= Erfolg

Verlässlich agieren

Dr. Sabine Huppertz-Helmhold

Disziplinieren Sie Ihre Haltung.
In meiner beruflichen Laufbahn habe ich mir immer wieder die Frage gestellt: Was ist der passende Führungsstil? Was macht eine gute und zeitgemässe Mitarbeiterführung aus? Gibt es bei all den Entwicklungen und Wandlungen des Arbeitslebens der letzten Jahre vielleicht ein Merkmal, eine menschliche Eigenschaft, die zeitlos ist und die gleichzeitig für Erfolg steht? Für mich ist dieses Merkmal die „Verlässlichkeit"!

Arbeitgeber erwarten von ihren Mitarbeitern eine hohe Zuverlässigkeit, insbesondere wenn es um Produkte und Dienstleistungen aus der Medizin oder Pharmabranche geht. Immer dann, wenn unsere Gesundheit und Sicherheit von der Leistung abhängt, wird die Sorgfalt und das Verantwortungsbewusstsein bei der Personalauswahl groß geschrieben. Kein Wunder also, dass in Stellenausschreibungen auf die soziale Kompetenz der Zuverlässigkeit ein besonderer Wert gelegt wird. Sie ist ein wichtiges Fundament für ein produktives und harmonisches Zusammenleben – beruflich wie privat.

Die Grundvoraussetzung für Verlässlichkeit ist Disziplin. Manche Menschen halten sich für diszipliniert, wenn sie rechtzeitig zur Arbeit erscheinen und genauso pünktlich wieder nach Hause gehen. Verlässlichkeit aber bedeutet, so lange dazubleiben, bis die Arbeit erledigt ist, die man sich selbst oder einem Auftraggeber versprochen hat. Das, was man als richtig und notwendig erkannt hat, auch dann einzuhalten, wenn alle möglichen Verlockungen an den guten Vorsätzen zehren.

Verlässlichkeit ist also mehr als bloße Disziplin. Es ist eine Grundvoraussetzung für Erfolg und immer wichtig in einer Gruppe, in der mehrere Menschen zusammenwirken. Umso mehr Menschen das betrifft, umso wichtiger.

Verlässlichkeit – in allen Bereichen wichtig

Zuverlässige Mitarbeiter sind für jede Firma beinahe unersetzlich, denn leider ist dies nicht die Regel. Als zuverlässiger Mitarbeiter schaffen Sie sich somit einen Vorteil in Ihrem Job. Sie müssen sich jedoch darüber im Klaren sein, dass Sie infolgedessen nicht nur interessantere Aufgaben übertragen bekommen, sondern auch jene, mit mehr Verantwortung. Da man ja weiß, dass man auf Sie zählen kann. Dabei kommt es wohl darauf an, was Sie für ein verlässlicher Typus sind: Der, der auch sein Umfeld als stetig und unveränderlich haben möchte, oder der, der gerne Herausforderungen annimmt und sie in sein „Zuverlässigenportfolio" einbettet. Gute Führungskräfte werden dies allerdings einzuschätzen wissen und Sie entweder nicht überfordern oder ansonsten mit Ihnen gemeinsam den Weg abstecken.

Auch auf Unternehmerebene ist Verlässlichkeit wichtig. Schließlich ist die Reputation nicht nur vom Verhalten und der Leistung gegenüber den Mitarbeitern und des Kundenstammes abhängig, sondern auch vom Umgang mit Geschäftspartnern. In jedem Fall sollten Absprachen und Termine im B2B-Geschäft zuverlässig erfolgen. Zuverlässiges Arbeiten wird dazu führen, dass andere Firmen die Zusammenarbeit suchen.

Freiberufler, die ihre Aufträge zuverlässig und gut ausführen, bekommen das ebenfalls meistens in Form von optimaler Auslastung zu spüren. Dadurch geht weniger Zeit für die Akquisition von Aufträgen verloren und es fallen mehr produktive Stunden an. Leider ist diese - doch eigentlich - Binsenweisheit: Biete deinem Kunden eine zuverlässige Arbeit, vom Angebot über die Einhaltung der Deadline bis zur Abrechnung, immer noch nicht in den Blutbahnen aller Dienstleister angekommen. Doch dann darf sich niemand über ausbleibende Aufträge wundern.

Interims-Management — ohne Verlässlichkeit kein Erfolg

Ich selbst bin eine von rund 5500 Interims Managern in Deutschland. Ich bin in Firmen immer dann gefragt, wenn eine Lücke entsteht, die schnell geschlossen werden muss, etwa wenn ein Mitarbeiter wegen einer Freistellung, eines Sabbaticals oder einer Schwangerschaft mehrere Monate ausfällt. Oft soll ich auch Know-how-Lücken schließen, zum Beispiel Abläufe optimieren, vakante Projekte übernehmen oder neue Prozesse implementieren. Als Interims Managerin bin ich kurzfristig überall einsatzfähig. Ich arbeite tageweise in den Firmen vor Ort, aber auch von zu Hause oder häufig sogar im Ausland. Ein langwieriger Einstellungsprozess mit Stellenausschreibung und Bewerbungsgesprächen entfällt - von der Anfrage bis zum Einsatzbeginn vergehen nur drei bis sechs Wochen.

Meine Kunden müssen sich darauf verlassen können, dass ich schnell und gut in time „abliefere", denn das ist exakt das was sie einkaufen. Gerade von einer Interims-Arbeitskraft, die zur Überbrückung von Engpässen schnell und auf Zeit an Bord geholt wird, wird erwartet, dass sie sich verlässlich an die Vorgaben hält, sowohl inhaltlich als auch terminlich!

Dabei ist es der geschulte Blick von außen, den es braucht, um aufzuspüren, was im Unternehmen falsch läuft. Auch das ist ein Vorteil für Interim-Manager: Eine Führungskraft mit Verfallsdatum muss sich weniger Sorgen darum machen, anzuecken, als ein fest angestellter Mitarbeiter, der die nächste Hierarchiestufe im Unternehmen anvisiert. Deshalb kann er eher Missstände ansprechen oder beseitigen. Als Externe habe ich mehr Hebel, um zum Erfolg beizutragen. Was ich sage, hat mehr Gewicht und wird ernster genommen. Auch profitierten beide Seiten von dem „gemeinsamen Lernprozess".

Von der klassischen Karriereleiter muss ich mich als Interims Managerin verabschieden. Den traditionellen Aufstieg im Unternehmen gibt es nicht, man arbeitet eher auf dem Level, auf dem man bereits war, oder etwas darunter. Für mich gibt es weder Vergangenheit noch Zukunft im Unternehmen. Ich komme, um zu gehen. Um ruhig schlafen zu können als Freiberufler sollte man sich ein gewisses finanzielles Polster angelegt haben, um auch ein paar Monate ohne Aufträge überleben zu können. Ich hatte natürlich auch schon so manche schlaflose Nacht, weil ich mir Sorgen über zukünftige Projekte gemacht habe. Mit der Zeit lehrt jedoch die Erfahrung, dass sich immer wieder neue Optionen ergeben. Netzwerken ist hier das A und O, denn man kennt sich, und wer seine Aufträge zuverlässig abwickelt, der wird nachhaltig davon profitieren. Bei einer Zusammenarbeit, die in der Regel nur auf einige Monate angelegt ist, müssen vor allem objektive Faktoren wie Fachwissen und Führungserfahrung passen. Meine Zuverlässigkeit, Zusagen einzuhalten und Ergebnisse pünktlich zu liefern, macht mich für meine Kunden wertvoll.

Ich kann Menschen gut gewinnen durch meine Professionalität und mein Wesen, was dafür hilfreich ist. Doch mein Umfeld weiß auch, dass es auf mich bauen kann. Um den Anspruch an sich selbst von größtmöglicher Verlässlichkeit erfüllen zu können, braucht es eine große Selbstbeherrschung – die bereits angesprochene Disziplin. Ob ich gerade große Lust darauf habe etwas zu tun oder nicht – wenn ich es versprochen habe, dann tue ich es. Wenn ich anderen Versprechen gegenüber abgebe, dann gebe ich diese Versprechen auch mir selbst. Ich bin sozusagen mir selbst gegenüber zuverlässig.

Verlässliche Menschen zeichnen sich durch einige wesentliche Punkte aus:

- Sie tun häufig mehr als sie müssten und zeigen sich über ihre Arbeitsaufgaben hinweg im und für ein Unternehmen engagiert.
- Sie setzen sich selbst eigenständig mehr Ziele und verfolgen diese ausdauernder. Dies kann man darauf zurückführen, dass diese Personen eher in der Lage sind, Belohnungen aufzuschieben und über eine höhere Zielorientierung und intrinsische Motivation verfügen.
- Sie sind eher in der Lage, sich zu strukturieren und fokussiert zu arbeiten. Dies hängt vermutlich mit ihrer erhöhten Zielorientierung zusammen. So weisen gewissenhaftere Menschen weniger Fehlzeiten auf und gehen trotz widriger Umstände zur Arbeit.

Um als Interims Managerin erfolgreich zu sein, muss man neben Verlässlichkeit auch Flexibilität und eine große Portion Neugier mitbringen. Ich persönlich halte es für ein Privileg immer wieder in neue Strukturen, Indikationen und Hierarchien einzutauchen, am liebsten auch noch international gemischt und irgendwo im Ausland. Es fasziniert mich diverse Firmenkulturen zu entdecken, die Mitarbeiter kennenzulernen und die offenen und versteckten Rangordnungen zu durchschauen. Meine Kunden spüren, dass ich immer gerne zu ihrer Firma, ihrem Team dazu gehöre; bis heute ist es schwer für mich sie nach einem Projektende wieder zu verlassen. Ich baue Bindungen zu Menschen auf, die mir dann fehlen.

Wie werde ich verlässlich?

Verlässlichkeit ist ein Wert. Und Werte gilt es unseren Kindern zu vermitteln. Der Weg von einem affektbestimmten Kleinkind zum verantwortungsvollen Erwachsenen ist allerdings weit. Die Sozialisation, zu der die Fähigkeit zählt, sich zunehmend selbst zu steuern, und hernach Werte wie Respekt, Wahrhaftigkeit, Fairness, Verantwortungsbereitschaft und eben auch Verlässlichkeit zu entwickeln, dauert eine ganze Kindheit lang. Die in den ersten Lebensjahren erfahrene Zuwendung der Eltern oder anderer wichtiger Bezugspersonen, bildet dafür die Basis. Im besten Fall mündet sie in eine gesunde Persönlichkeitsentwicklung und das Vertrauen in die eigenen Fähigkeiten. Dabei geht es vorrangig darum, dass ein Kind ohne stetige ängstliche Gängelung aufwachsen darf. Nur so können sich seine Potenziale entfalten und aus einem Kind, das seine Umwelt vertrauensvoll erforschen durfte, kann ein Erwachsener werden, der eben diese Umwelt verlässlich gestaltet.

Wer diesen Wert als Kind nicht erfahren hat, muss sich diese Eigenschaft mühevoll erst im Rahmen seiner beruflichen Wegstrecke erkämpfen. Das Gefühl, sich auf jemanden verlassen zu können, entsteht, wenn gegebene Versprechen auch eingehalten werden. So einfach ist das. Und doch gleichzeitig, meiner Erfahrung nach, so schwierig. Doch ist es trainierbar. Im Kleinen intern beginnend, mit täglichen Terminen oder dem festen Zeitrahmen von Meetings. Gleiches gilt für das Außenverhältnis zum Kunden, dem nur das gegenüber vertreten und dargestellt wird, was auch in der Realität umsetzbar ist. Indem nachhaltig glaubwürdig und berechenbar agiert wird. Versprechen halten heißt, Verantwortung für Verpflichtungen zu übernehmen. Menschen können auf mich zählen. Ich mache mich verbindlich.

Sicher gehören auch Versuch und Irrtum sowie Ausprobieren und Scheitern zur Führungskräfteentwicklung, doch sollte die strukturierte und angeleitete Weiterbildung in jedem Unternehmen eine besondere Bedeutung haben. Nutzen Sie jedes diesbezügliche Angebot in Ihrem Bereich! Doch werden Sie auch selbst aktiv. Die beste Voraussetzung dafür, dass Ihnen die Verlässlichkeit ins Blut übergeht, ist ein gutes:

Organisations- und Zeitmanagement

Sicher haben Sie sich schon einmal Gedanken zu Zeit als Ressource gemacht. Ist sie für Sie ein wertvolles Gut oder eine Selbstverständlichkeit? Wie viel ist Ihnen eine Stunde Lebenszeit „wert"? Wir quantifizieren Arbeitszeit, das sind wir gewöhnt, in Heller und Cent, doch wie steht es um die Werthaltigkeit unserer Stunden und Minuten außerhalb jedes monetären Ausgleichs? Bitte denken sie da mal kurz drüber nach.

Im nächsten Schritt bitte ich Sie um einen Blick auf Ihre bisherige Zeitnutzung. Wenn Sie wollen, schreiben Sie es ruhig auf. Ein eine Woche geführtes Verhaltensprotokoll mit Aufzeichnungen aller Aktivitäten wird für so manches Aha-Erlebnis sorgen. Nun haben Sie mögliche Zeitverschwendungen erkannt, aber auch die Zeitfenster, in denen Sie besonders effektiv tätig sein können und unter diesen Aspekten nach Ansatzpunkten für Veränderungen suchen.

Tun Sie dies auch, indem Sie sich mit der Frage beschäftigen, wofür Sie Ihre Zeit gerne nutzen WÜRDEN und warum dies nicht gelingt. So erkennen Sie Hindernisse und Störfaktoren, die die Zeitnutzung im Sinne Ihrer Wünsche behindern und damit die verschwendete Zeit!

Hier passen auch Überlegungen zu privaten und beruflichen Erfolgen und Misserfolgen hinein und die Beschäftigung mit möglichen Gründen und Konsequenzen daraus. Wenden Sie sich ganz bewusst Ihren persönlichen Stressoren zu! Die auszublenden, weil sie unangenehm sind, hilft nicht weiter. Sich damit zu beschäftigen, hilft ihnen auch nicht ab, jedenfalls nicht sofort – das ist klar. Doch sie sich bewusst zu machen ist wichtig:

Wie sehen Ihre jetzigen Arbeitsbedingungen aus? Sind die Rahmenbedingungen ungünstig? Gibt es vielleicht widersprüchliche Anweisungen, mangelhaften Informationsfluss, Unklarheiten bezüglich eigener Entscheidungskompetenzen, zu viel Arbeit für zu wenige Mitarbeiter, schlechtes Verhältnis zum Vorgesetzten? An welchen Stellschrauben können Sie drehen, um das zu ändern? Bitten Sie um ein Mitarbeitergespräch und tragen Sie Ihre Beobachtungen vor. Auch da hilft es, wenn Sie die zuvor dokumentiert haben.

Ganz wichtig ist, Ihre persönlichen Fähigkeiten, Talente und Schwächen in Bezug auf Ihre Lebens- und Berufsziele zu erarbeiten; daraus lässt sich eine berufliche Spezialisierung unter Nutzung dieser Stärken und Interessen einleiten oder intensivieren. Forcieren Sie die Beschäftigung damit. Es gilt Ihre Kompetenzen zu erweitern – ein ganz wichtiger Aspekt der Basis Ihrer Zuverlässigkeit!

Sind Sie für die Planung von Meetings und Besprechungen zuständig, so tun Sie dies dezidiert: Widmen Sie der Auswahl der Teilnehmer, der Erstellung einer Agenda und der Planung des Ablaufs genauso viel Aufmerksamkeit, wie einem Besprechungszeitplan, der Bestimmung eines Moderators und dem Verfassen von Ergebnisprotokollen. Die zuvor eingesetzte Zeit werden Sie potenziert zurückgewinnen!

Zeitmanagementhilfsmittel wie Terminkalender, Organizer, Ziel- und Zeitplanbuch, Web-Organizer, Checklisten, standardisierte Formulare, Aufgabenlisten, Klebezettel sollten Sie nicht unterschätzen. Es ist erwiesen, dass der Verzicht auf jegliche schriftliche Niederlegung Arbeitsabläufe ineffizienter machen. Der Grund: Die unerledigte Aufgabe schwirrt ständig im Kopf weiter und begrenzt so das aktive Gedächtnis. Also: schreiben Sie!

Zuverlässige Kommunikation durch klare Information

Um als verlässliche Führungskraft wahrgenommen zu werden, ist ein transparenter Informationsfluss zwischen Vorgesetzten und Mitarbeitern unverzichtbar. Er ist unerlässlich für eine produktive Zusammenarbeit. Denn nur durch eine verständliche Weitergabe von Schlüsselinformationen wird eine vollständige Umsetzung von Zielvorgaben gewährleistet. Die Kommunikationswissenschaft ist nicht umsonst Letzteres, also eine Wissenschaft, für sich! Ein sehr weites Feld. Von der sachgerechten, Artikulation bis hin zum unbewussten Aussenden nonverbaler Signale. Wenn Informationen „fließen", so spielen auch fast immer viele verschiedene Gefühlsebenen eine Rolle. Wichtig ist mir an dieser Stelle nur der Hinweis: Unterschätzen Sie niemals die negative Kraft, die von vermeintlich zurückgehaltenen Informationen ausgehen kann. Machen Sie als Führungskraft den täglichen Projektablauf und dazugehörigen Kommunikationsprozess so transparent wie möglich. Offensive Strategien, selbst mit vermeintlich negativen Informationen verbunden, fördern die Zuverlässigkeit jedenfalls mehr, als der umgekehrte Weg befürchtete Konflikte verhindert.

Zuverlässigkeit hebt sich ab

Alles in Allem: Zuverlässigkeit hebt sich ab. Aber nur, wenn sie zu 100 Prozent erfolgt. Niemand kann das? Doch. Die alte physikalische Formel: Leistung ist Arbeit mal Zeit, gilt meines Erachtens immer noch. Heute muss man Leistung extrem schnell und extrem perfekt bringen, das wird erwartet. Zudem braucht es: Authentizität, Kontaktfreudigkeit und Ehrlichkeit. Eine wesentliche Rolle spielt hier die offene Kommunikation.

Muss man als zuverlässiger Mensch immer zu allem „ja" sagen? Nein! Weder das, noch muss man immerzu verfügbar sein. Aber es kommt darauf an rechtzeitig nein zu sagen. Während einer Projektphase schätzen es viele Kunden über den Status regelmäßig informiert zu werden. Dieses Vorgehen eignet sich auch, um beispielsweise Verzögerungen im Projektablauf rechtzeitig erklären zu können. Nicht selten, ist man zudem als Dienstleister selbst von Informationen des Kunden abhängig. Kommen diese verzögert, ist der Fertigstellungstermin ohne eigenes Verschulden in Gefahr.

Wichtig ist also: Gibt es Schwierigkeiten bei der Umsetzung, egal welcher Natur, dann gehört das ehrlich und zügig kommuniziert. Etwas, das ich leider immer wieder erlebe, sind hingegen Hinhaltetaktiken und Ausflüchte. Manchmal sogar richtig gut „gemacht". Aber jede Form der klaren Aussage zu dem Status Quo kann die Situation langfristig nur verbessern.

Verlässlichkeit – in allen Rollen wertvoll

Neben meinem fordernden Beruf, den ich immer noch viel zu gerne ausübe, habe ich mich, gemeinsam mit meinem besten Ehemann von allen, für eine große Familie entschieden: Wir haben drei wunderbare, anstrengende, laute, liebe und fordernde Kinder und einen wilden Hund. Wichtigste Voraussetzung: Mein Mann und ich sind gleichberechtigte Partner! Ansonsten ist das Modell nicht zur Nachahmung empfohlen. Das alles zu managen ist nämlich eine echte Kunst, trotz großartiger Unterstützung durch eine Kinderfrau und liebevolle Großeltern. Es kostet mich jeden Tag viel Kraft. Nur durch eine sehr gute Organisation kann ich unseren Kindern trotz Berufstätigkeit das stabile und verlässliche Umfeld bieten, welches sie brauchen. Denn gerade in der Familie ist Verlässlichkeit eins der höchsten Güter. Meine Kinder wollen sich auf ihre Mutter verlassen können. Ob es darum geht das Date zum Plätzchen backen einzuhalten oder dass ich ihnen am Spielfeld- oder Bühnenrand stehend zujuble.

Die Kraft, die ich meiner Familie gebe, gibt sie mir allerdings auch um ein Vielfaches zurück. Auf dieser Grundlage kann ich die Stabilität für meine Unternehmungen abrufen, die ich so dringend benötige. Zusätzlich habe ich ein paar Hobbys, für die ich mir immer Zeit nehme, da auch Spaß zum Leben gehört. Purer Spaß. Druck, Stress und die täglichen Anforderungen strengen mich natürlich an. Ich empfinde meine Akku-Auflade-Strategie diesbezüglich nicht als den vielzitierten Ausgleich, da mich dies ja lediglich auf Null brächte, sondern als sprudelnde Tankstelle. Ich treibe viel Sport, treffe oft und gerne meine Freundinnen und habe seit kurzem diesen wilden Hund, der mich jeden Tag an die frische Luft bringt.

Familie und Beruf zu vereinbaren, ist in meinen Augen oft schwierig und jeder Schritt will wohlüberlegt sein. Immer wieder muss man auf jeder Seite Abstriche machen. Man sollte viele Bälle gleichzeitig in der Luft halten und auch Rückschritte aushalten können. Das Gute ist, dass ich so nicht nur einen Fokus im Leben habe und die unterschiedlichen Lebensbereiche, führen zu einer sehr vielschichtigen Sicht auf die jeweiligen Dinge. Für mich zieht sich Verlässlichkeit als Basis für Erfolg und Zufriedenheit durch mein Leben – vielleicht hilft es ja auch Ihnen erfolgreich zu sein?!

Meine Erfolgsformel

   Zeitmanagement
+ Disziplin
+ Verlässlichkeit
—————————————————
= Erfolg

Optimistisch realisieren
Susanne Jurasovic

Optimieren Sie Ihren Realitätssinn.
Ich bin ein Optimist, durch und durch. Denn Pessimist kann jeder. Und ich? Ich bin alles andere – nur nicht jeder. Bin ich deshalb stets unbekümmert? Nein, ganz gewiss nicht. Aber ich zweifele auch nicht immerzu. Worauf ich hinaus will? Ich möchte Sie mitnehmen auf einen Weg zur Mitte. Dafür den klaren Blick zu haben, ist nicht immer einfach. Doch hilft es manchmal schon, ihn sich weder permanent trüben zu lassen, noch zu verklären.

Die Dinge realistisch optimistisch anzusehen und anzugehen, hängt von vielen Faktoren ab. Wie man ein Verhalten beurteilt, liegt nicht ausschließlich an den wirklichen Fertigkeiten, sondern auch daran, wie man sein Können einschätzt - also von den Kognitionen. Kognitionen sind früher gemachte und bereits verarbeitete Erfahrungen. Sieht sich ein Mensch in der Lage, eine Handlung durchzuführen, wird er dies eher tun, als wenn er nicht sicher ist. Eine besonders wichtige verhaltensbeeinflussende Kognition, ist die Selbstwirksamkeit. Eine positive Selbstwirksamkeit, also die Überzeugung, dass wir das, was wir gerade tun wollen, auch wirklich tun können, bildet eine wichtige Voraussetzung für viele Verhaltensmuster im täglichen Leben. Denn ein Mensch zeigt ein Verhalten vorrangig erst dann aus freiem Willen, wenn seine Überzeugungen, und hier besonders seine Kompetenzerwartung, positiv sind.

Dafür komme ich Ihnen nun ganz gewiss nicht mit dem Dauerbrenner der Motivationsliteratur. Ich nenne sie immer die PPP – permanente positive Power: Denken Sie einfach immer nur permanent positiv und die Power wird Ihnen Flügel wachsen lassen. Nein – oder besser gesagt, ja! Man kann sich durchaus (trotzdem) zu den Optimisten zählen, wenn man nicht einzig und allein dem positiven Denken verfallen ist.

Aber sehen wir uns das mit dem Optimismus doch zunächst einmal näher an:

Das Wort Optimismus leitet sich vom lateinischen Begriff „optimus" ab, welchen man als „das Beste" übersetzen kann. Darunter versteht man eine grundsätzlich positive, lebensbejahende Beurteilung, Wertung und Sicht auf die Welt und die eigenen Möglichkeiten. Diesem fundamentalen Vertrauen steht der pessimistische Zweifel gegenüber. Eine verneinende Weltsicht, die einhergeht mit wenig Hoffnung, gedrückter Stimmung und Schwarzseherei. In der Regel sind Menschen nie nur das eine, also entweder nur optimistisch oder nur pessimistisch. Die meisten Menschen sind wohl eher Optimisten unterschiedlicher Ausprägung. Auch kann sich diese Ausprägung im Verlauf des Lebens ändern. Wichtig ist mir ein besonderer Kreislauf der Selbstregulation, der vom Grundtenor her optimistischen Menschen. Denn höhere Ausprägungen von Optimismus führen sowohl zu einer Erhöhung der Selbstregulationsfähigkeiten als auch erhöhtem subjektivem Wohlbefinden. Dazu später mehr!

Während sich Optimisten mit Problemen bei der Zielerreichung auseinandersetzen und lösungsfokussiert versuchen, etwas dagegen zu unternehmen, setzen Pessimisten da an, dem Problem und damit verbundenen Emotionen zu entgehen, um es zu einer möglichen Belastung erst gar nicht kommen zu lassen oder sie ganz zu verhindern. Die Folge ist häufig Disengagement.

Jedoch kann es zeitweilig auch hilfreich sein, nicht realisierbare Ziele rechtzeitig aufzugeben. Das bedeutet: Der Optimismus, der in Selbstregulation führt, hat im besten Fall auch noch eine zweite Seite, die des Pragmatismus.

Ja zur Herausforderung – Nein zur Illusion

Jeder halbwegs selbstbewusste Mensch setzt für sich im Alltag die Freiheit über seine Entscheidungen als impliziert voraus. Dass dies an gewissen Stellen im Leben eine Illusion sein könnte, hören wir nicht gerne. Doch es hilft nichts, denn jeder Mensch ist an die Grenzen des Realisierbaren gekoppelt. Positive Denke hin oder her. Es reibt mich nur unnötig auf, etwas, was mir subjektiv zu verwirklichen verwehrt ist, weiterhin anzustreben. Dann sollte ich mich lieber schnellstens Zielen zuwenden, deren Erreichung zumindest wahrscheinlich ist. Ja, ich weiß. Menschen vermögen nach einem Wochenendseminar bei bestimmten Motivationsgurus über glühende Kohlen zu laufen und Metallstangen zwischen ihren Brustkörpern zu verbiegen. Doch geht es dabei um die Überschreitung einer Grenze des Realisierbaren? Nein, überhaupt nicht. Denn wer zwei Beine und Füße hat, kann selbstverständlich über alles laufen. Dabei geht es lediglich um die Überwindung von Angst und Schmerzgrenzen, um den Mut und eine bestimmte innere Einstellung. Und wem dies dann in Zukunft hilft, das Gefühl zu besiegen im Alltag „über glühende Kohlen" zu laufen, wer dann auch einem möglichen Kunden oder dem Vorgesetzten gegenüber anders auftritt – der soll dies gerne tun. Ein solches Seminar besuchen und im Leben neu durchstarten. Ich sehe das zwar sehr viel realistischer, aber gleichsam nicht pessimistisch. :-)

Doch bleibe ich dabei, dass die sattsam bekannten Plattitüden der positiven Verstärkung, im Sinne eines „Ich bin gut, ich schaffe das, ich kann das, ich kann alles schaffen" - Mantras, von morgens bis abends aufgesagt, wenig langfristigen oder gar durchschlagenden Erfolg zeitigen. Wenn ich also das: Think positive! auch nicht mehr hören kann, so glaube ich dennoch an die Veränderbarkeit des Motivationsspektrums des Menschen. Aber aus einem etwas anderen Winkel heraus.

Denn ich möchte statt dessen den Blick auf unseren Spielraum an Freiheit und Durchsetzungsvermögen auf der Sachebene, auf Inhalte und Ziele fokussieren. Punkte, die jenseits von Phantastereien oder Wahrnehmungsstörungen liegen. Jenseits der „Sie können alles schaffen – alles ist möglich" – Worthülsen. Sie können in Ihrer individuellen Ausprägung alles schaffen. Absolut und definitiv! Es sind immer die eigenen Kräfte, die für die Bewältigung des Lebens in der jeweilig konkreten Situation die wichtigsten Impulse geben. Und aus dieser Position heraus setzen Sie sich Ihre individuellen Ziele. Jedoch nicht aufgrund irgendeines Kalenderblattspruches.

Ausschließlich positives Denken mag sich gut anfühlen, doch weckt es häufig falsche Hoffnungen. Wissenschaftliche Erkenntnisse belegen, dass sich dies sogar kontraproduktiv auswirken kann und nur unter ganz bestimmten Umständen hilft, seine Ziele zu erreichen. Das Schwelgen in positiven Zukunftsphantasien verhindert dagegen oft den Erfolg. Andere Auswirkungen hat es fast keine. Den Herzenswunsch zu visualisieren, von ihm zu träumen, sich bis ins kleinste Detail vorzustellen, wie er sich erfüllt und wie sich das dann anfühlt – da wird einem ganz warm ums Herz. Gesättigte Zufriedenheit noch vor dem ersten Schritt. So kann man sich dann schön in ausweglosen Situationen einrichten; in Durchhalteparolen eingenebelt ausharren und aus diesem Selbstbetrug heraus immer wieder Hoffnung schöpfen. Aber mündet dies wirklich in effiziente energetische Strategien? Wenn Handeln gefragt ist, wenn es gilt Hindernisse aus dem Weg zu räumen, dann muss ich diese Hindernisse auch zur Kenntnis nehmen.

Natürlich können dazu auch einschränkende Emotionen gehören! Die uns davon abhalten uns das Leben zu erschaffen und zu leben, das wir leben wollen. Wir lassen an den Stellen viel zu oft unsere Emotionen entscheiden. Für uns. Ja, wir lassen uns von ihnen sogar vorschreiben, wer wir sein sollten. Das zeigt sich in unserem alltäglichen Sprachgebrauch: „Ich bin wütend!" oder „Ich bin traurig." Ja, ich weiß, jedes Mal statt dessen zu sagen: „Ich empfinde Wut." Oder „Ich empfinde Traurigkeit." klänge sehr gestelzt und bemüht. Das hat was von einer Hollywoodszene, die sich über „Gurusprech" lustig macht. Immerzu bewusst, permanent im Flow der Erkenntnis, dass ich mich nicht zum Sklaven meiner Gefühle machen lassen sollte. Das klingt albern und ich denke auch, Sprache darf ein Vehikel zum Vereinfachen dessen sein, was ich gerade fühle. Wenn – ja, wenn ich mir wenigstens ab und zu bewusst mache, dass ich es zwar so artikuliere, aber mein Wesen so viel mehr ausmacht, selbst wenn ich gerade noch so sauer „bin". Ich fühle dieses Gefühl, absolut berechtigt und auf den Punkt! Da gibt es auch nichts dran zu deuten oder wegzudrücken, aber ich BIN es nicht. Meine Realität wird nur insoweit von meinen Gefühlen bestimmt, als ich dies zulasse. Und, lasse ich sie los, gewinne ich damit Macht über den Rahmen meiner Realität. Das hat dann nichts alleine mit Wunschdenken zu tun. Denk an was schönes, positives und die Wolken lichten sich - nein. Das geht viel weiter, denn die Verengung der Perspektive dieses einen Gefühls öffnet sich, und mir steht dadurch das komplette Spektrum zur Verfügung. Und darauf werde ich dann eine Resonanz erhalten. Nicht nur auf meine punktuelle Emotion.

Viel zu schnell wird dies abgewürgt und aus einem Optimisten ein Pessimist gemacht, nur weil er seine Erwartungen an der Einschätzung seiner Erfolgschancen ausrichtet. Sind die Erwartungen hoch, spricht man von Optimismus, sind sie niedrig, von Pessimismus. Dabei wird aber der Fehler gemacht, nicht zwischen Hoffnung und Wunschdenken und Optimismus zu unterscheiden. Meine Emotionen los lassen und meine Wünsche mit der Realität abgleichen und danach auf dieser Basis kombinieren – darum geht es! Und das versuche ich zu leben. Nicht zwanghaft als theoretisches Konstrukt, sondern ich bin – so!

Ja zu mir!

Ich bin leidenschaftliche Ehefrau eines Kroaten und Mutter von zwei Kindern, die mich jeden Tag begeistern. Businessfrau, Unternehmerin und sozial engagiert: viele Facetten, viele Rollen, viel Verantwortung, viele Emotionen, Wünsche – eigene und an mich herangetragene. Sowohl privat als auch beruflich. Denn als Unternehmensberaterin für die Pharmaindustrie, nehme ich meinen Job sehr ernst. Der Kunde wünscht sich Orientierung von mir und die bekommt er. Während er sich auf seine fachliche Kernkompetenz konzentriert, weiß er genau, meine Geschäftspartnerin und ich stehen im Hintergrund gleichzeitig mit ganz vorne an der Front. So bekommt er Orientierung und Struktur, die er in sein Business flexibel implementieren kann. Wir verstehen uns als die starke Schulter unserer Kunden und als solche steht auch da das Stichwort Optimismus und realisierbare Ziele, die tatsächlich in die Umsetzung kommen, ganz oben.

So sehe ich auch auf mein Privatleben voller Stolz. Mit meinem Partner auf Augenhöhe, mit dem ich keine Arbeitsteilung lebe, sondern wir uns unser Leben teilen!, wozu auch die Arbeit gehört; mit unseren Kindern, die es mir erlauben, mit ihren sieben und erst vier Jahren, noch immer in eine Welt aus der neugierigen Perspektive von Kindern einzutauchen, die aber mitbekommen, wie Vollzeitelternschaft und Vollzeitberuflichkeit, auch sie bereits in die Voraussetzung der Gemeinsamkeit einbindet. Denn nur zusammengenommen wird meine Berufung daraus. Und das geht wiederum nur mit einem Partner, einer Familie und auch Geschäftspartnerin, die da Unterstützung und Ansporn in Einem sind.

Als ich meinen Mann kennenlernte, suchte er eine Partnerin; eine Gefährtin, die ähnlich erfolgsorientiert ist, wie er. Strebsam, ohne das Privatleben und den Wunsch nach Familie zu ignorieren. Dies ist ein hehres Ziel, aber eines, das zu erreichen sehr glücklich, weil authentisch macht. Und ich erlebe es, nunmehr seit zehn Jahren, die wir verheiratet sind, dass der Austausch mit ihm auch über alles Geschäftliche, einen wesentlichen Mosaikstein meines Erfolges ausmacht. Da er in der gleichen Branche tätig ist, verstehen wir uns auch oft ohne Worte beziehungsweise es reichen einige Stichpunkte und man ist im Gespräch. Keine langen Erklärungen verfassen zu müssen, warum es an dem einen Tag mal später wird oder der Job mich komplett absorbiert, so dass er einen privaten Termin übernimmt – ist Gold wert!

Diese persönlich-professionelle Ebene teile ich auch mit meiner Geschäftspartnerin, mit der zusammen ich nicht nur eine erfolgreiche Managementberatung leite, sondern wir vor einem Jahr auch noch zusätzlich eine Art „soziales Unternehmen" auf den Weg gebracht haben.

Rückblickend hatten wir beide das Gefühl: Das Leben war bislang gut zu uns. Ja, wir haben es uns erarbeitet, es wurde uns nichts geschenkt! Doch ist dies kein Grund zufrieden zu sein? Beziehungsweise doch ganz im Gegenteil: zu recht! Daraus erwuchs die Idee, das zu bewegen, was uns bewegt! Das war der Plan und den haben wir umgesetzt. „WirSuperhelden" animiert Menschen, Teil einer helfenden Gemeinschaft zu werden. Suchen wir Helden? Nein, wir suchen Superhelden. :-) Was macht aus einem Menschen einen Superhelden? Natürlich gibt es dafür kein festes Schema und nicht immer handelt es sich um Einzelkämpfer. Häufig führt einfach eins zum anderen. Aus kleinen Taten werden große oder sie bleiben kleine Hilfsdienste und sind deshalb nicht minder wichtig. Sich nicht auf eine Staatsquote zu verlassen und damit der sogenannten Obrigkeit das Eintreten für Werte zu überlassen, sondern eigene Netzwerke zu spinnen oder sich dort einzubringen, auch das ist Heldentum. Handeln und nicht passiv bleiben. Die Art oder monetäre Höhe des Beitrags spielt dabei nur eine untergeordnete Rolle. Hauptsache wir schauen nicht nur zu und nicht weg. Wir erkennen die Notwendigkeit und Not anderer Menschen. Wir sind soziale Resonanzkörper! Der Antrieb ist das eigene Gewissen, das sich menschlichen Grundwerten verpflichtet fühlt und vor allem: eigenständigem, sehr optimistischem Denken. Darum geht es uns.

Und so suchen wir Menschen, die kleine Dinge tun. Das sind unsere Helden! In jedem von uns liegt ein enormes Potenzial. In der Unterschiedlichkeit der Menschen liegt dieses Potenzial. Aber „kleine Dinge tun" – kann jeder! Und viele kleine Dinge zusammengenommen, werden große Taten! Helfen ist Heldentum. Wollen Sie uns vielleicht helfen?
http://www.wirsuperhelden.de/
Sie werden sehen, es fühlt sich wunderbar an ein Held zu sein!

Ist es „gesünder" zu den Optimisten zu gehören?

Was mich zurück zum Ausgangsthema bringt und der Frage: Erfahren Optimisten im Vergleich zu Pessimisten eine positivere soziale Resonanz? Gibt es also neben dem erhöhten subjektiven Wohlbefinden durch die erhöhten Selbstregulationsfähigkeiten noch andere Indikatoren für die psychische und physische Gesundheit, vor allem bei der Konfrontation mit stresshaften Ereignissen? Dieser These liegt die Annahme zu Grunde, dass Optimisten im Vergleich zu Pessimisten eine positivere soziale Resonanz erfahren. Die daraus resultierende Unterstützung des sozialen Umfeldes solle wiederum positive

Auswirkungen auf das Wohlbefinden und die Gesundheit haben.

Diverse Untersuchungen zeigen auch tatsächlich den genannten Zusammenhang. Zumindest auf den ersten Blick, denn das Problem des Konstruktes „Optimismus" ist, dass man es nur untersuchen kann, indem man Selbsteinschätzungen der Patienten erhebt. Diese werden bei optimistischen Patienten besser ausfallen als bei pessimistischen, wodurch ein systematischer Fehler entstehen kann.

Die Ergebnisse basieren also ausschließlich auf den Aussagen der Unterstützungsempfänger, während Einschätzungen der Unterstützungsgeber kaum berücksichtigt werden können. Und an der Stelle wird es interessant: Denn die Angaben der Optimisten könnten ja durchaus aufgrund ihrer generellen positiven Sichtweise entstanden sein. Haben wir also ein objektives oder nur ein rein optimistisches Bild? Bekommen Optimisten im Vergleich zu Pessimisten tatsächlich mehr Unterstützung oder nehmen sie ihr soziales Umfeld lediglich als unterstützender wahr. Neuere Studien unterstützen Letzteres. Dafür wurden den Probanden Aufnahmen von Gesprächen vorgespielt, in denen die Zielperson verschiedene Bewältigungsverhalten in verschiedenen Stresssituationen zeigte. Die sozialen Reaktionen wurden anschließend mithilfe von Fragebogen bewertet. Die Studien gingen also auf sehr subtile Art und Weise vor und waren in ihrem Versuchsaufbau vor allem eines: komplex!

Aber sie machen etwas in verblüffender Einfachheit deutlich: Der von Optimisten im Vergleich zu Pessimisten häufig berichtete Erhalt von mehr sozialer Unterstützung scheint der optimistischen Grundhaltung und einer daraus teilweise verzerrten Wahrnehmung zu entspringen, die keineswegs die tatsächlichen Unterstützungsleistungen des sozialen Umfeldes abbildet. Ein Beweis, dass alle unsere kognitiven Prozesse mit Speicherung und permanent schlussfolgerndem Denken verbunden sind. Diese gespeicherten Inhalte verwenden wir dazu, uns eine subjektive Realität zu bilden. So sehen zwei Personen das gleiche Ereignis zum Beispiel als fordernd oder überfordernd an.

Doch selbst wenn Optimisten die positiveren Reaktionen des sozialen Umfeldes „nur" generalisieren beziehungsweise bereits als soziale Unterstützung interpretieren: Woraus auch immer das Wohlbefinden resultiert - Optimismus bleibt eine wichtige personale Ressource mit einem bedeutsamen Faktor für die psychische und physische Gesundheit, vor allem bei der Konfrontation mit Stress. Und es lohnt sich immer, bestimmte Verhaltensmuster nicht als Gott gegeben dauerhaft anzunehmen, sondern manchmal macht es Sinn Dinge aktiv anzugehen, bewusst anders durchzuführen oder zu beeinflussen, um die unbewussten Gedächtnisspeicher anders zu trainieren.

Weder Optimismus noch Pessimismus sind angeboren. Hinter beidem verbergen sich erlernte innere Haltungen. Unsere Sozialisation und Prägung durch unsere Eltern, Lehrer und andere Bezugspersonen und unsere Erfahrungen haben uns gelehrt, die Welt eher durch die rosa oder getönte bis rabenschwarze Brille zu betrachten. Diese verschiedenen Blickrichtungen laufen meistens unbewusst ab. Automatisiert und blitzschnell. Das zweifelnde Fundament des Pessimisten muss also seine Richtung ändern, will er irgendwann zu den Optimisten gehören. Sicher kann man nicht von heute auf morgen einfach so Serotoninkaskaden erwarten. Dafür muss man schon etwas tun. Das ist ein weites Feld, über das man alleine ein ganzes Buch schreiben könnte.

Aber ich möchte Ihnen vor allem eins ans Herz legen: Vermeiden Sie die Gesellschaft von Pessimisten. Destruktive Denkmuster sind wie ein Virus, immer auf der Suche nach einem neuen Wirt. Gleich und gleich gesellt sich gern, gewiss, doch leider bestätigt man sich auch nur zu gerne gegenseitig in seiner Denke. Nichts gegen Tage, an denen Sie mal etwas melancholischer drauf sind. Sie Ihr latentes Phlegma einholt und sein Recht verlangt. Muss auch mal sein. Geben Sie sich die Auszeit, ruhen Sie sich aus, damit Sie am nächsten Tag umso eher Ihr Potential abrufen können. Heißt, überfordern Sie sich nicht! Aber: Unterfordern Sie sich auch nicht. Jeder ist seines Glückes Schmied!
Und: Feiern Sie Ihre Erfolge. Es geht mir dabei nicht um die großen Erfolge oder die Menge des Umsatzes, den Sie gemacht haben. Selbst der Stolz auf einen kleinen Erfolg macht Menschen selbstbewusster, zuversichtlicher und lässt sie aus sich selbst heraus – ohne Coaching-Mantra - positiver denken und erscheinen. Denn das was ich denke, strahlt nach außen! Menschen, die jeden kleinen Erfolg genießen und feiern und sich darüber freuen, werden von ihrer Umwelt positiver wahrgenommen, da sie in der Regel häufiger lachen. So einfach ist das!

Meine Erfolgsformel

   Positiv denken
+ realistisch bleiben
+ Familie integrieren
_____
= Erfolg

Impulse kontrollieren

Dr. Julia Schäfer

Finden Sie Ihre eigene Linie.
Ich habe Führungskraft. Ich bin eine Führungskraft. Ich habe die Kraft gesellschaftliche Veränderungen herbeizuführen – und das alles als Einzelperson. Ich möchte Sie einladen mir zu folgen, auf eine dreifache Annäherung an das Stichwort: Impulskontrolle!

1. Geradeaus-Impulse können geradewegs ins Aus führen

Ich betrat den Konferenzraum, aus dem mich schon von draußen ein munteres Stimmengewirr empfing. Vier Männer in voller Montur ihrer Business Suits und eine Frau mit dem gegengleichen Konzept des schwarzen Hosenanzugs, standen beisammen und unterhielten sich angeregt. Manchmal fragte ich mich bei diesem immer gleichen fast stereotypen Anblick, ob sich tatsächlich darin die Vielschichtigkeit einer beeindruckenden Führungsriege erkennen ließe. Oder ob nicht Intelligenz, Eloquenz und dezidiertes Fachwissen anders seinen Niederschlag finden müssten, als in der Auswechslung des weißen Kittels hin zu den gedeckten Farben der Management Welt. Und an dem Tag musste ich ganz besonders schmunzeln, denn ein sehr weiser Rat meiner Mutter schoss mir in den Sinn: „Wenn du jemals bei offiziellen Terminen oder vor größeren Gremien stehst und Lampenfieber hast, dann stell dir deine Gesprächspartner einfach – in Unterhose vor." Das hatte ich mir in meinen Anfangsjahren tatsächlich einige Male zu Herzen genommen und es war meiner Parkettsicherheit nicht abträglich. Wenn natürlich auch die Fachkompetenz immer über solch mütterlichem Rat steht, so spiegelte dies jedoch die feste Überzeugung meiner Mutter wider, dass ich die Selbstsicherheit haben durfte, alles werden und bewegen zu können, was ich mir nur vornahm und wofür ich arbeitete. Ein festes und solides Fundament für die Entwicklung meines Selbstbewusstseins. Ohne das ich sicher dem hohen Professionalisierungsdruck und der Umschlagsgeschwindigkeit des Projektgeschäfts nicht standgehalten hätte. Dies lässt mich permanent unter Strom sein – und auch heute ließ mein dichter Terminplan keinen Platz für weiteres nostalgisches Gedankengeplänkel in meinem Kopf, und ich machte mit forschem Schritt, geräuschvoll hervorgezogenem Stuhl und einem „Guten Morgen" in Tateinheit mehr als deutlich, dass die Zeit des Aufwärmens nun vorbei sei. Ich selbst befand mich sowieso zu dem Zeitpunkt noch in einer beruflichen Phase, die man den faktischen Fokus hätte nennen können.

Denn Verhandlung bedeutete für mich: Komm ins Handeln und das möglichst unumwunden. Und dieses geradeheraus hieß wiederum übersetzt: geradewegs - hinein. Mein Ansatz war, dass nicht nur der Kopf, sondern auch der Bauch mitspielt bei Entscheidungen und danach auch zu adressieren ist. Aber auch, die Seele und meinen Humor hervorscheinen lassen, ohne allzu nahbar zu sein.

Ich legte meine Argumente, Strategien und geplanten Bewegungsmuster nicht nur direkt auf den Tisch, sondern erwartete, dass meine Gegenüber diese auch zeitnah „schluckten". Selbstverständlich musste nicht jeder am jeweiligen Tisch immer ganz genau meiner Meinung sein. Dass das Leben nicht so eindimensional und schmalspurig verlief, war mir natürlich klar. Doch lehnte ich verwinkelte Schachzüge, reines Taktieren, ab, legte stattdessen meine Karten stets offen auf den Tisch und sorgte im Vorfeld stets gut vorbereitet für zweckdienliche, schnurgerade Argumentationsketten, derer sich kaum jemand würde entziehen können. So mein Plan. Der mal aufging und – mal eben nicht; aber das Beratungsgeschäft hat mich gelehrt mit dynamischen und unkalkulierbaren „externen" Faktoren umzugehen. Denn was bedeutete das?

Ich positionierte mich. Ja, das wollte ich ja auch. Kein Geplänkel im Zick-Zack-Kurs, sondern in gerader Linie auf das Ergebnis zu! Dass diese Positionierung aber auf reiner Sachebene ablief und ich darüber die so wichtige zwischenmenschliche Ebene, d.h. auch die Spezifität meiner Weiblichkeit, viel zu weit außen vor ließ, erkannte ich erst spät. Was ich ausstrahlte und manchmal schon fast wie ein Menetekel vor mir hertrug war die Flaggung: Ergebnisorientierung vor Beziehungsmanagement! Dabei ist die Kombination aus Sachlichkeit, Humor und Charme ziemlich unschlagbar. Ich bezog mich zwar, aber immer mehr „auf etwas" und meinen eigenen Anspruch Stellung zu beziehen, denn auf meine Gegenüber. Und damit allein knüpft man keine Beziehung! Mir ging es lange um die Gewährleistung der Effizienz von Prozessen, und ich vernachlässigte dabei die Stärkung eines gemeinsamen strategischen Verständnisses innerhalb der Organisation. Diese mag es in gewissen Grenzen bereits vorimplementiert geben. Ist aber immer auch ein dynamischer Prozess und braucht im Team mal reichlich Platz zur Ausdehnung und dann im nächsten Moment wieder die Reglementierung oder gar Zurückführung auf das Wesentliche.

Mit Team meine ich nun keinen Kuschelkurs eng miteinander verbandelter Kollegen, sondern nenne bewusst ebenfalls die Verhandlungspartner so, die sich nicht als Koalitionäre gegenübersitzen. Denn auch die oder gerade die, suchen ja ein Ergebnis. Mit dem alle einigermaßen gut leben können, da ein Vertragsschluss oder getroffene Vereinbarungen in der Regel nicht das Ende, sondern den Anfang oder Fortbestand einer Geschäftsbeziehung markieren.

Manchmal braucht es da nicht nur einen Kompromiss, sondern einen Kontext, der so strukturiert, dass alle Haltungen, sogar die widersprüchlich scheinenden, so in sich gebündelt werden, dass sie sich im Endeffekt gegenseitig unterstützen und zu einer Entscheidung führen. Was sich jetzt in der Theorie anhört, wie ein babylonisches Stimmengewirr, wird mir jedoch jeder bestätigen können, der einmal erlebt hat, wie es ist, wenn Argumente und Gegenargumente wertschätzend ausgetauscht und wieder zurückgegeben werden. Niemand behält etwas für sich, nichts bleibt hinter dem Berg, alles kommt auf den Tisch und wird – in Etappen - angesehen und abgearbeitet. Aber eines ist dabei ganz wichtig: Nicht alles auf einmal, nicht all sein Wissen ungefragt – und umsonst - zu verbreiten! Denn ehrlich und authentisch zu sein bedeutet noch lange nicht, sich gläsern, also durchsichtig zu machen.

Dem kann schnell etwas von Unsichtbarkeit anhaften und man erkennt die Wertigkeit nicht.

Ein Verhandlungspartner, der von vorneherein seinen Standpunkt ganz klar benennt, positioniert sich vielleicht, doch macht er sich gleichzeitig besonders leicht angreifbar. Legt er auch noch seine Grenzen offen, ist das der perfekte Elfmeter um Schwachstellen zu verifizieren. Denn das Verhandeln besteht im Wesentlichen aus einem wichtigen Punkt: die Grenzen des Gegenüber auszuloten. Sich langsam heranzutasten. Verbal und ganzheitlich ... Die Körpersprache und der Blickkontakt spielen dabei ebenso eine Rolle, wie die wunderbarste Diplomatie. Klärung von Voraussetzungen, Feedbackschleifen, Präsentation eines neuen Angebots unter der Integration zuvor gemachter Vorschläge - all das mag man strategische Spielchen nennen, die Zeit kosten und je nach Thema und Protagonisten auch ziemlich anstrengend sein können, doch bilden sie wichtige Grundlagen. Zunächst für den Beziehungsaufbau, um im Rahmen dessen dann zu einem Ergebnis zu finden.

Und das ist genau das, was ich erst lernen musste. Mit offenen Karten solltest du nur dann direkt spielen, wenn du einen Trumpf auf der Hand hast.

Aber bitte nicht falsch verstehen: Das mag sich nun so anhören, als wenn geschäftliche Beziehungen immer das Muster und Ziel eines harmonischen Miteinander anstreben sollten. Natürlich ist das eine nette Basis. Weniger anstrengend und auf Dauer nicht so nervenaufreibend. Doch meine ich mit Beziehungsaufbau durchaus auch eine Augenhöhe, die sich aneinander reibt, diskutiert und sich im Ausprobieren gegenseitiger Geschicklichkeit, Grenzen und Toleranzen auszuloten, gefällt!

In eine Verhandlung zu gehen und den Konflikt zu scheuen, bedeutet: Man hat bereits verloren, wenn man den Raum betritt! Und Frau sowieso! Keine Konjunktive! Leider ist dies heute immer noch so. Nicht die Positionierung fällt stärker ins Gewicht, wohl aber die daraus resultierende konsequente Haltung. Die Durchsetzungskraft! Den heißen Tanz des Eichenkonferenztisches zu tanzen, der mal nach Schuhplattler verlangt und an einem anderen Tag ein Fingerspitzengefühl braucht, das sich dann eher wie Spitzentanz anfühlt, bedeutet ein Austarieren auf hohem Niveau. Das verlangt den langen Atem eines Marathonlaufs, gepaart mit der Dynamik des Sprints Nur ein Läufer, der über das Ziel hinausblickt, hat Erfolge.

Der Sport hat Zeit meines Lebens immer eine große Rolle gespielt. Wenn man ihn wie ich sehr intensiv betrieben hat, stellt sich ja immer die Frage: Bin ich so ausdauernd „unkaputtbar" wie ich meine, weil ich so koordiniert und gut organisiert trainiert habe, Körperdisziplin habe oder organisiere ich mein Training bewusst noch effizienter, weil mich die Erfolgserlebnisse anspornen. Alles in Allem – wenn es in einen gleichzeitig energetischen wie moderaten Kreislauf mündet, dann habe ich etwas richtig gemacht. Gerade die Menschen, die im Beruf erfolgreich und entsprechend gut ausgelastet sind, geben häufig an, den Sport als Ausgleich zu betreiben und setzen in ihm in Wahrheit die gleiche Lebensmotivation um, wie im Job. Was ja auch grundsätzlich in Ordnung ist. Jeder ist seines Glückes Schmied.

So habe ich viele Jahre eigentlich konträre Sportarten ausgeübt, sowohl die Leichtathletik als auch Ballett. Vermutlich lag der ausgleichende Faktor gerade in meiner Vielseitigkeit: So gerne ich mich als athletische Fünfkämpferin bevorzugt beim Laufen verausgabte, so liebte ich gleichzeitig die Disziplin und Konzentration der Körperübungen an den Geräten. In der Konditionierung auf Ausdauer und Elastizität verband ich diese beiden Veranlagungen in mir im klassischen Ballett. Dies alles erforderte ein hohes Maß an Selbstdisziplin – doch brachte es mir auch jede Menge Spaß und Balance. Für mich die perfekte Analogie zu meiner beruflichen Karriere.

Um meine Laufzeiten zu perfektionieren, kam alles zur Analyse: der Winkel, in dem man aus dem Startblock antritt, die Messung der Schrittlänge, die Armhaltung bis hin zur Atemtechnik. Bis heute profitiere ich von einem niedrigen Puls (46 im Ruhezustand und 60 am Ende eines Arbeitstages). Ballett trainiert die Fähigkeit, Schmerzgrenzen zu überwinden und die Bewegung leicht aussehen zu lassen. Und so kann ich heute auch bei schwierigen Verhandlungen, das Herzklopfen minimieren und ein entspanntes Pokerface aufsetzen.

2. Mitarbeiterimpulse nicht zu stark kontrollieren

Wie wirkt sich das auf meine Mitarbeiter aus? Sind sie angespannt, wenn sie mit mir zu tun haben? Ich denke, nein. Sind sie angespannt, wenn sie mit mir zu tun haben? Ich denke, nein. Obgleich ich eine hohe Erwartung an meine Mitarbeiter stelle, dass sie in ihrem Arbeitsethos eine ähnliche Selbstdisziplin an den Tag legen, wie ich und manchmal einen sehr unverblümten Kommunikationsstil habe. Doch bedeutet das niemals, dass sie „stramm stehen" müssten oder um 23 Uhr abends auf meine mails antworten, sondern ganz im Gegenteil: der wache, mitdenkende Geist ist bei mir gefragt.

Ein Unternehmen ist immer ein komplexes System. Unterschiedlichste Menschen in verschiedenartig zusammengesetzten Teams – Diversity at its best! So mag ich es. Die Strukturen, in dem verschiedene Projekte be- und abgearbeitet werden, sind vorgebbar, die Wege sollten die Mitarbeitenden jedoch weitestgehend selbst vordenken und vorschlagen dürfen. So versuche ich es zu leben. Das setzt natürlich ein hohes Maß an Verantwortungsbereitschaft voraus - in möglichst jeder Zelle der Struktur. Denn auf jeder Hierarchieebene gibt es Aufgaben und gilt es Prozesse zu gestalten, die die Freiheit eigener Ideen brauchen. Die Entscheidungskompetenz einfordert und sie dann aber auch in Form von Beteiligung an Entscheidungen abruft. Diese zu deckeln wäre kontraproduktiv. Selbst, wenn dies auch mal zu einer Hemmung oder Verlangsamung von Abläufen führen kann. Die Gesamtbetrachtung der Lernprozesse ist wichtig. Eigeninitiative oder persönliche Befindlichkeiten gilt es da als Führungskraft durchaus manchmal auszuhalten, wenn sie nicht auf den ersten Blick so effizient wie effektiv sind - doch kann dies zu wertvollen Impulsen führen. Deren Kontrolle in Form von Unterdrückung negative Folgen für das Unternehmen hätte. Ich versuche im Gegenteil die Mitarbeiter in ihrer Selbststeuerung zu unterstützen. Das macht mündig und ermöglicht die individuelle Entwicklung des Einzelnen. Mitarbeiterentwicklung unter wertschätzender Führung bedeutet für mich, den Fokus nicht nur auf die operative Führung zu legen, sondern auch auf die Wertehaltung. Viele Unternehmen geben ein Leitbild vor, unter dem sich ein Wertediskurs überhaupt nicht entwickeln darf, das plakativ ist. Das erscheint mir kontraproduktiv. Verständnis für die lebensweltliche Situation der Mitarbeiter ist mir dabei auch sehr wichtig, doch sind wir kein non-profit Unternehmen - die Ausrichtung am unternehmerischen Ziel muss erhalten werden.

Und dass dies beides gut unter einen Hut zu bekommen ist, wenn Engagement und guter Wille, aber durchaus auch pragmatische Denkrichtungen beherzigt werden, zeigt sich an meinem dritten Impuls an Sie. Dem brisantesten Thema unserer Zeit, denn kaum einmal stand der soziale Frieden in Deutschland so im Mittelpunkt, wie zur Zeit - der Flüchtlingskrise.

3. Wichtige Impulse für unser Land zulassen

Bestimmte Interessengruppen versuchen in unserem Land den Impuls vieler, zu Hilfsbereitschaft auf einer starken ethischen Basis, zu kontrollieren und zu destabilisieren. Vielleicht noch etwas vorweg zu meinem persönlichen Lebenslauf. Der war nicht stringent ausgerichtet auf die freie Wirtschaft mit all ihren Fallstricken und besonderen Anforderungen. In meinem „letzten Leben" studierte ich Geschichte, Philosophie und Kunstgeschichte und strebte zunächst eine wissenschaftliche Karriere an. Promotion mit magna cum laude, secundi loci bei Juniorprofessuren – doch dann kam alles ganz anders. Es zog mich in die Personalberatung und ich arbeitete mich konsequent bis zur Bereichsleitung hoch. Dann machte ich den „kleinen Steve Jobs".

Denn vier Monate Schikane durch einen neuen Vorgesetzten, der nichts an Symbolpolitik ausließ: Bürowechsel ohne Ankündigung, Teamevents ohne mich als bisherige Vorgesetzte einzuladen, Diskussionen über Titel, nicht Aufgaben, Einmischung ins operative

Geschäft, ohne in dem Themenfeld zuhause zu sein und so weiter – das genügte mir! Für Diskrepanzen mit einem mir derart ad hoc Vorgesetzten war mir mein Leben zu kurz, und ich wechselte auf eigene Initiative in ein anderes Unternehmen. Um mich heute in dem damaligen wiederzufinden, denn dessen Geschäftsführung holte mich drei Jahre später zurück und der Bereich Health Care wurde von mir relaunched und nun konsequent weiterentwickelt.

Man kann sagen: Ich habe den Branchenwechsel geschafft, von der „Intellektuellen" zur Beraterin mit Salespower. Das bedeutet, ich sehe mich als eine Frau, die durchaus in den Spiegel sehen kann, es aber dennoch nie versäumt, aus dem Fenster zu blicken. Gesellschaftspolitisches Engagement gehört deshalb zu meinem Leben seit 20 Jahren dazu. Meine Mitgliedschaft bei Pro Asyl erschöpft sich nicht nur in den Jahresbeiträgen, sondern ich habe eine sehr klare Meinung und äußere die auch. Und insofern passt die aktuelle gesellschaftliche Entwicklung und meine Stellung dazu auch in dieses Buch, denn meine konsequente Meinungsbildung, anders zu sein und dies auszudrücken ist Teil meines Erfolgs. Bis heute spreche ich kein Beraterlingo, sondern rede Tacheles.

Wir werden alle konstant älter. Doch Deutschland altert in rasanter Geschwindigkeit. Sinkt die Zahl der Erwerbsfähigen in gleichem Maße weiter und findet sich kein Ausgleich durch Zuwanderung, stünde die deutsche Wirtschaft damit vor einem Desaster. Die unbesetzten Stellen führen geradlinig dazu nicht mehr alle Aufträge bedienen zu können usw. Können die augenblicklich einreisenden Menschen diesem Problem irgendwann abhelfen? Kann eine Einwanderungspolitik mit Kompetenzprofilen hinterlegt werden, die auf den konkreten Bedarf Bezug nehmen?

„Wer die Vergangenheit kennt, darf Flüchtlinge nicht abweisen. Wer die Gegenwart sieht, kann sie nicht abweisen. Wer an die Zukunft denkt, wird sie nicht abweisen." Das sagte Daimler-Chef Dieter Zetsche. Er sieht in der aktuellen Herausforderung nicht in erster Linie ein gesellschaftspolitisches Risiko, sondern eine Chance für die deutsche Wirtschaft. Und er steht mit dieser Meinung keineswegs alleine da. Viele Arbeitsmarktökonomen gelangen zum Schluss, dass Einwanderung nicht generell in einen Verdrängungswettbewerb münden muss und sogar der Lohndruck im Endeffekt selten zunimmt. Ich teile diese Meinung und wünsche mir von den Verantwortlichen bspw. die Absenkung der Einstellungshürden, um dem Fachkräftemangel effektiver begegnen zu können. Gerade akademisch gebildete Flüchtlinge sind gut integrierbar und überdurchschnittlich ehrgeizig.

Natürlich bin ich nicht blind für die großen Herausforderungen, die noch gestemmt werden müssen. Die Politik ist mehr denn je gefragt, schnell, flexibel und vor allem effizient tätig zu werden. Auf vielen Kanälen. Sind dann aber erst mal Beweise für gelungene

Integration erreicht und erfolgreiche Symbolfiguren auch in der Öffentlichkeit dargestellt, kann dies zum einen die in weiten Bevölkerungsschichten sowieso schon vorhandene Willkommenskultur untermauern. Zum anderen eine positive Kaskadenwirkung in Gang setzen, die die vielen zweifelnden und hetzenden Stimmen vielleicht betreten schweigen lassen. Wenn ich eine Erkenntnis in der Personalberatung, und das bedeutet in der intensiven Auseinandersetzung mit Menschen begriffen habe, dann ist es, dass Unsicherheiten benannt und geklärt, aber ebenso Stärken kommuniziert werden müssen. Und: dass man sich rein kognitionspsychologisch vom „ersten Eindruck" befreien muss, um Vorurteile zu überwinden.

Eines ist ganz klar: Diese medial positiv gesetzten Impulse aus den Bereichen der Wirtschaftslenker, werden sich recht schnell an der Realität messen lassen müssen. Es wird ganz wichtig sein schnellstens herauszufinden, inwieweit die Qualifikationen der aktuell Einreisenden bereits ausreichen beziehungsweise welche Schulungs- und Umschulungsmaßnahmen es braucht, damit der hohe Anspruch deutscher Standards erfüllt wird. Aus meiner eigenen Praxis kann ich den hohen Akademisierungsgrad etwa von syrischen Flüchtlingen bestätigen; vor zwei Jahren war ich um die Weihnachtszeit dafür verantwortlich einen syrischen Gynäkologen zu einem meiner Auftraggeber auf die schwäbische Alb zu bringen. Auch, wenn ich an viele hervorragende Kandidaten mit sogenanntem „Migrationshintergrund" denke: Sie alle zeichnet die Kombination aus Ehrgeiz, Wille und Offenheit aus.

Bei dem Thema geht es um wirkliche Besonnenheit bei allen Themen und Fragestellungen gleichermaßen und separat – auch das hat mit Impulskontrolle zu tun. Die Bereitschaft die eigenen Werte immer auch an den Bedürfnissen des Anderen zu orientierten. Frei nach Hannah Arendt: Freiheit ist die des jeweils Andersdenkenden.

So muss an allen Fronten gerungen werden: um die Werte der Aufklärung, um die Fairness in Über-, Unterordnungsverhältnissen und darum, den geraden Weg auch mal zu umkurven, Vieldeutigkeit und Offenheit auszuhalten … Da es überall, auf all diesen Ebenen gegenseitige Abhängigkeiten und Ambiguität gibt. Eine tolerante Haltung zu diesen Themen verhindert blinde Akzeptanz und ängstliche Unterwerfung, sondern mündet in eine hohe Werteaffinität, die in jeder Herausforderung den Ausgangspunkt für positive Veränderungen sieht.

Meine Erfolgsformel

   Flexibel (re)agieren
+ kritisches Denken zulassen
+ menschlich handeln
_____

= Erfolg

Tatkraft entwickeln
Dr. Renate Braeuniger-Weimer

Schreiten Sie zur Tat.
„Mutig, entschlossen, schnell, dabei äusserst zuverlässig. Ihr Wort hat Gewicht…und wir fragen uns immer wieder, wie man an so vielen Orten gleichzeitig sein kann. Beste Mutter verleihen wir ihr auch ständig, vor allem wenn sie mal wieder das Unmögliche möglich macht. So ganz lässig nebenher."

Darf man das? Solche Komplimente voranstellen, wenn sie einen selbst beschreiben? Nun, ich denke, wenn sie von den wichtigsten Menschen in meinem Leben kommen, meinen Kindern, dann ja. Geschenkt wurde mir das nicht. Das nicht und auch sonst nichts. Ich habe immer hart, mit Freude und mit Engagement gearbeitet: an meiner Karriere bevor ich Kinder hatte, an der Vereinbarkeit von Beruf und Familie und schließlich an einem völligen beruflichen Neustart. Und hat es mir geschadet? Es gibt darauf für mich nur eine Antwort: Nein!

Doch hätte ich diese Antwort nicht immer so spontan und überzeugt geben können in meinem Leben, denn wie bei jedermann, gab es da auch für mich Höhen und Tiefen. Aber was soll ich sagen? Mein heutiges berufliches Standing, hatte mit einer Krise, einem tiefen Einschnitt in mein Leben zu tun. Nachdem ich viele Jahre den Weg vieler Akademikerinnen gegangen war und den Balanceakt zwischen Karriere und Familienbetreuung bewältigt hatte, ging irgendwann meine Ehe in die Brüche. Dies war für mich Anlass für eine völlige berufliche Neuorientierung. Ohne meine Priorität für die Familie, wäre ich zu dem Zeitpunkt vermutlich Seniorpartnerin einer internationalen Großkanzlei gewesen. Mit ihr hatte ich zwar meine eigene Kanzlei, sie aber bei weitem nicht so aufgebaut, wie ich es gerne getan hätte.

Aber immer der Reihe nach: Nach dem Abitur in Rastatt, wo ich aufgewachsen bin, habe ich in München Jura studiert. Ich begann während der Referendarzeit mit der Promotion am Institut für Internationales Recht und war dort noch ein Jahr lang Akademische Rätin/Assistentin am Lehrstuhl. Nach Abschluss der Promotion kehrte ich der akademischen Laufbahn an der Universität den Rücken, ich wollte praktisch tätig sein.

Meine Wahl fiel auf eine Großkanzlei in Stuttgart. Deren Entscheidung, mich als erste Frau aufzunehmen, empfand ich nicht als Druck, sondern als Privileg. Ich wurde akzeptiert und die Zusammenarbeit mit den Kollegen gestaltete sich problemlos. Kurz nach dem Eintritt habe ich geheiratet. Mein Mann war als Unternehmer regional nicht flexibel, so dass es mir oblag jeden Tag circa 100 km zu pendeln. Der Seniorpartner der Kanzlei wurde mein Mentor und hat mich stark gefördert. Unter anderem war ich fast ein Jahr für eine Partnerkanzlei in Paris tätig. Als ich von der Kanzlei das Angebot erhielt Partnerin zu werden, hat mich das einige schlaflose Nächte gekostet. Ich geriet in den Zwiespalt so vieler Frauen, denn ich wünschte mir Karriere und Kinder gleichermaßen. In meinem Fall war das Pendeln mit dem Kinderwunsch auf Dauer nicht vereinbar. Um das alles unter einen Hut zu bringen, lehnte ich das Angebot schweren Herzens ab und gründete stattdessen meine eigene Kanzlei in Karlsruhe. Das mit dem „einen Hut" hatte mein Unterbewusstsein wohl zu wörtlich genommen, denn mit Gründung der Kanzlei wurde ich ungeplant schwanger. Freiberuflerfrischling und Mutterschutz schlossen sich gegenseitig aus, so dass ich mit Hilfe einer Kinderbetreuung fast Vollzeit weiter gearbeitet habe. Dieses Organisationsschema setzte sich in den Folgejahren fort, denn mein Ehemann war beruflich selbst so stark eingespannt, dass an eine Aufteilung der Familienbetreuung, mit mittlerweile drei Kindern, nicht zu denken war.

Einen solch großen Hut, meinen Träumen in allem gerecht zu werden, gab es allerdings leider nicht – so dass die Weiterentwicklung meiner Kanzlei auf der Strecke blieb. Mandate im internationalen Wirtschaftsrecht – meinem Spezialgebiet – konnte ich nicht betreuen, da dies mit häufigen Reisen verbunden gewesen wäre. Dadurch fehlten mir, trotz aller Anforderungen an mich als Mutter, die intellektuellen Herausforderungen. Ich habe deshalb gerne Zusatzaufgaben übernommen, wie die Präsidentschaft einer internationalen Juristenvereinigung und die Vorstandsmitgliedschaft in einem internationalen Arbeitskreis des Deutschen Anwaltvereins. Außerdem bildete ich mich weiter zur Mediatorin und staatlich anerkannten Gütestelle, machte meinen NLP-Master und systemischen Coach. Die Beratung lag mir: Das Spannungspotential in Menschen und zwischenmenschlichen Beziehungen zu erkennen und aufzulösen, entdeckte ich als mein Talent. Ich habe deshalb im Laufe der Jahre meine Anwaltstätigkeit reduziert, das Pharmaunternehmen meines Mannes aktiv beraten und verstärkt als Coach gearbeitet.

Ein Wendepunkt meines Lebens war, wie schon gesagt, im Alter von 48 Jahren, das Scheitern meiner Ehe. Ich habe in dieser für mich sehr schwierigen Phase, auch meine berufliche Ausrichtung völlig neu definiert und die aktive Anwaltstätigkeit fast komplett eingestellt. Ich wollte meine Beratertätigkeit weiter ausbauen, wusste aber nicht genau, wohin die Reise gehen sollte. Herausfordernd war, dass ich mich finanziell ganz auf eigene Beine stellen musste. Zunächst war ich weiter als Coach tätig und habe in einer Art Orientierungsphase Verschiedenes ausprobiert, der rote Faden blieb der Bezug zur Pharmaindustrie und zum Gesundheitsmarkt. Das eine führte zum anderen: Irgendwann unterhielt ich mich mit einem bekannten Personalberater, der mir zu meiner Überraschung den Einstieg in seine Firma anbot. In dieser Branche ist man immer auf der Suche nach einem wachen, flexiblen Geist, der ein valides Netzwerk mitbringt und in der Lage ist, die vielfältigen Anforderungen von Kunden und Kandidaten zu verstehen.

Nun, zum Zeitpunkt meiner Trennung, waren die Kinder in einem Alter, da ich Neues wagen konnte – und ich griff zu. Ich sprang quasi aus seichten Gewässern, in schwer einzuschätzende Untiefen, doch da ich nicht auf Rettungsschwimmer vertraute, sondern auf meine eigene Energie, erschlossen sich mir immer neue Ufer. Man könnte behaupten, diese Chance wäre Zufall gewesen. Doch daran glaube ich nicht. Es gibt nur eins: Chancen mutig ergreifen, mein Leben in die Hand nehmen.

Zur Tat schreiten

Indem Menschen sich immer wieder scheuen Entscheidungen zu treffen, zu lange in Abwägungsprozessen verharren, verbauen sie sich häufig wertvolle Zugänge zu ihren eigenen Ressourcen. Ich bin da anders. Ich verspüre einen Tatendrang in mir, den es vielleicht manchmal zu kontrollieren gilt – doch keineswegs einzudämmen. Daraus erwuchs diese Kraft noch mal in ein vollkommen neues Business, die Personalberatung, einzusteigen. Das war kein Zuckerschlecken, ich habe diesen Beruf in kürzester Zeit von der auf Pieke erlernt und war mir für nichts zu schade. Konkret gesprochen: Ich begann die ersten zwei Monate als Assistenz eines Beraters, war weitere zwei Monate als Researcherin und danach als Beraterin eingesetzt. Nach sechs Monaten wurde ich zur Geschäftsführerin bestellt. Mein juristisches Vorwissen, meine Kenntnisse und mein Netzwerk im Gesundheitsmarkt, aber auch mein Engagement, meine Lebenserfahrung und die darauf aufbauende Menschenkenntnis, halfen mir schnellstens Fuß zu fassen.

So locker und leicht sich dies nun auch rückblickend anhören mag - mein damaliger Arbeitgeber war über 200 km von meinem Wohnort entfernt. Meine Kinder waren, wie ich, in einer sehr schwierigen Lebensphase. Zusätzlich zu der Trennung erkrankte eins meiner Kinder so schwer, dass ein monatelanger Klinikaufenthalt nötig war. Auch das haben wir mit glücklichem Ausgang gemeinsam durchgestanden, denn meine Kinder wussten und wissen immer, dass sie sich immer auf mich verlassen können. Letztlich zogen wir alle an einem Strang und gemeinsam bewältigten wir diese für alle schwierige Zeit. Sie sind daraus als reife und reflektierte Persönlichkeiten hervorgegangen, was mich sehr stolz macht.

Drei Jahre später, war ich als Personalberaterin bereits gut etabliert und übernahm auch nach einem Wechsel des Unternehmens wieder mit die Geschäftsführung.

Diese innere Antriebsfeder, der Tatendrang nach vorne, ist mein Aushängeschild geworden. In doppeltem Sinne: Ich kann alles schaffen, wenn ich meine Kräfte bündle. Ich sichere mir durchaus die Unterstützung meiner Kollegen und vermeide Alleingänge. Ich kommuniziere und erkläre, warum ich was vorschlage und zur Umsetzung aufrufe – doch ich rechtfertige mich nicht. Ich bilde Teams frühzeitig oder binde sie ein, aber gebe klare Anweisungen und Vorgaben. Eine gut strukturierte Organisation bildet meine Basis. Meine fordernde Art kann durchaus hart und einschüchternd wirken. Und obwohl ich das weiß, sehe ich keinen Grund, das abzustellen oder „daran zu arbeiten". Diese Form der Distanzwahrung ist Teil meines professionellen Anspruchs, der gleichzeitig den Erfolg zeitigt. Die Menschen meines beruflichen Umfeldes, ob Mitarbeiter oder Kunden, vertrauen darauf, dass unter meiner Führung alles getan wird, ihr Problem bestmöglich zu lösen. Mit meinem sicheren Gespür für die unterschiedlichsten unterneh-

merischen Strategien, aber auch, oder vor allem, für den Menschen. Dafür braucht es eine robuste Belastbarkeit sowie emotionale Stabilität. Das strahlt nach außen.
Und so ist mit „schreiten" weder rennen noch schlendern gemeint, und wir sollten es uns auch nicht als langsames oder würdevolles Gehen vorstellen. Das Business ist keine Hochzeitszeremonie! Zur Tatkraft gehört zwar durchaus auch Geduld, sonst wird daraus blinder Aktionismus, aber sie geht immer damit einher etwas in Angriff zu nehmen. Dafür das richtige Gleichgewicht zu finden, helfen mir besondere Techniken.

Energisch und energetisch

Eines der meistgebrauchten Schlagwörter unserer Zeit ist der Rat: Lebe im Hier und Jetzt. Dass dies gar nicht anders geht, ist unbenommen. Was damit gemeint ist auch. Aber Termindruck, Stress und die täglichen Anforderungen unterhöhlen unsere Tatkraft. Das ist auch mir nicht fremd. Für mich sind, neben dem Sport als Ausgleich, die Meditation und das Yoga seit vielen Jahren Teil meines Alltags und Quelle meiner Kraft.
Ich mache jeden Morgen Yoga und meditiere; dafür stehe ich gerne früher auf. Besonders stolz bin ich darauf, dass ich erst vor relativ kurzer Zeit den freistehenden Kopfstand erlernt habe. Meine Kinder konnten das bereits vor mir und ich habe fast ein Jahr lang täglich für ein paar Minuten geübt, bis ich es schließlich auch perfekt beherrschte.

Beides, Yoga und Meditation, geben mir die Stabilität und Gelassenheit für schwierige Situationen. Für den täglichen Wahnsinn meines Jobs oder sogar zur konkreten Lösungsfindung anstehender Probleme.
Ich kann nur empfehlen: Schaffen Sie sich einen, wie auch immer gearteten, entspannenden Ausgleich - damit Sie nicht versäumen einfach auch mal die Herbstfärbung einer wunderschönen Kastanie auf dem Weg ins Büro zu bewundern.

Tatkraft entwickeln

Vor kurzem erfuhr ich etwas genauer, wie meine Mitarbeiter mich sehen, nämlich als „Problemlöser": Sie nennen mich den „Terrier im Chanel-Kostüm". Ein „Problemlöser" fokussiert seine Kräfte nicht darauf zu jammern oder über seine Probleme zu grübeln. Das ist weder zielführend, noch nützt es irgendjemandem. Es verschwendet Energie. Ein Problemlöser sieht seine Probleme als Herausforderung, die es zu lösen gilt. Vielleicht stellt er konstruktive Fragen zu dem Problem, doch sobald er es verstanden hat, handelt er zügig und entschlossen. Er nimmt sein Leben in die Hand und geht die Schritte, die notwendig sind; er überwindet Schwierigkeiten und springt auch schon mal über seinen Schatten. Ein Problemlöser ist ein Mensch der Tat.

Kennen Sie sich aus mit Hunden? Den spezifischen Charakteristika eines Terriers? Und wenn nicht, was geht Ihnen als erstes durch den Kopf, wenn Sie von diesem Vergleich hören?

Ein Terrier ist ein eigensinniger, starker Charakter. Die ihn kennzeichnenden Eigenschaften stehen für Mut, Entschlossenheit, Ausdauer und Arbeitseifer. Und wer nur einmal einen Jack Russel Terrier in Pferdeställen bei der Jagd erlebt hat, der wird sie nie ob ihrer Größe unterschätzen. Wesentlicher an der Analogie ist für mich aber, dass jemand, der diese Eigenschaften besitzt, ein langfristiges Ziel setzt und sich diesem mit Haut und Haaren verschreibt. Dann hat er oder sie - Terrier-Qualitäten. Das Projekt, die Aufgabe wird anvisiert und erst wieder locker gelassen, wenn das Ziel erreicht ist und sich der gewünschte Erfolg eingestellt hat.
Muss ich erwähnen, dass ich mich über diese, zunächst hinter vorgehaltener Hand, weitergetragene Bezeichnung meiner Person außerordentlich freue? Wobei mir durchaus klar ist, dass all die von mir hier aufgezählten Eigenschaften, für meine Mitarbeiter im täglichen Arbeitsablauf, durchaus auch als anstrengend bezeichnet werden können.
Deshalb ist es mir ja so wichtig, auch in meinem Team die Tatkraft zu entwickeln, damit wir alle an einem Strang ziehen. Für mich ist Tatkraft eine Tugend. Als solche ist das Wort vielleicht etwas aus der Mode gekommen. Und doch passt es perfekt auf mich. Es ist die Kraft etwas zu tun und etwas zu bewirken. Und das ist mein berufliches Mantra: Ich will nicht nur arbeiten, etwas abarbeiten, ich möchte etwas bewirken, bewegen, etwas umsetzen und mich und meine Energie einsetzen. Mit Enthusiasmus, Engagement und Freude. Soweit zum Hund ...

Und – kennen Sie sich aus mit Chanel? :-)
Nun auch dieser Teil kommt natürlich nicht durch Zufall, sondern entspringt einem Tick: Ich trage beruflich nie Hosen, sondern immer Kostüme oder Kleider. Ich gehe nie mit Jeans oder lässiger Kleidung ins Büro. Ich nenne das meine „mentale Uniform", die ich überstreife und damit rein äußerlich vom privaten in den Business-Modus wechsle. Außerdem will ich meine Weiblichkeit betonen und kein besserer Mann sein. Wie wir Frauen im Business sowieso niemals versuchen sollten sogenannte Männertugenden zu kopieren. Die Unterschiede zwischen den Geschlechtern lassen sich nicht leugnen, auch wenn einige das immer wieder versuchen. Menschen sind nun mal nicht gleich, weder geschlechtsübergreifend noch auf andere Art und Weise.

Aber das steht meiner Auffassung nicht entgegen, dass Chancengerechtigkeit grundsätzlich unabhängig vom Geschlecht erzeugt wird. Und dass uns kein Warten auf ein in Stein gegossenes gesellschaftliches Konstrukt, wie etwa das Gesetz zur Frauenquote, weiterbringt, sondern alleine unser Mut an die Umsetzung zu gehen. Ich bin durch und durch Pragmatikerin. Ich stehe im Leben mit meiner gesamten Wirtschaftsschaffenskraft weiterhin „meinen Mann", da ich nichts dagegen habe, wenn die Sprache mit diesen Begrifflichkeiten operiert, Hauptsache, die Menschen verstehen den Sinn dahinter.

Und doch denke ich, wir brauchen diese Quote, zumindest vorübergehend, bis Frauen in Führungspositionen – und nicht nur in Aufsichtsräten – zur Selbstverständlichkeit geworden sind. Warum? Weil bedauerlicherweise in Deutschland das Potenzial der hochqualifizierten weiblichen Führungskräfte zu wenig ausgeschöpft wird. Diversity in den Führungsgremien macht Unternehmen erfolgreicher. Das etwa in Form einer Frauenquote voranzubringen, halte ich für förderlich.

Das lasse ich auch nicht durch das an sich stimmige Argument, dass Frauen schon seit Jahrhunderten Karriere machen, auch ohne Quote, entkräften. Natürlich tun sie das. Doch dagegen steht nun mal der Fakt, der tatsächlichen Unterrepräsentanz von Frauen in Führungspositionen. Frauen sind intelligent, bestens ausgebildet und auch zahlenmäßig auf Augenhöhe, aber auf die Top-Positionen dringen sie nur äußerst langsam vor. Sie bedurften seit jeher für die wichtigsten Errungenschaften ihrer Freiheit Gesetze.

Der Mensch ist in unserer Wirtschaft die stärkste Ressource. Sie nur zu einem Teil zu nutzen ist sträflich und wird sich irgendwann rächen, wenn wir dem nicht abhelfen. Wenn auch der wichtigste Beitrag der Frauenförderung zweifelsohne das gestiegene Bewusstsein für frauenspezifische Anliegen und Probleme in unterschiedlichen Kontexten ist und keine Normierungen, so haben wir schon viel zu lange gewartet, dem Ganzen einen kräftigen Schub zu geben.

Brauchen die Frauen eine Quote? Nein. Die Männer, die noch überproportional an den Entscheidungsschalthebeln sitzen - die brauchen sie.

Doch müssen sich all jene, die nach Erfolg dürsten darüber klar sein, dass es sich nicht um eine Plattitüde handelt, wenn einem auch in Deutschland, dem Land aller Chancen, nichts, aber auch gar nichts geschenkt wird. Auch nicht mit einer Quote, denn die entbindet nicht von Leistungs- und Tatkraft! Sie ebnet nicht mal einen Weg. Sie birgt nur eine richtungsweisende Chance. Den Weg bauen, muss sich jede Frau immer noch tatkräftig selbst.

Hürden überwinden

Und da ist ein wesentliches Hindernis für das Entstehen von Tatkraft oft die Lustlosigkeit am Tun, obwohl man in der Lage wäre, etwas durchzuführen. Sie zeigt sich im Aufschieben auf später oder im Festhalten an nutzlosen Tätigkeiten, die aus der Perspektive des Erfolgs keine Relevanz haben. Als zweites Hindernis haben wir mangelndes Selbstvertrauen, so dass man es sich nicht zutraut, eine bestimmt Tat zu verrichten. „Wer? Ich? Nein, ich doch nicht..." Wie absurd das doch ist! Richten Sie Ihren Blick nach vorne – da spielt die Musik. Setzen Sie sich stolze Ziele, verfolgen Sie sie schrittweise aber flexibel und nachhaltig. Akzeptieren Sie Misserfolge oder Schwierigkeiten, aber geben Sie nicht auf ... und ein Plan B, wenn wirklich alles schiefgehen sollte, ist auch immer hilfreich. Lassen Sie sich nicht durch die Angst vor dem Scheitern blockieren: Wer wagt, gewinnt! Misserfolge definieren uns nicht, sondern die Art und Weise, wie wir damit umgehen.

Tatkraft besteht in der Freude und Begeisterung beim Tun. Diese innere Antriebsfeder schürt hernach das Feuer unserer täglichen Abläufe und unseres Erfolgs. Werden Sie sich klar darüber, warum Sie etwas machen. Das mag sich lapidar anhören und doch ist es ein Unterschied, ob Sie bei der Beantwortung dieser Frage zu dem Ergebnis kommen: Ich arbeite um zu überleben. Oder: Ich arbeite, um mich selbst zu verwirklichen – und zu überleben. Oder: Ich arbeite, um die Welt ein wenig besser zu machen und damit verwirkliche ich mich selber und schaffe gleichzeitig die Grundlage zu überleben. Wenn Sie wissen, warum Sie etwas machen, wird vieles leichter werden, es auch zu tun. Sie kultivieren die eine oder andere Eigenschaft, Sie wachsen über Ihren Schatten hinaus, Sie machen neue Erfahrungen und die sind Ihnen wieder für etwas anderes wertvoll. Und umgekehrt: Wenn Sie möchten, dass Ihr Team tatkräftiger wird, dann vermitteln Sie ihm die Dringlichkeit der Aufgabe. Denn Menschen agieren sehr viel zielgerichteter, wenn sie das Ziel kennen. Dann fließt Energie.

Unterschätzen Sie nie die Wichtigkeit von Mentoren und Netzwerken. Schaffen Sie sich ihr eigenes Support-Team: Familie, Freunde, Kollegen, Mentoren, eventuell einen Coach.

Manchmal hilft auch eine Art Spiegelfrage: Nehmen wir mal an, Sie wären heute voller Tatkraft, was würden Sie angehen, anpacken, wie würden Sie es tun? Was machten Sie für einen Gesichtsausdruck, wie wäre Ihre Körperhaltung? Welches Energieniveau spürten Sie, wenn Sie jetzt voller Tatkraft wären? Angenommen, Sie würden eine Aufgabe mit Tatkraft angehen, wie würde sich das anfühlen? Vielleicht so, als seien Sie verlässlich und ein Problemlöser? Probieren Sie es aus!

Und das Wichtigste für mich: Tatkraft entspringt aus Lebensfreude. Meinen Kindern - aber auch mir selbst - sage ich immer: Nichts kommt von alleine, insofern - work hard and play hard! Glaubt an Euch! Greift nach den Sternen! Traut Euch etwas zu. Lernt, lest, lächelt! Habt Mut, lauft los, versucht es! Habt Spaß und macht was ihr wollt, aber mit Leidenschaft und Engagement. Fallt hin, aber steht wieder auf - es gibt immer einen (Aus)weg.

MEINE ERFOLGSFORMEL

   INNERER ANTRIEB
\+ ENERGIE
\+ LEBENSFREUDE

= ERFOLG

Werte leben
Dehlia Thürheimer

Hören Sie sich zu.
Sich selbst treu, also integer zu bleiben und aus einer inneren Verbundenheit loyal zu handeln, ist mein Massstab für vertrauensvolle Beziehungen im privaten wie im beruflichen Leben. Erlauben uns unsere beruflichen Sachzwänge unsere ethischen Grundwerte ins Business zu übertragen oder sollten wir dies sogar unbedingt tun? Ich finde ja, denn wir können es uns gerade nicht leisten, unsere persönlichen Überzeugungen aussen vor zu lassen.

Das beste Beispiel einer integren und gleichzeitig illoyalen Tat, ist für mich der Weg, den John Sculley ging. Oder gehen musste. Das macht im Ergebnis keinen großen Unterschied: integer, aufgrund seiner außerordentlichen Identifikation mit dem Produkt und illoyal gegenüber einer ausgesprochenen Fachautorität und vor allem - einem ehemaligen Freund. Fakt ist, er entließ jenen Mann, der das Unternehmen in welchem Sculley tätig war, einst gegründet hatte, um dessen Produkt nachhaltig zu schützen. John Sculley, 1985 Geschäftsführer von Apple, warf Steve Jobs, damals Aufsichtsratsvorsitzender, hochkant raus. Derart aus seinem eigenen Unternehmen gedrängt, scheiterte er zunächst mit einer anderen Firma an seinem schon pathologisch anmutenden Perfektionismus, denn die Produkte wurden dadurch unbezahlbar. Jobs durchlebte tiefe persönliche Krisen. Da es bei Apple aber in den zwölf darauffolgenden Jahren betriebswirtschaftlich auch nicht bergauf ging, holte man ihn ins Unternehmen zurück. Was dann folgte, war einer der sagenhaftesten Aufstiege eines Konzerns, den die Welt je gesehen hat. Denn – Jobs hatte etwas gelernt. Hatte er in seinem „ersten Apple-Leben" einen eher spaltenden Managementstil gepflegt, der zu einem destruktiven Konkurrenzkampf der Teams untereinander führte, statt ihre Energien zu bündeln, machte er im zweiten Anlauf Gebrauch von seinen organisationalen Fähigkeiten. Die hatte er sich in der Zwischenzeit beispielsweise bei Pixar angeeignet. Die Auszeit war also ganz offenbar nicht umsonst gewesen. Er etablierte klare Hierarchiestrukturen und verteilte die Aufgabenverantwortung deutlich. Autorität schimmerte nicht nur erahnbar irgendwie durch, sondern erlangte dadurch eine Transparenz, die Halt gab. Die Mitarbeiter wurden stark motiviert, die Produktentwicklung beschleunigt und sie zogen auch bei teilweise abenteuerlichen Zeitvorgaben mit.

Jobs beschrieb seine Veränderung selbst so: *„Damals habe ich es nicht so gesehen, aber es hat sich herausgestellt, dass, von Apple gefeuert zu werden, das beste war, das mir jemals geschehen konnte. Die Schwere des Erfolgreichseins wurde durch die Leichtigkeit eines erneuten Daseins als Anfänger ersetzt, der in allem komplett unsicher ist. Es hat mir die Freiheit gegeben, mich in eine der kreativsten Perioden meines Lebens zu begeben."*

Mir zeigt die Geschichte, dass man manchmal vielleicht zu schnell urteilt und im Grunde eine abschließende Bewertung vom Verhalten anderer Personen sowieso erst am Ende des Lebens abgeben kann. Aufgrund so vieler Zusammenhänge, die aus dem zunächst Offensichtlichen später etwas völlig anderes machen.

Und ich stelle sie an den Anfang, damit klar wird, dass ich hier keineswegs mit einem moralischen Zeigefinger herumwedeln möchte, wenn ich über so tragende Eigenschaften, wie Integrität und Loyalität schreibe, für die es vor allem innerliche Klarheit braucht. Wer in einer unangenehmen Situation innerlich klar bleibt, entscheidet selbst, was er tun und lassen möchte. So verhindert man, kontrolliert zu werden.

Organisationen unterliegen einem ständigen Wandel und Gestaltungsanspruch. Da immer die richtigen Entscheidungen zu treffen, ist und bleibt schwer. Doch macht dies meiner Meinung nach eine gewisse Wertehaltung nicht obsolet. Und in dieser steht bei mir das Stichwort Integrität ganz weit oben. Weil es normalerweise ein stabiles Fundament bietet, auf dem fruchtbare Arbeit gedeihen kann – zusammen mit der Loyalität.

Beide Begriffe sind eng verbunden. Integer zu sein bedeutet, sich selbst treu zu bleiben, also in Übereinstimmung mit persönlich festgelegten Werten zu handeln. Aus einer Einstellung heraus, die glaubhaft mit der eigenen Person verbunden ist. Sowohl sich selbst als auch Außenstehenden gegenüber. Integre Persönlichkeiten sagen was sie denken und tun was sie sagen. Integrität gibt Führungskräften die Form von Autorität, die andere wirklich achten und in Konfliktsituationen respektieren. Ein sehr hoher Prozentsatz der Arbeitnehmer, die das Unternehmen wechseln, verlassen nicht die Firma, sondern den Chef. Häufig, weil sie ihn nicht als achtenswert empfinden. Fachautorität alleine reicht also nicht.

Integrität in der Wirtschaft meint, dass zwei Parteien Vertrauen ineinander haben. Es geht also nicht in erster Linie um die eigenen Interessen, sondern um die Einhaltung von feststehenden Regeln allgemeiner Art, als auch von bestehenden Verträgen miteinander. Da haben wir die Schnittstelle zur Loyalität.

Ich bin davon überzeugt: Unternehmen, die dauerhaft erfolgreich sein wollen, brauchen starke, also integre und „treue", also loyale Mitarbeiter. Am besten in einer Person vereinigt. Das heißt, ich spreche natürlich nicht von einer Loyalität, die sich selbst verleugnet. Die führt über kurz oder lang in die „Deadwood"-Zone: Mitarbeiter, die wie totes Holz nur noch anwesend sind. Dies geschieht vorrangig aus der eigenen Unfähigkeit heraus, das Neue zu suchen oder zu scheuen, kann aber natürlich auch aus einem gefühlten Loyalitätskonflikt entstehen. Das gilt es unbedingt zu vermeiden. Das ist kontraproduktiv für den Menschen und das Unternehmen. Ist man aber loyal in Harmonie mit der eigenen Integrität, ist das der Jackpot für alle Beteiligten.

Das Thema kennt keine Hierarchie- aber viele unterschiedliche Sachebenen. Einerseits geht es darum, (loyale) Mitarbeiter im Unternehmen zu halten, denn eine hohe Personalfluktuation bedeutet Produktivitätsschwund sowie hohe Kosten für das Suchen und Einarbeiten neuer Mitarbeiter. Andererseits tangiert es die Kundenebene. Beziehungsmanagement findet zwischen den Menschen statt und nicht zwischen Unternehmen. Die und deren Produkte sind im Zweifel austauschbar. Die entstandenen und verflochtenen Beziehungen nicht. Aus gleichem Grund nehmen Vertriebsmitarbeiter gerne „ihre" Kunden mit beziehungsweise schließen sich diese dem Scheidenden gerne an. Wenn sie dies nicht tun, kann es große Unzufriedenheit nach sich ziehen. Wer mag es schon, immer wieder mit vermeintlichen Anfängern zu tun zu haben. Ab und zu ist es ja vielleicht mal ganz nett, wenn man etwas besser weiß, als derjenige, der einen eigentlich beraten soll, aber das sollte nicht zu oft vorkommen. Gute, fähige und professionelle Mitarbeiter bewirken das genaue Gegenteil: Sie führen zu Loyalität beim Kunden. Dieser Dopplereffekt ist gar nicht wichtig genug zu erachten. Er verstärkt sich gegenseitig – im Positiven wie im Negativen.

Wenn sich Mitarbeiterschwund also vor allem in Bereichen, die nah am Kunden agieren, gravierend nachteilig auswirkt, so ist mir der interne Bereich doch mindestens genauso wichtig. Da sind Mitarbeiter, die gegenteilig empfinden und agieren, also ohne Engagement und Herzblut, die größten Umsatzvernichter. Sie hemmen die Weiterentwicklung und Innovationskraft, das organische Wachstum und die betrieblichen Zukunfts-Chancen. Sind die Mitarbeiter gar dauerhaft unzufrieden, sind sie nicht nur öfter krank, sondern wirken zusätzlich destruktiv auf die Belegschaft. Ständiges Gejammer erzeugt einen Negativ-Kreislauf im Umfeld und die auf diese Weise entstehenden Produktivitätseinbußen schätzt man auf 20 Prozent und mehr.

Loyale Mitarbeiter verspüren dagegen ihrem Arbeitgeber gegenüber so etwas wie eine enge Verbundenheit. Dabei geht es nicht nur um das Gegenseitigkeitsverhältnis: Arbeitskraft – Lohnleistung. Dabei geht es um Emotionen. Gedanken um das eigene Wohlergehen am Arbeitsplatz sind normal und richtig und wichtig. Doch empfindet man Loyalität, geht es im Kopf ebenfalls um das Wohl und Wehe des Unternehmens. Die Identifikation kann so weit wirken, dass die firmeneigenen Interessen, denen der eigenen in kaum mehr etwas nachstehen. Dann ist die gleichzeitig empfundene und gespiegelte Integrität perfekt. Nach außen kommuniziert sich das dann derart authentisch, dass es weit mehr ist als nur gute Mundpropaganda. Und die führt wiederum zu guten neuen Bewerbern ...

Fähigkeit zur Kooperation

Was bedeutet das für die tägliche Arbeit? Zur Verbesserung der Arbeitsqualität darf man nicht nur auf die Fachkompetenz setzen. Auch der beste Fachmann leistet wenig, wenn er permanent mit seiner Umgebung in Streit ist oder frustriert. Die Bedeutung von Fachwissen wird außerdem in Zukunft mehr und mehr abnehmen. Nicht, weil es unwichtig wäre, sondern, weil es sich im Zuge der Globalisierung zunehmend angleicht. Komparative Wettbewerbsvorteile alleine daraus zu generieren wird immer schwieriger. Und im Zweifel kauft man sich mangelnde Kompetenz eben mittels externer Dienstleister hinzu. Fachkompetenz ist eine kognitive Fähigkeit, eine Leistung des Verstandes. Dabei kommt es auf logisches und systematisches Denken an. Mentale und wertebasierte Stärken, wie Einsatzbereitschaft, Loyalität und Integrität greifen auf psychosoziale und ethische Fähigkeiten zurück. Dies sind Verhaltensqualitäten. Wie gehe ich mit mir und anderen um? Missbrauche ich meine Kollegen, nutze ich sie aus, um meine eigenen Ziele zu erreichen? Und, wie ist meine innere Einstellung zur Arbeit im Betrieb überhaupt?

Im Gegensatz zur Fachkompetenz, kann man sich Kooperationsfähigkeit und Einsatzbereitschaft, also die Grundlagen für eine gute, harmonische Zusammenarbeit, nicht von außen einkaufen. Dies sind spezifische Bestandteile des Unternehmens, die jedes Unternehmen selbst entwickeln muss. Um das zu erreichen, müssen Seele und Herz der Mitarbeiter gewonnen werden. Und dazu müssen sie zu einem zentralen Thema werden. Obwohl menschliche Führungskriterien in aller Munde sind, erscheint mir dies doch bislang nur halbherzig umgesetzt. Ich sehe den Fokus noch nicht auf der Werthaltigkeit dieser Faktoren. Der Mensch hat doch weitgehend zunächst einmal als Mitarbeiter zu funktionieren.

Die Burnout-Generation ist unter anderem deshalb vielerorts gestrandet, und die Generation y sucht nach neuen Wegen, den Anforderungen künftiger Arbeitswelten zu begegnen, ohne sie als Gegner zu verstehen. Work-Life-Balance als Integrationsmotor des Arbeitslebens ins Private oder umgekehrt, genügt alleine nicht mehr. Gebraucht werden wahrhaft ganzheitliche Ansätze, die keine künstliche Integration notwendig machen. Wer in seinem Arbeitsleben wertgeschätzt wird und gleiches zurückgibt, bekommt nicht nur ein Gehalt, sondern es verzinst sich zusätzlich mit gehaltvollem Output. Es gibt mittlerweile sogar Unternehmen, die explizit einen ‚Feelgood-Manager' suchen, für die Aufgabe, den Mangel in der unternehmenseigenen Führungskultur zu beheben.

Sinnbasiertes und wertschätzendes Management ist insofern eine Herausforderung, die viel zu lange nur in Coachingseminaren Raum einnahm und nun endlich nachhaltig in die Unternehmen einziehen muss. In unserer Industriegesellschaft hatten bislang Produktivitätsverbesserungen Priorität, denn sie standen und stehen für Wirtschaftswachstum. Insofern kam es ebenso vorrangig auf den effizienten Einsatz von Maschinen und Energie an. Der Maschinenbediener spielte dabei sehr lange eine eher untergeordnete Rolle. Wenn auch die Arbeitnehmerverbände an Macht gewannen, und sich die Slogans von Gerechtigkeit heute immer mehr in Richtung Gleichheit wandeln, so blieb doch die Produktivität der Maschinen und Menschen im Vordergrund. Das ändert sich insofern, als dass die Maschinerie zunehmend nebensächlicher und sich der menschlichen Produktivität anders genähert wird.

Der „Mittel zum Zweck" - Mitarbeiter hat schon heute ausgedient. Die Mitarbeitermotivation speist sich zunehmend extrinsisch.

In Zukunft geht es in den Führungsetagen also immer noch primär um Fach-, aber zunehmend um Methodenkompetenz in der Zusammenarbeit. Es geht um so filigrane Dinge, wie darum, die „Stimmung" im Unternehmen wahrzunehmen, es geht darum „echt" zu kommunizieren, es geht um wirkliche Einsatzbereitschaft jenseits von nackten Kennzahlen – am und mit dem Menschen. Es geht um Loyalität und Integrität auf vielen Ebenen. Und insbesondere nicht nur im Privaten, sondern auf beruflicher Ebene. Denn der Mensch sucht diesen Sinn schon lange nicht mehr nur im rein familiären Umfeld.

Aber Achtung, denn bei näherer Ansicht schlägt das reine Wohlfühl-Pendel auch ganz schnell wieder zurück. So ganz ohne positive Kennzahlen geht es nicht. Es wird darum gehen, Gesundheit auf allen Ebenen „zu denken und umzusetzen", wenn der Lebensstandard erhalten bleiben soll. Damit sich die Gesellschaft derart selbstverwirklichende Gedanken leisten kann, muss das Wirtschaftswachstum selbstverständlich erhalten bleiben beziehungsweise ausgebaut werden. Das braucht ein Innovationspotential, das im Hinblick auf die zunehmende Sensibilität für übermäßige Stressreize aktiv wird. Ein ausgeprägter Sinn für Gerechtigkeit, Menschlichkeit, Beziehungsorientierung, Intuition und Einfühlungsvermögen, sind da förderlich. Die Suche nach dem Konsens, basierend auf Kooperationsbereitschaft und der Fähigkeit Situationen gut zu erfassen - gepaart mit einer hohen Kommunikationsfähigkeit – werden in den nächsten Jahrzehnten gebraucht.

Dies gilt es im reinen Wortsinn wahr-zu-nehmen.

Die Konsequenzen fehlender Integrität für das berufliche Umfeld und das persönliche Leben liegen auf der Hand. Wenn Worte und Taten eines Menschen nicht übereinstimmen, wenn eine Person nicht aufrichtig und authentisch ist, wird sie zum unberechenbaren Risiko. Ihre Aussagen sind nicht verlässlich, Versprechen werden nur bedingt eingehalten. Entscheidungen vielleicht nicht so wie getroffen umgesetzt. Die Konsequenz ist Misstrauen und Unsicherheit. Warum sollte das Umfeld da Engagement und Loyalität zeigen? Eine ganz wichtige Frage ist also:

Wie erlangt man Integrität?

Oder: Wie werden Sie Ihr bester Freund? Sich selbst ein Freund zu sein, ist die höchste Form der Selbstannahme. Die perfekte Basis für Integrität. Und so ähnlich wie eine Freundschaft zwischen zwei Menschen wachsen muss, muss auch die Freundschaft zu sich selbst reifen. Was macht eine Freundschaft aus?

Man:

▸ ist füreinander da, lässt sich nicht im Stich

▸ richtet sich gegenseitig auf und spricht Mut zu

- zeigt Verständnis für vermeintliche Fehler
- respektiert einander und des anderen Meinung
- nimmt sich ernst und macht sich nicht lustig
- ist ehrlich zueinander, tröstet, unterstützt und verzeiht

Selbstreflexion ist ganz wichtig - Selbstverurteilung nicht. Viele Menschen haben mit anderen, die nicht mal ihre Freunde sein müssen, mehr Geduld als mit sich selbst. Manch einer opfert sich für andere auf und findet an sich selbst trotzdem immer wieder Andockpunkte für fundamentale Kritik. Aber genauso, wie Sie eine Freundschaft nicht einfach vor sich hindümpeln lassen, sondern sie im Gegenteil pflegen sollten, so gilt das auch für die Freundschaft zu sich selbst. Glauben Sie an sich.

Die Erwartung an uns, Großes zu leisten, kann nur gelingen, wenn wir uns dafür auch für fähig erachten. Und wenn es Menschen gibt, die Sie ablehnen, denken Sie daran: Wer sich selbst achtet und wertschätzt, dem bleibt seine Selbstachtung auch erhalten, egal, was auch immer andere über ihn denken.

Integrität bedeutet, sich selbst zu bejahen. Liegt Ihnen dies nicht im Blut, können Sie es üben. Das ist ein sehr breites Thema. Der Hauptaspekt daran: Hören Sie auf, sich ständig mit anderen Menschen zu vergleichen. Bleiben Sie bei sich – und begeben Sie sich auf Entdeckungsreise Ihrer eigenen Vorzüge.

Ein paar Fragen, die dabei helfen können:
- Was bringt mich aus der Ruhe?
- Was könnte ich dazu beitragen, das zu verhindern?
- Wann habe ich das Gefühl am nächsten zu mir selbst zu stehen?
- Was sind das für Situationen?
- Warum gelingt es mir gerade dann so gut?
- Welche Dinge möchte ich in meinem Leben auf gar keinen Fall verändern?
- Welche Potentiale sind es, die mir Kraft und Energie geben?

Wie bekommt man Loyalität?

Grundsätzlich sind die Zeiten lebenslanger beruflicher Vertragsgemeinschaften zwischen Mitarbeitern und Unternehmen vorbei. Galt ein Lebenslauf mit mehreren Stationen früher als ein Zeichen für einen unsteten, unzuverlässigen Protagonisten, vor dem man sich tunlichst hüten sollte, gehören flexible und mobile Mitarbeiter heute ins ganz normale Bild. Doch heißt dies nicht, dass der Spruch „Ausnahmen bestätigen die Regel" nicht auch noch gälte.

Umsonst gibt es das jedoch nicht. Und – kaufen kann man sie sich auch nicht, die loyalen und integren Mitarbeiter. Selbst wenn Status und ein hoher Verdienst für viele Menschen Leistungsmotivatoren sind, die auch dazu führen können, dass sich Mitarbeiter an das Unternehmen gebunden fühlen, so ist dies doch etwas ganz anderes, als wenn sie sich dem Unternehmen verbunden fühlen. Nein, Mitarbeiterloyalität ist nicht käuflich oder erzwingbar, man muss sie sich verdienen. Und dann bekommt man sie geschenkt. Das mag sich nun pathetisch anhören, ist aber die einzige Basis, auf der sie funktioniert. Mit allem anderen lügt man sich in die Tasche.

Nicht blinde Gefolgschaft oder reines Pflichtgefühl sind die Basis dafür, sondern Freiwilligkeit. Das wirkliche Empfinden an etwas teilzuhaben, was mehr ist, als nur die Summe aller Teile. In dem jedes Teil seinen Platz und seine Aufgabe hat, die das gesamte System am Leben erhält. Mitarbeiter, die ihrem Arbeitgeber gegenüber freundlich gesinnt sind – ja das hat etwas von einer freundschaftlichen Verbindung. Derartiges kann nur funktionieren, wenn es auf Gegenseitigkeit beruht. Loyalität als Einbahnstraße entwickelt sich immer zu einer Sackgasse. Insofern können Unternehmen von ihren Mitarbeitern und Führungskräften nicht mehr an Verbindlichkeit erwarten als sie ihnen entgegen bringen.

Die Belohnung ist ein hohes Engagement und Freude an der Arbeit, geringe Fehlerquote, hohe Produktivität und vor allem ambitionierte stetige Wandlungsbereitschaft.

Große Worte? – Nein: Tatsachen, die ich während meiner langjährigen Tätigkeit in verschiedenen Führungspositionen erfahren durfte. Sei es nun zu Beginn meiner Karriere als ‚kleine' Produktmanagerin nach dem Studium, oder später als GmbH-Geschäftsführerin oder Vorstand in Aktiengesellschaften. Und glauben Sie mir: Es war nicht immer einfach, dennoch bin ich froh, mir immer Integrität und Loyalität bewahrt und meine Mitarbeiter nach diesem Vorbild geführt zu haben, und ich werde dies auch künftig beibehalten.

MEINE ERFOLGSFORMEL

   PERSÖNLICHE ÜBERZEUGUNG
+ WERTSCHÄTZUNG
+ KOOPERATION -
   SELBSTVERLEUGNUNG -
   PERFEKTIONISMUS
_____

= ERFOLG

Weichen stellen
Petra Exner

Bringen Sie die PS auf die Strasse.
Einer der wichtigsten Faktoren für den Erfolg im Beruf, im Alltag, aber auch im Privaten, lautet für mich: Fokussierung! Sich auf eine Sache zu konzentrieren und diese dann stringent zu planen und auf den Weg zu bringen. Denn das unterscheidet Macher von Visionären.

Um voran zu kommen, braucht man beide: Stellen wir uns den innovativen Geist des Visionärs als Auto mit einem leistungsstarken Motor vor. Um ein Ziel tatsächlich zu erreichen, wird allerdings noch eine Person benötigt, die die richtigen Gänge einlegt. Johann Wolfgang von Goethe hat es wunderbar zusammengefasst: *Wenn man etwas voran bringen will, muss man sich knapp zusammennehmen und sich wenig um das kümmern, was andere tun.*

Die Grundlage einer erfolgreichen Vision ist ein Gespür für das Bestehende. Um das zu entwickeln, ist eine aktive Beteiligung an Prozessen im Unternehmen unabdingbar. Ein Macher erkennt, was sein Team umsetzen kann und entscheidet sich für Maßnahmen, die das Unternehmen voranbringen ohne es zu überfordern. Wer unkontrolliert Gas gibt, riskiert durchdrehende Reifen und ein Abkommen vom Weg. In solchen Fällen ist Sensibilität gefragt, um die PS auf die Straße zu bringen. Es gilt, visionäre Ideen Schritt für Schritt in konkrete Maßnahmen zu übertragen, um das Unternehmen erfolgreich zur Innovation zu führen.

Gespür wird auch für die Entscheidung benötigt, welche Ideen Potenzial mitbringen. Der Macher ist sich bewusst, dass eine Idee erst in ihrer Umsetzung von Wert ist. Aus diesem Grund fokussiert er seine Energie darauf, die Idee zu verwirklichen, die er für vielversprechend hält. Dieses Bewusstsein, dass der Weg von der Idee zu ihrer Verwirklichung keine logische Folge ist, schafft die Voraussetzung für eine gute Planung im Vorfeld. Wie kann ich mein Konzept durchsetzen? Welche Fallstricke und Hindernisse muss ich bedenken? Wie kann ich das Projekt so umsetzen, dass die Innovation am Markt Erfolg hat? Denn die meisten Ideen scheitern bereits in den Kinderschuhen.

Die Schwierigkeiten der Implementierung von neuen Ideen sind Ihnen wahrscheinlich ebenso vertraut, wie die Relevanz von Innovationen für eine erfolgreiche Unternehmung. Es ist ein großer Verlust, dass die meisten Ideen an Widerständen scheitern, noch bevor sie auf den Weg gebracht wurden. Dabei denke ich beispielsweise an Brainstorming-Meetings, die innovative Vorschläge direkt auseinandernehmen.

Dass wir es immer mit Menschen zu tun haben, die wir für unser Vorhaben gewinnen müssen, macht die Arbeit so unberechenbar wie spannend. Das Neue ist manchmal ein Störenfried. Es katapultiert unternehmerische Strukturen aus der Komfortzone ins Unbekannte, erfordert ein Umdenken und die Akzeptanz für Veränderungen. Menschen erhalten ein Gefühl von Sicherheit, wenn sie sich in bekannten Strukturen bewegen. Sie wollen ausschließen, dass eine Innovation zu sehr in ihr Leben eingreift und suchen nach dem Haken. In diesem Fall braucht es viel Energie und Durchsetzungskraft gegen Anfeindungen und Zweifler. Mit anderen Worten, es braucht eine Fokussierung!

Präzise Einstellung

Die Fokussierung, auch bekannt als Scharfstellung oder Entfernungseinstellung, ist eine Technik, die häufig als nicht weiter beachtenswert angesehen wird. Dennoch zeigt die Praxis, dass man gerade in diesem Bereich seine Gestaltungsmöglichkeiten auch ohne tiefgehendes Wissen deutlich verbessern kann.

Da sich nur wenige Menschen Gedanken darüber machen, worauf die Linse ihrer Kamera scharf stellen soll, entwickeln Hersteller immer neue Techniken. So erkennt sie heute selbst, welchen Bereich des Bildes sie in den Fokus nehmen muss. Eine dieser Techniken ist die Gesichtserkennungstechnik. Wenn ein Gesicht Teil eines Bildes ist, geht der Konstrukteur davon aus, dass es mit hoher Wahrscheinlichkeit das Hauptmotiv sein wird und die Linse dieses möglichst scharf abbilden muss. Erst wenn Sie ungewöhnliche Motive im Sinn haben und beispielsweise ein Gesicht als unscharfen Vordergrund vor einer scharfen Umgebung abbilden möchten, sind die Grenzen dieser Automatik erreicht. Dann sollten Sie sich mit den verschiedenen Fokustechniken Ihrer Kamera auseinandersetzen.

Wie beim Fotografieren nehmen auch wir gelegentlich unbewusst Dinge in unseren Fokus. Im Alltag haben wir Techniken entwickelt, intuitiv Dinge zu priorisieren, um unsere Ziele exakt zu treffen. Fotografen haben inzwischen die Möglichkeit Bildbearbeitungsprogramme zu nutzen, um Fehler in der Voreinstellung zu beheben. Und auch wir können zwar in der Not, den Verlauf unserer Projekte im Nachhinein anpassen. Die sicherste und auch die effizienteste Variante ist jedoch, das Ziel von Anfang an genau zu fokussieren.

Das Wesen des Menschen wird bestimmt durch seine Möglichkeit zur Selbstbestimmung. Dabei geht es nicht um Glück, Zufall oder Schicksal, sondern darum das Lenkrad selbst in die Hand zu nehmen. Wenn man sich immer wieder schnell für Neues begeistern lässt und es postwendend umsetzen will, besteht die Gefahr in keinem der Projekte das Optimum zu erreichen. Ich vergleiche das mit einem unscharfen Foto, auf dem der Fokus nicht richtig gesetzt wurde. Vor allem im Zeitalter der digitalen Beschleunigung, in dem permanente Verfügbarkeit die Regel ist, kann die Fokussierung auf ein Ziel zur Herausforderung werden. Trotz der Linearität unserer Zeit arbeiten wir simultan an mehreren Projekten. Egal was wir tun, wir tun es fast nie ausschließlich. Selbst in wichtigen Meetings, checken wir regelmäßig das Smartphone, um keine wichtige Nachricht zu verpassen. Diese Alles-überall-und-bitte-sofort-Mentalität, lässt uns zu Strategien greifen wie Power-Napping, Fast-Food oder Speed-Dating. Was uns eigentlich dabei helfen soll, möglichst viel in möglichst kurzer Zeit zu erledigen, führt jedoch selten zu einer Zeitersparnis. Stattdessen haben wir das Gefühl, dass unsere Zeit für die steigende Anzahl sich eröffnender Möglichkeiten nicht ausreicht. Wie kann es mit gutem Zeitmanagement gelingen, einen Zuwachs an Produktivität durch dieses Gleichzeitigkeitsprinzip zu gewinnen, ohne den Fokus für das Wesentliche zu verlieren?

Der Fokus auf das Wesentliche – Zeitmanagement

Zu erkennen, wo der eigene Fokus liegt, ist für mich die Grundlage des Zeitmanagements. Nur wer die eigenen Ziele kennt, kann sich darum bemühen, sie zu erreichen. Das größte Hindernis der Fokussierung ist die Trägheit. Selbst wenn Sie im Moment günstige Umstände vorfinden, in Ihrem Berufsfeld, Ihrem Unternehmen, Ihrer Abteilung oder in Ihrem konkreten Projekt. Sie verfügen über einen günstigen Zeitrahmen, haben alle nötigen Vorbereitungen getroffen, Ihr Team ist motiviert und jeder weiß, was er zu tun hat. Sie haben das Gefühl, jetzt kann nichts mehr schiefgehen! Das ist ein gutes Gefühl. Es steckt voller Kraft und Energie. Die Ausgangsposition für eine erfolgreiche Arbeit ist geschaffen. Jetzt müssen Sie allerdings auch wirklich loslegen, um das Projekt nicht zu gefährden. Aus Gründen, die den Kalender plötzlich über den Haufen werfen, und die jeder schon mal erlebt hat: unter Umständen erkrankt ein Teammitglied oder der Endtermin wird vorgezogen oder die Rahmenbedingungen werden kurzfristig geändert. Fokussierte Menschen vermeiden Trägheit in ruhigen Zeiten, um Stress am Abgabetag zu verhindern. Wenn Sie es gewohnt sind, kontinuierlich ausdauernd zu arbeiten, wird Ihnen der nächste Projektschritt leichter fallen. Der nächste Schritt, der Ihren Erfolg sichert.

Konkret sind mir für die Umsetzung Ihrer Projekte folgende drei Punkte wichtig:

Planen
Der Büroschluss naht. Sie haben einen langen Tag hinter sich, waren produktiv und sind mit sich zufrieden. Nun freuen Sie sich auf den Feierabend. Doch eines ist noch zu tun: Planen Sie bereits jetzt, was Sie am nächsten Morgen in Angriff nehmen wollen. Und dabei ist ganz wichtig: Halten Sie die Punkte schriftlich fest. Denn nur was Sie notiert haben, ist aus dem Kopf. Dadurch können Sie Ihren Heimweg entspannter antreten und besser abschalten.

Priorisieren
Lernen Sie zu priorisieren. Sie werden niemals alles gleichzeitig bewältigen können, also müssen Sie bewerten, was es wann zu tun gilt. Wenn wir den Drang verspüren, alles sofort erledigen zu wollen, und die Erwartungshaltung der Empfänger uns unter Druck setzt, neigen wir dazu, uns zu verzetteln. Wirken Sie dem aktiv entgegen: Überführen Sie alles, was auf Ihrem Schreibtisch landet, direkt in Ihre Prioritätenliste und versehen Sie die aufgelisteten Aufgaben mit einem Termin. Wenn Sie dabei merken, dass Sie eine wichtige Frist nicht einhalten können, delegieren Sie frühzeitig.

Puffern

Berücksichtigen Sie bei Ihrer Planung, dass immer etwas Unvorhergesehenes geschehen kann. Deshalb verplanen Sie den Tag nie komplett. Lassen Sie ein Drittel Pufferzeit übrig, in der Sie Aufgaben mit einer niedrigen Priorität erledigen. Diese können Sie im Notfall nach hinten verschieben, wenn Sie mehr Zeit für ein wichtiges Projekt benötigen.

Darüber hinaus ist es ein ganz einfach umzusetzender Tipp, sich für einige Stunden unsichtbar zu machen und die Gedanken ohne Ablenkung nur auf ein Thema zu richten. Auf diese Weise steigern Sie die Effizienz der Beschäftigung mit Ihrem wichtigen Projekt. Wenn Sie sich die Zeit nehmen, Ihr Vorhaben ohne Ablenkung und Druck zu durchdenken, verschaffen Sie sich den Überblick, den Sie für Ihren Zeitplan benötigen. Darüber hinaus werden Sie feststellen, dass die Welt nicht aufgehört hat sich zu drehen, wenn Sie sich der ständigen Erreichbarkeit entziehen und dass auch wichtige Nachrichten einige Stunden warten können.

Und ganz wichtig: Nutzen Sie diese Auszeiten nicht nur, um konzentriert und fokussiert zu arbeiten, sondern nehmen Sie sich auch die Zeit in sich zu gehen. Man muss ja nicht gleich meditieren, aber die Selbstreflextion ist vielen von uns abhanden gekommen. Auch wenn wir regelmäßig etwas zu diesem Thema lesen, darüber diskutieren und mit dem Kopf nicken. - Ja, das ist wichtig. Ich weiß es! - Darüber zu reden ist nur der erste Schritt. Gehen Sie den Zweiten: Schaffen Sie sich jeden Tag eine kleine Auszeit, in der Sie nur Ihre Gedanken kreisen lassen.

Wir neigen dazu, unseren Tag mit Tätigkeiten zu füllen, die sich zum Ritual entwickelt haben. Unbemerkt rauben sie uns mal hier eine Viertelstunde und da mal eine Stunde. Gehen Sie aktiv dagegen an: Morgens beim Kaffee einmal nicht die Zeitung zur Hand nehmen und das Smartphone ausschalten; nach dem Mittagessen eine kleine Runde um das Bürogebäude spazieren, allein und ohne Smalltalk mit den Kollegen; oder nehmen Sie die Tagesschau beim Namen und blicken Sie abends auf Ihren persönlichen Tag zurück, statt nur in die Bildröhre.

Nutzen Sie stattdessen die älteste bekannte Methode des Ausgleichs: den Sport. Körperliche Betätigung führt einerseits dazu, dass Stresshormone schneller abgebaut werden. Eine regelmäßige Aktivität hat aber auch zur Folge, dass man in Stress-Situationen besser mit diesen Belastungen umgehen kann. Viel Arbeit ist an sich ja zunächst einmal nichts Negatives und muss sich nicht unbedingt als Stressfaktor auswirken. Wird die Anspannung jedoch zur Dauerbelastung, gefährdet dies unsere Gesundheit, weil der Körper selbst in Erholungsphasen nur noch schwer zur Ruhe kommt. Sport ist in meinen Augen ein sehr effektives Mittel, um dem abzuhelfen. Ich liebe es, meinen Urlaub nicht faul in der Sonne herumliegend zu verbringen, sondern aktiv auf der Skipiste! Auch meine beiden anderen favorisierten Sportarten, das Tennis und Golfen, kann ich mit der Bewegung an der frischen Luft verknüpfen. Zusätzlich freue ich mich zwei bis drei Mal pro Woche nach Büroschluss auf den Gang ins Fitnessstudio, wo mir die Geräte, vornehmlich das Laufband, helfen, den Kopf wieder frei zu bekommen.

Sport kann zwar den Ärger am Arbeitsplatz nicht reduzieren. Dennoch sorgt regelmäßige Bewegung dafür, dass die gesundheitsschädigenden Effekte der Belastung abgefedert werden: Der Körper nimmt die sportliche Betätigung quasi auch als eine Art Stress wahr und stellt sich nicht nur körperlich, sondern auch psychisch darauf ein. Und so lernen wir Menschen durch den Sport, ganzheitlich besser mit Stress umzugehen.

Der langfristige Fokus - Projektmanagement

Der Wunsch, ein bestimmtes Projekt anzugehen, ist der Beginn unseres Erfolgs. Ohne einen Schritt in die Welt geht es nicht. Und der bringt natürlich auch die Gefahr des Misserfolgs mit sich. Aus diesem Grund sollten Sie nicht blauäugig und unkalkuliert in Ihr Projekt starten. In der Regel ist es eine Herausforderung, die Wirkungszusammenhänge unserer eigenen und unserer vorgegebenen Ziele glasklar zu erkennen. Es gilt anhand bestimmter Kriterien zu prüfen, wie die Realisierung für uns lohnenswert ist.

Durch eine gute Analyse sichern wir unser Vorhaben schon im Vorfeld so gut es geht ab. Nach der Entscheidung sollten wir die Umsetzung mit einem Controlling begleiten: War unsere Eingangsanalyse korrekt? An welchen Stellschrauben muss noch etwas gedreht werden, bevor wir den nächsten Schritt angehen?

Wichtig ist ein offener Blick für mögliche Risiken. Gibt es potenzielle Hürden auf dem Weg? Damit Sie hier den Überblick behalten, empfehle ich: Machen Sie sich eine Checkliste für die kritischen Punkte Ihres Projekts.

Wenn Sie potenzielle Probleme identifiziert haben, geht es an deren Bewertung und ihre Steuerung: Bestimmen Sie die Wahrscheinlichkeit und die möglichen Auswirkungen ihres Auftretens. Kann ein Hindernis Ihr Projekt zum Scheitern bringen? Wie können Sie die Eintrittswahrscheinlichkeit im Vorfeld minimieren?

Zu dieser Bewertung können Sie auf unterstützendes Datenmaterial zurückgreifen. Das kann eine mühselige Vorarbeit sein – wo Sie doch endlich starten wollen, der Motor schon röhrt... Mit Hilfe von Nutzwertanalysen und anderen quantitativen Methoden können Sie jedoch potenzielle Risiken besser berechnen. Um zu meinem Beispiel zurückzukommen: So stellen Sie sicher, dass Sie Ihre Leistung auf die Straße bringen und keine Energie verschwenden.

Um zu bewerten, wie mit den identifizierten und bewerteten Risiken umgegangen werden sollte, können Sie auch qualitative Methoden nutzen. Diese basieren auf Ihrem persönlichen Erfahrungsschatz. Überlegen Sie, ob Ihnen vergleichbare Schwierigkeiten in der Vergangenheit begegnet sind, was Sie aus Problemen gelernt haben oder wie Sie es geschafft haben, diese zu umgehen.

Wenn Sie die Wirkung Ihrer Steuerungsmaßnahmen im Blick haben, können Sie auf Kontinuität bauen.

Mein Fokus

Im Jahr 2000 begann ich meine Tätigkeit bei dem Start-up Unternehmen INSIGHT Health. Damals haben wir mit fünf Mitarbeitern angefangen, heute trage ich als Geschäftsführerin die Verantwortung für über 200 Kunden und fast 100 Mitarbeiter. Für den Arbeitsalltag unseres Unternehmens ist der richtige Fokus entscheidend und bestimmt die Zusammenarbeit mit unseren Geschäftspartnern. Unsere Analysen liefern unseren Kunden Planungs- und Entscheidungsgrundlagen.

Bei INSIGHT Health gebe ich meinen Kunden die Einblicke, die sie für Ihre Planung brauchen und unterstütze sie dabei, ihren Fokus richtig zu setzen. Ihnen dient unsere Datenbasis als Grundlage für die Planung und erfolgreiche Umsetzung ihrer Projekte.

Unser Unternehmen im Markt durchzusetzen war für das Team eine besondere Herausforderung. Da wir in direkter Konkurrenz zu einem im Markt etablierten Unternehmen standen, das sein Monopol verteidigen wollte, waren wir gezwungen viele Hürden taktisch klug zu meistern.

Das als nicht immer einfach zu bezeichnen, käme schon fast einem Euphemismus gleich. Ich habe mich in den ersten Jahren häufig gefragt, ob ich mit dem Wechsel in dieses Start-up-Unternehmen die richtige Entscheidung getroffen habe. Heute weiß ich, dass dem so war, denn ich konnte als Gestalterin agieren. Die dazu notwendige Ausdauer und Geduld habe ich zum Teil mitgebracht. Dank der Eigenschaften Durchhaltevermögen und Fokussierung ist es mir gelungen, mich in den seinerzeit noch fehlenden Strukturen nicht zu verzetteln, sondern diese zu gestalten. Als Macher wurde ich gebraucht. Der Eigentümer und Visionär der Firma brachte ein außerordentliches Charisma mit und war schon immer ein großer Ideenentwickler und Motivator. Der Typ also, den man braucht, um ein derartiges Projekt auf die Beine zu stellen. Daneben brauchte es aber auch Mitarbeiter, die den Motor nicht nur aufheulen lassen, sondern die richtigen Gänge einlegen, um die PS auf den Boden zu bringen. Aus diesem Teamwork entstand eine erfolgreiche Zusammenarbeit zwischen Visionär und Macher. Wir haben es geschafft, uns in einem seinerzeit monopolisierten Markt erfolgreich durchzusetzen.

Wenn ich heute auf meine berufliche Karriere zurückblicke, sehe ich, dass sich mein Erfolg vor allem auf:

- die Erkenntnis, welche Ideen Potenzial zur Umsetzung haben und
- wie meine Energie zielgerichtet eingesetzt werden kann, sowie
- einen durchdachten Organisationsaufbau und
- ein gutes Zeitmanagement

zurückführen lässt.

Im Projektverlauf müssen diese Voreinstellungen ständig überprüft und nachgestellt werden. Dann können Sie Ihr Projekt mit ausdauernden Arbeiten auf den Weg bringen. Die Stärke der Macher ist es Visionen zu realisieren. Sie kennen ihre Ziele und legen die richtigen Gänge ein, um sie zu erreichen. Diesen Eigenschaften verdanke ich meinen Erfolg.

MEINE ERFOLGSFORMEL

    IDEEN ENTWICKELN
+ FOKUSSIERUNG
+ DURCHDACHTE UMSETZUNG
_____

= ERFOLG

Hindernisse bezwingen
Ingrid Blumenthal

Halten Sie durch, aber harren Sie niemals aus.
„Ich war sehr zielorientiert, hatte den absoluten Willen zum Erfolg und eine unglaubliche Energie. Gegenüber anderen wirkte ich weniger verschlissen und hatte grosse Lust auf Neues. Ich habe vieles gar nicht in Frage gestellt und mir einfach nur zugetraut."

Das antwortete ich einmal in einem Interview auf die Frage, wie ich den Wiedereinstieg in den Beruf und damit nach meiner Familienauszeit in meine nachhaltige Karriere, bewerkstelligt habe. Dieser starke innere Antrieb, den ich in den beruflichen Alltag mit- und einbrachte, war für mich der Kern meines Anspruchs an mich selbst. Den ich nicht mal mit Leistungsorientierung beschreiben würde, sondern viel eher mit einem großen Leistungsbedürfnis. Und das wiederum fußt auf meiner Beharrlichkeit, meine Aufgaben mit festem Willen anzugehen.

„Man muss jedem Hindernis Geduld, Beharrlichkeit und eine sanfte Stimme entgegenstellen", sagte Thomas Jefferson. Wenn ich meine Führungserfahrung Revue passieren lasse, so ist diese durch eines ganz bestimmt gekennzeichnet: permanente Hindernisse.

Ich vergleiche insofern das Thema Führung gerne mit Leistungssport, der gut gelingt, wenn sich Pflicht und Kür sinnvoll miteinander verknüpfen. Im Hochleistungssport wird einem alles abverlangt. Auf der einen Seite stehen die Hindernissen in Form von Konflikten und Krisen, auf der anderen Seite die Erfolge. All dem könnte man ja aus dem Weg gehen. Wenn es allerdings gilt, diese zu bezwingen, dann sind Geduld und Beharrlichkeit unabdingbar. Ich entscheide mich oft dafür, Hindernisse aus dem Weg zu räumen.

Wenn es hilfreich für mein Team ist, definiere ich mit einem externen Coach die Aufgabe und binde diesen bei der Konfliktbewältigung aktiv ein. Führungskräfte sollten aus dem überzogenen Ehrgeiz, alles selbst leisten zu wollen, Spezialisten nicht scheuen, die ihren Erfahrungsschatz zielführend einbringen können. Trotzdem sollte dieser Weg eher die Ausnahme bleiben, denn meist lassen sich Hindernisse durch gezielte Kommunikation intern lösen. Hier kommt es immer darauf an, den richtigen Ton zu treffen und hilfreich und ohne Gesichtsverlust für beide Seiten zu argumentieren.

„Geduld und eine sanfte Stimme" sind dabei in meinem beruflichen Alltag durchaus häufig wörtlich zu nehmen, aber auch in übertragenem Sinne, wenn es darum geht, der Beharrlichkeit in die Steigbügel zu helfen. Denn auch ich bin nur ein Mensch, dessen Nerven schon mal blank liegen können. Dann macht es Sinn, ganz besonders zu sich selbst nicht zu streng zu sein, sondern der Sanftheit der inneren Stimme Gehör zu schenken. Die erdet und gleichzeitig wieder die Energie gibt, um mit klarem und scharfen Blick zu entscheiden, was es lohnt fort- und teilweise durchzusetzen.

Herauszufinden, ob ich auch wirklich davon überzeugt bin und wie und ob meine Pläne in den Plan des Unternehmens passen. Auch gegen eigene oder anderer Mitarbeiter Widerstände. Oder wann es an der Zeit ist zu erkennen, dass ich den ganz falschen Weg gehe.

Bevor Sie beharrlich sind, allein um der Beharrlichkeit willen – nehmen Sie auch einmal in Kauf, ein Stück des Weges „zu Fuß" wieder zurückgehen zu müssen. Denn was wäre die Alternative? Ein „totes Pferd" weiter zu reiten?

Vor kurzem las ich dazu eine Zusammenstellung, die mich amüsierte und die ich gerne mit Ihnen teilen möchte. Denn dieses „Pferdebild" ist sehr ausbaufähig und so hat das Internet für derartige Situationen zahlreiche „erfolgsorientierte Strategien und zielführende Methoden" entwickelt und gesammelt, um dem (toten) Pferd doch weiter die Sporen zu geben:

- Wir beauftragen eine renommierte Beratungsfirma mit einem Gutachten, ob es billigere und leistungsfähigere tote Pferde gibt.
- Das Gutachten stellt fest, dass das tote Pferd kein Futter benötigt und empfiehlt, nur noch tote Pferde zu verwenden.
- Wir ändern die Kriterien, die besagen, ob ein Pferd tot ist.
- Wir erklären: „Wenn man das tote Pferd schon nicht reiten kann, dann kann es doch wenigstens eine Kutsche ziehen."
- Wir verdoppeln die Futterration für das tote Pferd.
- Wir wechseln den Pferdelieferanten.
- Wir wechseln den Futterlieferanten.
- Wir erstellen eine Power-Point-Präsentation, um zu zeigen, was das Pferd könnte, wenn es denn nicht tot wäre.
- Wir töten alle lebendigen Pferde, um die Chancen unseres toten Pferdes zu erhöhen.
- Wir erklären, dass ein totes Pferd von Anfang an unser Ziel war.

Und so geht es in munterer Auflistung schier unendlich weiter :-)

Doch diese kleine Liste dürfte bereits deutlich machen, worauf die Priorität liegen sollte: Dickköpfigkeit? Sturheit? Unbeirrbarkeit? Nein – es braucht Entschlusskraft, mit dem klaren Blick für mögliche Hindernisse, und wie es die zu überwinden gilt; außerdem die persönliche Priorisierung und ein möglichst optimistisches Umfeld.

Hürden für die weibliche Führungskraft

Für Frauen beginnt der Weg der Widerstände häufig schon lange vor dem Führen eines ersten Projektes. Denn für Mütter ist der Wiedereinstieg in den Beruf noch immer mit zahlreichen Schwierigkeiten verbunden. Der Aufstieg in die Führungsetagen bleibt vielen von ihnen verschlossen oder der Weg dorthin ist mit kantigen Steinen gepflastert.

Doch interessanter- oder glücklicherweise fokussieren sich Studierende und Berufseinsteiger heute oft schon zu Beginn einer möglichen beruflichen Karriere auf die bessere

Vereinbarkeit von Beruf und Familie. Wir leben in einer Zeit des Wandels.

Das westliche Bildungssystem ist zwar immer noch auf die Vermittlung sprachlicher, naturwissenschaftlicher, technischer und literarischer Inhalte ausgerichtet. Die Schulung von Kreativität, sozialer Kompetenz oder Teamarbeit sind – falls sie überhaupt behandelt werden – daneben zweitrangig. Die Folgen können mangelnde Kommunikationsfähigkeit bis hin zu fehlender sozialer Kompetenz sein. Das Abitur gibt nun mal kein Reifezeugnis darüber ab, wie ich zwischenmenschlichen Umgang pflege. Viele Jahrzehnte lag der Fokus auf der rein fachlichen Ebene.

Doch befinden wir uns nun in einer Zeit der Umorientierung, die schon seit Längerem in die Arbeitswelt hineinragt. Der Mensch sucht nach Ausgewogenheit zwischen Arbeits- und Privatleben. Und deshalb muss man die Menschen heute anders abholen und führen, um eine hohe Produktivität zu erreichen. Die ganzheitliche Wahrnehmung der Optimierung menschlicher Arbeitskraft, führt in eine bessere Methodenkompetenz am Arbeitsplatz. Außerdem zu intelligenten Konzepten zur Personalgewinnung und der Mitarbeitermotivation. Dies schlägt sich wiederum in einer guten Mitarbeiterbindung nieder. Eine gelungene Balance zwischen Arbeit und Privatleben, geht heute schon weit über die klassischen Ansätze der Vereinbarkeit von Familie und Beruf hinaus. Neue Arbeitszeitmodelle unterstützen den Wunsch sehr viel besser, Arbeit und Familie in den Alltag integrieren zu können; Serviceleistungen für Familien, wie zum Beispiel die Unterstützung bei der Kinderbetreuung, bei der Betreuung pflegebedürftiger Familienmitglieder oder der Berufsunterstützung für Partner, sind mittlerweile wertvolle Strategiemittel, um an wichtige Fachkompetenz zu kommen. Der demografische Wandel in Deutschland hilft diesbezüglich vielen bislang ewig Gestrigen auf die Beine.

Das heißt: Der Start in eine Karriere für Frauen und der berufliche Wiedereinstieg nach der Familienpause ist nicht leicht, aber möglich. Die Chancen, die die Realisierung birgt, kommen den Frauen selbst, ihren Familien und der Gesellschaft zugute. Auch wenn wir manchmal anerkennend in europäische Vorzeige-Länder schielen: In Deutschland lässt sich mit Beharrlichkeit und Mut eine neue Unternehmenskultur schaffen, in der Frauen in Führungsetagen so selbstverständlich sind wie Männer.

Meine eigene Familienauszeit habe ich genossen. Der Wiedereinstieg in den Beruf stand für mich jedoch immer außer Frage, da ich große Lust auf etwas Neues hatte, das mich herausfordern und meinen persönlichen und fachlichen Erfahrungen Raum geben würde. Angetrieben von meinem bereits erwähnten ausgeprägten Leistungsbedürfnis, stellte ich mich entschlossen und beharrlich neuen Aufgaben. Das Wichtigste: Ich verspürte wachsendes Interesse auf diese Herausforderungen und engagierte mich leidenschaftlich für das Arbeiten mit unterschiedlichen Teams. Ich lernte jeden Tag hinzu und gewann mehr Sicherheit darin Verantwortung zu übernehmen. In meiner Zeit im Vertrieb habe ich beispielsweise gelernt was es bedeutet, sich selbst und anderen hohe Ziele zu setzen. Hier habe ich die Fähigkeit erworben, Herausforderungen frühzeitig zu erkennen und beharrlich für die Realisierung von Zielen für alle Beteiligten zu arbeiten. Aufgeben passt nicht zu mir! In dieser Zeit wuchs mein Selbstvertrauen und verbesserten sich meine Kenntnisse über das was mich und andere motiviert.

Angstfreie Teams geben der Kreativität Raum

Menschen bringen alle ihre unterschiedlichen Lebensmotivationen mit. Und so ergeben sich beim Arbeiten in Teams auch immer wieder unterschiedliche Ausgangsvoraussetzungen. Während die Projektarbeit in homogenen Teams harmonisch abläuft, kann die Arbeit in heterogenen Teams anstrengender sein. Trotzdem gibt es eine Reihe von Vorteilen. So werden in derartigen Projekten mehr Optionen berücksichtigt, das Denken ist vielschichtiger und die Vielfalt der kreativen Lösungen größer. Wer in und mit diesen Teams arbeitet, sollte Unterschiede der Zusammensetzung ansprechen, diese gegenseitig akzeptieren und den Nutzen als Vorteil betrachten.

Gerät ein Projekt jedoch in eine Krise, braucht es natürlich einen klaren Kopf und einen scharfen Verstand. Ein starkes Team, das eine Vision gemeinsam trägt und an den Erfolg glaubt, übersteht Krisen vergleichsweise leichtfüßig.

In mutlosen Unternehmensstrukturen gehen sowohl die Chancen für Innovationen gegen Null, und die Krisenintervention wird schwieriger. Denn das Gegenteil von Beharrlichkeit ist die Mutlosigkeit. Wenn ein Team nicht an den Erfolg glaubt, dann ist das Scheitern schon fast vorprogrammiert. Die Grundstimmung: Es hat ja eh keinen Zweck – wozu also sollte ich mich weiter plagen! ist durch und durch destruktiv. Der Weg, aus mutlosen Teams beharrliche werden zu lassen, muss deshalb darüber führen, angstfreie Organisationen zu schaffen. Unternehmen, in denen niemand Angst vor dem Versagen haben muss. Und dazu gehört natürlich die Voraussetzung, dass der Stuhl des Mitarbeiters nicht ständig in unmittelbarer Gefahr ist und er sich nicht wie auf einem Katapult fühlt. Egal ob durch die Führungsebene, oder das Gefühl, dass sich die Teams oder Teammitglieder gegenseitig versuchen, ein Bein zu stellen.

Um das zu erreichen, braucht es keinen gleichgeschalteten Chor mit den Mitarbeitern. Doch ist der wertfreie Dialog extrem wichtig. Genauso wichtig, wie die Organisation insgesamt mit der Dimension des Vorhabens nicht zu überfordern. Man kann auch langfristige Projekte so konzipieren, dass sich rasch erste Erfolge einstellen. Die Zerlegung in Teilschritte ermöglicht es ein Bewusstsein für das zu schaffen, was man schon erreicht hat, aber auch vielleicht notwendige Zäsuren, Anpassungen und Korrekturen vorzunehmen.

Mit diesen sogenannten „Quick Wins", also ersten schnell zu erreichenden Teilergebnissen, vergrößern Sie das Vertrauen in die eingeschlagene Richtung und in den gesamten Erfolg des Projektes. Dabei geht es nicht darum Euphorie zu schüren, sondern darum Erfolge ins Blickfeld zu rücken.

Was in der Wissenschaft und in großen Wirtschaftsunternehmen zu bahnbrechenden Innovationen auf dem Weltmarkt führt, sollte uns Vorbild sein. Wenn Teams erfolgreich arbeiten sollen, brauchen sie kreative Freiräume und die Chance aus Fehlern lernen zu dürfen. Bedenken weichen dann Ideen, Scheitern weicht konkreten Lösungsansätzen. Der Wille, das Ziel zu erreichen, schmiedet das Team fester zusammen.

Für die deutschen Fußballnationalmannschaften wäre ein mutloses Szenario übrigens unvorstellbar. Würden die Spieler in ein Länderspiel mit der Motivation des Scheiterns gehen, dann wäre der mentale Anker dafür gesetzt, das Ergebnis vor Spielbeginn vorprogrammiert. Und es brauchte sehr viel mehr Krafteinsatz, um dem entgegenzuwirken. Deshalb läuft es da genau umgekehrt: Auch wenn die gegnerische Mannschaft als Favorit eingestuft wird, konzentrieren sich beide Mannschaften einzig auf das Gewinnen.

Schaffen Sie sich Gewohnheiten

Wenn Sie grundsätzlich davon überzeugt sind, dass die Beharrlichkeit einen größeren Stellenwert in Ihrem Leben einnehmen sollte, weil Sie vielleicht bislang Ihre Ziele gar nicht oder nicht effizient genug erreicht haben, dann bauen Sie sich Brücken. Optimierte Arbeits- und Projektabläufe helfen dabei, sich selbst im Arbeitsprozess zu strukturieren.

Schaffen Sie sich Gewohnheiten, die Ihnen in Fleisch und Blut übergehen. Machen Sie Dinge, die Ihnen schwer fallen, bewusst immer zur gleichen Zeit. So entstehen positive Abhängigkeiten. Unangenehme Aufgaben schiebt jeder Mensch gerne vor sich her. Wer Unangenehmes aber offensiv angeht und sich hier Rituale schafft, der bleibt entspannter. Erobern Sie also ganz genau jene Abläufe, die Sie momentan immer wieder nach hinten schieben, die Ihnen lästig sind, ja, vor denen Sie sich sogar scheuen, indem Sie sie offensiv angehen. Und zwar immer zur gleichen Zeit. In der Regelmäßigkeit liegt die Krux. Die können Sie, je nach Beispiel wochen-, tage- oder stundenweise anlegen. Wichtig ist weniger der Abstand, denn die Regelmäßigkeit der Taktung. Nur sollten

Sie natürlich realistisch bleiben – wenn Sie beispielsweise ungern Akquisitionstelefonate führen, dann bringt Sie das Vorhaben, immer am Monatsersten um 10 Uhr zwei Telefonate zu führen, nicht wirklich vom Fleck ... Da sollten Sie etwas forscher herangehen. Geht es aber beispielsweise um Teamsitzungen, die das langfristige Management beinhalten, so kann dies einmal im Monat oder sogar im Quartal genügen. Ja, sogar dieser lange Abstand kann sich positiv auswirken. Wichtig ist, dass der Termin regelmäßig angesetzt wird. So wissen Sie immer frühzeitig, wann Sie was für wann vorzubereiten haben. Das gibt Sicherheit! Nicht nur Ihnen, sondern vor allem Ihren Mitarbeitern des Teams, denn die haben damit auch ein sinnvolles Gerüst für auflaufende Fragen und anstehende Kontroversen.

Doch bei allen Tipps, wichtig ist zuallererst Ihre Zufriedenheit mit Ihrem jeweiligen Arbeitsplatz. Haben Sie das Gefühl ihn oder sich permanent optimieren zu müssen, um zufrieden und produktiv zu sein, sollten Sie ihn auf den Prüfstand stellen. Eine optimistische Grundstimmung in einem Unternehmen ist innen und außen fühlbar. Nicht jeder kann sich ein Team oder einen Geschäftsführer aussuchen. Aber wer gerne und leidenschaftlich für „sein" Unternehmen arbeitet, prägt diese Grundstimmung mit. Wer beharrlich Ignoranten und Bedenkenträger meidet, gehört zu den Visionären und Menschen mit Innovationsgeist. Diese Wahl trifft jedoch jeder für sich allein.

Beharrlich eigene Wege gehen

Im Wirtschaftsleben werden Erfolge immer an monetären Ergebnissen gemessen. In sozialen Systemen ist es jedoch nie nur eine Frage objektiver Sachlagen, was ein Erfolg ist und was nicht. Dabei geht es immer auch um die unterschiedlichen Wahrnehmungs- und Bewertungsmuster. Ein Erfolg ist, was von den Beteiligten als Erfolg bewertet wird. In mutigen Organisationen werden Leistungen und Ergebnisse, die es verdient haben, als Erfolge wahrgenommen zu werden, auch als solche gewürdigt und gefeiert. Sie bringen das Team, die Organisation und das Ergebnis des Unternehmens nach vorne.

Ich habe die Erfahrung gemacht, dass Frauen Erfolge anders feiern als Männer. Frauen führen auch anders als Männer. Wer in seinem Team den kompetentesten Mitstreitern Raum gibt, macht sich selbst und das Team stark. Wer Inkompetenz um sich schart, will nur seine Macht sichern. Aus meiner Erfahrung entsteht aus der Verbindung von häufig als männlich-rational und weiblich-intuitiv bezeichneten Eigenschaften wirklich Erfolgreiches. Bei ALIUD PHARMA GmbH ist dies bereits gelebte Praxis.

Als ich in die dortige Geschäftsleitung berufen wurde, stand ich - aufgrund des rabattvertragsgeregelten Generikamarktes in Deutschland - vor zwei Herausforderungen: Umsatz steigern und Ergebnisse liefern. Beide Ziele habe ich gemeinsam mit meinem Team erreicht. Mehr noch: Wir haben uns auf ein innovatives Projekt eingelassen und sind heute Vorreiter in unserer Branche sowie im gesamten Gesundheitsmarkt. Wir haben uns bewusst Zeit genommen, um über Prozesse, Partnerschaften und Innovationen nachzudenken. Unser Entschluss stand fest: Wir würden uns die neuen Medien zu Nutze machen. Unser Serviceterminal in Apotheken zeigt, dass die Branche vorausschauend digitale und interaktive Projekte für die Pharmaindustrie, die Apotheken und Endverbraucher denken und umsetzen kann. Die Verknüpfung des analogen Weges mit dem digitalen Netz bietet ihm vor Ort eine interaktive Lösung. Wir berücksichtigen moderne Kommunikationsgewohnheiten und garantieren vertrauensvolle Informationen. Die Energie, die im Team dafür frei gesetzt wurde, und die Erfolge, die wir inzwischen erzielt haben, zeigen, dass wir auf dem richtigen Weg sind. Ein Schlüssel dafür war auch Beharrlichkeit.

MEINE ERFOLGSFORMEL

BEHARRLICHKEIT
+ TRAINING
+ DURCHHALTEVERMÖGEN
_____
= ERFOLG

Gelassen agieren
Sylvia Weimer-Hartmann

Bewahren Sie die innere Distanz.
Wie viel Platz räumt unsere westliche Lebensart der Gelassenheit ein? Und das nicht nur als nützliche Tugend zur Bewältigung von aktuellen Stresssituationen, sondern nachhaltig? Hat Gelassenheit etwas mit Ruhe bewahren, mit Ruhe einfordern oder mit ruhig werden zu tun? Bedeutet es andererseits, als gelassener Mensch immer in seiner Haut stecken zu bleiben und niemals aus dieser herausfahren zu dürfen?

Eines ist klar: Aktiv zu sein ist wichtig, blinder Aktionismus ist falsch. Denn wer sich von Sachzwängen und Terminen hin und her jagen lässt, trifft leicht die falschen Entscheidungen, und das Gefühl permanenten inneren Getriebenseins wirkt sich negativ auf die Gesundheit aus. Obwohl in aller Munde, ist wirkliche innere Ruhe doch rar geworden. So haben Sie sicherlich Ihre Oasen neben dem Job. Sie treiben Sport oder gehen zum Yoga, treffen sich mit Freunden oder haben ein anderes begeisterndes Hobby. Und diejenigen, die auf diese Weise auftanken können, beglückwünsche ich von Herzen. Ich nehme jedoch in meinem Umfeld immer wieder wahr, dass gerade auch die Auszeiten zu Pflichtzeiten werden. Das führt im Extremfall dazu, dass es disziplinarische Maßnahmen gibt, die zur Einhaltung der Hobbys geradezu zwingen: So gibt es Fitnessstudios, die eine Krankschreibung verlangen, wenn man nicht kommen kann, oder der Yogakurs bringt in jeder Stunde wichtige neue Übungen bei, sodass man irgendwann den Faden verliert, wenn man öfter fehlen muss.

Am liebsten möchte ich Ihnen deshalb etwas ganz anderes vorschlagen: Gehen Sie jeden Tag mindestens eine halbe Stunde raus. Egal, ob Sie auf dem Dorf wohnen oder in der Stadt, ob Sie einen lieben vierbeinigen Begleiter haben oder nicht. Hauptsache „raus" und Hauptsache „gehen". Ganz unabhängig davon, ob Sie fünfmal zusätzlich in der Woche ein Fitnessstudio aufsuchen. Und jeder, der nun im Geiste antwortet: "Ich HABE aber keine halbe Stunde am Tag Zeit!

Meine Familie wartet mit dem Essen auf mich. Meine Kinder wollen noch, dass ich mit ihnen spiele oder Hausaufgaben mache. Die Steuererklärung liegt mit dem Zeigefinger wedelnd auf meinem Schreibtisch. Jede Minute ist bei mir vertacktet." OK. Verstehe ich. DANN gehen Sie eben eine Dreiviertelstunde raus. So lange, bis Sie diese eine halbe Stunde Zeit haben, um Ihre Gedanken zu sortieren. Und Sie werden schon nach einiger Zeit feststellen, warum ich Ihnen dies ans Herz lege. Denn erklären kann man das nicht. Das muss man erleben.

In der Ruhe liegt die Kraft

Alles verändert sich und das immer schneller. Handlungs- und noch viel mehr Zukunftsplanung, unternehmerische wie private, werden zu einem steten Wagnis. Fehlende innere Ruhe führt da leicht zu Fehlsteuerung. Sie macht mürbe. Gerade wenn Sie eine Führungskraft sind, ist Geduld außerordentlich wichtig. Geduld üben sowie aktiv zuhören und zuschauen – das sind wichtige Pfeiler auf dem Weg zu Gelassenheit. Wer immer nur „Sender" ist statt „Empfänger", ist naturgemäß allzuoft der aktive Spieler und übersieht leicht wichtige Signale und Chancen. Weil innere Unruhe die eigene Konzentration beeinträchtigt und die der Mitarbeiter ebenfalls negativ beeinflusst. Ein flatteriger und hektischer Chef verhindert genau das, was er so gerne hätte: entspannt-konzentriertes Denken und Handeln. Stattdessen führt es im zwischenmenschlichen Umgang zu aggressiver Konfrontationsbereitschaft, selbst bei nichtigsten Anlässen.

Dagegen ist die Fähigkeit, auch mal loslassen zu können, nicht zu verkrampfen oder sich auf etwas zu versteifen, Gold wert. Dem anderen seinen Erfolg gönnen, ja ihm sogar so weit es eben geht dafür den Steigbügel zu halten, bringt nicht nur situativ etwas, sondern wirkt sich vor allem nachhaltig aus. Denn es können ja durchaus auch einmal Zeiten kommen, da Sie Hilfe benötigen, um in den Sattel zu finden (und dort zu bleiben)! Andere Menschen in ihren Eigenarten so weit es eben geht zu akzeptieren, bedeutet, die Stärken zu fokussieren und nicht die Schwächen.

Nein, ich lebe nicht auf Wolke 7! Natürlich weiß ich um Konflikte, die nicht mit einem einfachen: *Sorge dich nicht. Lebe!* aus der Welt zu schaffen sind. Das Team kann noch so harmonisch aufeinander eingespielt sein, es gibt immer Widerstände. Die es ins Leben zu integrieren und gleichzeitig zu widerstehen gilt, anstatt ihnen auf den Leim zu gehen. Denn Widerstände sind dazu da, uns zu testen. Sie wurden nur dafür erfunden.

Machen wir einen Sprung in die Elektrizitätslehre. Das Ohmsche Gesetz (U=R·I) zeigt uns, dass kein Strom fließen kann ohne Widerstand und Spannung – dass allerdings immer weniger Strom fließt, je stärker der Widerstand ist. Warum ich Ihnen das erzähle? Weil es die perfekte Analogie zu dem ist, was ich meine. Wir können als Führungskräfte die äußeren oder auch inneren Widerstände unserer Mitarbeiter nicht komplett „ausschwingen" – eben weil sonst nichts mehr fließen würde.

Wir können sie untergraben, aushebeln, vor die Wand fahren lassen – alles Mittel und Wege, die entweder neue Widerstände entfachen oder die alten immer wieder neu aufflackern lassen. Wir können sie auch nicht immerzu einfach abfedern oder sie permanent ernst nehmen und auf die Agenda ganz nach oben setzen. Denn der Arbeitsalltag und das Kerngeschäft müssen reibungslos funktionieren, dafür braucht man alle Zeit und Energie. Und wenn ich nun schreibe, wir können den Widerständen jedoch mit gleicher Spannung begegnen, widerspreche ich mir dann nicht, angesichts des Themas Gelassenheit?

Nein, denn es bedeutet, dass ich den Problemen genau den Rang beimesse, den sie verdienen. Nicht weniger, aber eben auch nicht mehr. Denn genau so bekomme ich die Arbeitskraft wieder ans „Fließen". Erziele ich Energie aus einem ursprünglichen Widerstand. Nutzen Sie diese innere Haltung dem Widerstand gegenüber als zuverlässigen Wegweiser zur Alltags- und damit auch zur Lebensbewältigung! Denn Gelassenheit trennt nicht zwischen Privatem und Geschäftlichen. Man kann nicht mit „zwei verschiedenen Gesichtern" gelassen werden. Mein Verhalten in beiden Lebensbereichen muss im Prinzip gleich sein, nur dann kann ich authentisch, souverän und eben gelassen werden.

Worauf sich meine Gelassenheit gründet

Verhalten ist das eine, Persönlichkeit das andere. Intelligente Menschen können ihr Verhalten kontrollieren und der Situation und den Erwartungen anpassen. Wie sie wirklich sind, zeigt sich dann oft erst viel später oder nur in unbeobachteten Situationen. Damit habe ich als Führungskraft täglich in Ruhe umzugehen. Wie, das habe ich gelernt.

Ich bin beständig und zielführend meinen Weg gegangen. Ich bin nur selten „gegangen worden". Ich habe von Anfang an meine Ausbildung als Fundament meines Erfolges betrachtet und nicht als notwendiges Übel. Und das ist für ein „Unternehmerkind", wie ich es bin, keineswegs selbstverständlich. Auch nicht, die Schuhe des Vaters nicht nur nicht zu scheuen, sondern sie zu suchen und mit Freude anzunehmen. In sie erst hineinwachsen zu müssen, war mir von Anfang an klar, denn es waren sehr große Schuhe ... Doch ich möchte nicht einen Tag des persönlichen Wachstums und der dadurch vollzogenen Reifung missen.

Ja, die Pharmabranche war mir in die Wiege gelegt. Meinen Eltern gehörte die von unserem Vater 1939 gegründete Weimer Pharma GmbH, ein Pharmaunternehmen, das über 70 Jahre als Auftragshersteller und -entwickler für namhafte pharmazeutische Unternehmen als kompetenter Partner rund ums Thema Arzneimittel weltweit tätig war. Mein berufliches Ziel galt der Übernahme und Fortführung dieses Familienunternehmens gemeinsam mit meinem Bruder. Zunächst musste ich jedoch die Hürde des Numerus Klausus für Pharmazie nehmen. Mit Wartezeit und Auslandsstudium überbrückte ich letztlich diese Hürde und stieg nach erfolgreich absolviertem Studium in den Betrieb ein. Ich begann in der Zulassungsabteilung und medizinischen Wissenschaft, baute anschließend den Bereich Auftragsherstellung auf und war viele Jahre für den gesamten Vertrieb zuständig. Nach dem Ausscheiden unseres Vaters trat ich auch in die Geschäftsführung ein.

Erfolgreich angekommen, so könnte man meinen. Doch nach 26 Jahren stieg ich bei Weimer Pharma aus und gründete 1998 meine eigene Firma, die Biokanol Pharma GmbH. Begonnen habe ich mit ausgegliederten Spezialitäten von Weimer Pharma und einer Mitarbeiterin. Inzwischen hat Biokanol Pharma 40 Mitarbeiter und ist auf den Gebieten Eigenprodukte für Mensch und Tier, Auftragsherstellung (Sekundärverpackung), Auftragslogistik und Beratung tätig.

Das hört sich so aneinandergereiht ziemlich geradlinig und problemlos an. Das war es natürlich ganz und gar nicht; es verlangte mir alles ab, was ich zu bieten hatte. Möglich war dieser Wechsel nur dadurch, dass meine Familie so wunderbar zu mir gestanden hat und ich eine Gruppe von wirklichen Freunden auch in der Geschäftswelt hatte, die mich nach besten Kräften unterstützte.

Wie ich Gelassenheit „erreichen" kann

Gar nicht, sie muss Sie erreichen. Sie gerade nicht anzustreben, sondern sie zuzulassen, darin liegt die Kunst. Es geht hier um die Gelassenheit als Lebenseinstellung, nicht um die situative, aufgezwungene, , vernunftgesteuerte, weil man weiß, es ist eben gerade „besser" ruhig zu bleiben. Jeder Mensch muss sein Wesen diesbezüglich selbst erforschen und finden. Ich hatte das große Glück, einen Lehrmeister für den Weg zur Gelassenheit, in der Person meines Vaters zu haben: Ich durfte ihn bis zu seinem 102. Lebensjahr intensiv begleiten und konnte unendlich viel von ihm lernen.

Doch gibt es einige Hilfsmittel wie z. B. den kleinen, sehr erfolgversprechenden Tipp: Bei Konflikten unbedingt eine Nacht darüber schlafen, bevor man mit dem „Gegenüber" spricht.

Schwierige und unangenehme Erfahrungen gehören zum Alltag einer Führungskraft. Wir können und dürfen sie nicht umgehen. Dazu gehören auch die wirklich unangenehmen Dinge, wie den Anstand zu haben, Mitarbeiter, wenn nötig, persönlich zu entlassen.

Aber wir können immer wieder die Entscheidung treffen, wie wir damit umgehen. Ob sie die Kontrolle über uns übernehmen oder ob wir eine innere Haltung einnehmen, nicht aus jedem an mich herangetragenen oder selbst gedachten Gedanken ein Gefühl zu entwickeln. Die Wahrung dieser inneren Distanz schafft Raum für die Wahrnehmung kreativer Lösungsansätze.

Wie (er)schaffen wir uns diesen Raum? An erster Stelle steht die Akzeptanz. Das bedeutet keineswegs die Annahme der Situation als unausweichlich oder unabänderlich. Denn das wäre gleichbedeutend mit Resignation. Nein, es geht erst einmal nur darum, sich zu vergegenwärtigen: Widerstand ist etwas Normales. Ob es sich um Veränderungsprozesse an sich handelt, wie sie umgesetzt werden sollen, oder ob es sich um Kritik an anderen Entscheidungsprozessen handelt.

Letztlich ist dies ganz egal. Wichtig ist:

▸ Die Unbill zu erkennen,
▸ deren Ursache zu eruieren und
▸ entsprechend darauf einzugehen.

Was sich hier nun so lapidar anhört, ist für mich die Grundlage meines Führungsanspruchs:

▸ Ich gehe mit offenen Augen durch den Betrieb.
▸ Ich lasse nicht zu, dass mich irgendeine Situation vollkommen überrascht und deshalb überrollt.

- Ich erkenne Zusammenhänge frühzeitig und wirke ihnen entweder entgegen oder unterstütze sie.

Wenn ich mir darüber bewusst bin, welche Schwierigkeiten da sind oder auftreten können, dann kann ich gleichzeitig den Raum öffnen für neue und kreative Wege. Viel zu häufig habe ich es bei Kollegen erlebt, dass sie diese Dinge versuchen wegzudrücken, zu negieren oder auszusitzen. Nach dem Motto: „Was nicht sein soll, das nicht sein darf. Und außerdem sind die Zeitfenster dafür viel zu klein. Das operative Geschäft viel zu stressig, die täglichen Herausforderungen viel zu hoch, als dass ich mir einen stetigen Blick darauf erlauben könnte, was sich vielleicht irgendwo im Betrieb zusammenbraut." Alles Ausflüchte, denn ganz genau darauf kommt es an. Und hat man die Erfahrung ein paar Mal gemacht, dass es sich lohnt, dafür Zeit aufzuwenden, sickert die Gelassenheit allmählich in die Blutbahnen, wie durch eine Transfusion.

Tatsächlich beginnt Gelassenheit, ja Selbstregulation, im Kopf: Sie allein entscheiden, ob Sie dem anderen, egal ob es sich um eine Person oder Sache handelt, so viel Macht über sich geben wollen, dass er / es Sie provozieren und emotional nachhaltig belasten kann. Sie entscheiden, ob Sie beständig grübeln oder auf den Punkt zu einer Entscheidung finden wollen. Dies ist sicher auch ganz oft ein längerer Prozess, aber eben ein konstruktiver und kein zermürbender. Wenn Sie in sich selbst ruhen, werden Sie zufriedener und glücklicher mit Ihrem Leben. Dadurch treffen Sie bessere Entscheidungen, die Sie zunehmend gelassener werden lassen. Ein Kreislauf: Egal, wie „dick" es auch kommt, Ihr Verstand bleibt Herr der Lage – und nicht Ihre Gefühle. Gelassene Menschen sind oft erfolgreicher als die aufbrausenden Typen, weil sie Probleme und Krisen mit genügend Abstand betrachten können. Und natürlich sind derartige Ruhepole auch beliebter. Wer ständig nervös, sprunghaft und planlos agiert, gibt nicht gerade das Bild eines souveränen Entscheiders ab. Eher das eines Getriebenen. Und solchen Menschen folgen allenfalls Lemminge.

AMBITIONIERTE GELASSENHEIT

Einen nicht gelassenen Menschen erkennt man leicht. Die, die vor Wut schäumen und am liebsten durch die Decke gingen. Kennen Sie noch das HB-Männchen? Damals hat die Werbung etwas visualisiert, nennen wir es: emotionale Entgleisung eines Mannes, der nach Entspannung sucht, und sie sich – in Form einer Zigarette - auch zuführt. In dem Fall half kein Gedankengang, sondern das Nikotin.

Wie sehr beeinflussen Emotionen unser logisches Denken und damit unsere Entscheidungen? Und wie wirken sie auf unser unmittelbares reaktives Verhalten bei einer spontanen Entscheidung? Oder sollten wir sie vielleicht besser ausschalten, um einen kühlen Kopf zu bewahren, und einen Sachverhalt ganz nüchtern betrachten?

Dass Emotionen und unser Denken eng miteinander verbunden sind, werden wir nicht bestreiten können oder gar wollen. Und vollkommen gelassen mit sich im absoluten Reinen zu sein, bedeutet ja nicht, jede Emotion auszuschalten. Immer nur auf der vernunftgesteuerten Seite des Lebens zu stehen, kann sehr mühselig sein! Das ist allerdings auch nicht meine Vorstellung von ambitionierter Gelassenheit.

Denn die ist

- dynamisch, ohne dass die Luft ausgeht,
- hat Erwartungen ohne zu überfordern,
- kontrolliert ohne eisenharten Griff,
- weiß, dass man nichts mit Gewalt erreichen kann,
- verbiegt weder sich noch andere und
- erwartet Antworten auf konkrete Fragen.

Sie ist außerdem eines ganz bestimmt: geduldig. Aber sie ist eines ganz gewiss nicht: abgeklärt. Dies führte zu Stillstand und das passt überhaupt nicht zu mir. Während die Akzeptanz von Dingen oder Situationen, die definitiv nicht mehr änderbar sind, sehr wichtig ist - und das Vertrauen in mich selbst, das eine vom anderen zu unterscheiden. Unsere Welt ist nicht perfekt. Und genauso wenig sind es die Organisationen, die der Mensch hervorbringt. Wer diesen klaren Blick hat, ist schon einen entscheidenden Schritt weiter. Gelassen sein fällt aber immer dann besonders schwer, wenn wir mit Engagement, Leidenschaft und Herzblut an ein Projekt gehen. Je höher der Energieaufwand und je stärker die Einbindung und Identifikation sind, umso höher ist die Gefahr des inneren Dampfkessels. Dann wollen wir gewinnen – unbedingt, auf Biegen und Brechen.

Doch ist das immer klug? Nein! Denn Gelassenheit bedeutet für mich auch noch etwas anderes sehr Essentielles: Ich muss nicht immer die Bühne einnehmen! Das habe ich nicht nötig. Ich weiß, was ich kann, wozu ich in der Lage bin und verfüge über genug Selbstvertrauen, es mir nicht immerzu beweisen zu müssen. Und anderen schon mal gar nicht. In Bezug auf meine Mitarbeiter ist es im Gegenteil sehr wichtig, mich ganz bewusst zurückzunehmen. Jemand anderem die sogenannten Lorbeeren zu gönnen, wohlwissend, dass man selbst sie eigentlich verdient hätte, muss nicht komplett altruistisch motiviert sein. Ein sich selbst vertrauendes Team ist wichtig! Und Mitarbeiter über diesen Weg aufzubauen ein Königsweg.

Dafür muss ich meine Mitarbeiter natürlich kennen, ich muss mich für sie interessieren. Tun Sie das? Interessieren Sie sich auch für sie persönlich?
Führen Sie (regelmäßig) Gespräche, auch außerhalb des beruflichen Kontextes? Kennen Sie die Ziele und Probleme Ihrer Mitarbeiter? Fragen Sie auch schon mal nach, wie ihr eigenes Verhalten wahrgenommen wird?

Zeigen Sie Interesse an den Menschen um Sie herum. Es wird doppelt auf Sie „zurückfallen"! So gewinnt man „Mitstreiter" in der Sache, anstelle von Konkurrenten. Und über Netzwerke gelangt man eher zum Ziel.

Aktivieren Sie Ihre Gelassenheit

*„Ich schlief und träumte,
das Leben sei Freude.
Ich erwachte und sah,
das Leben war Pflicht.
Ich handelte, und siehe,
die Pflicht war Freude."*

Rabindranath (Thakur) Tagore

Was hat das mit Gelassenheit zu tun? Für mein Verständnis: Alles. Wenn ich meine Pflicht, meine Aufgaben mit Freude erledige, habe ich hierfür Energie, Elan, Kreativität und Vertrauen. Dann habe ich aber auch die Gelassenheit, geschehen zu lassen; ich versuche nicht, etwas zu erzwingen, für das die Zeit noch nicht gekommen ist. Ich kann Freude teilen und somit erfolgreicher sein.

In Tagores Gedicht steht noch ein wichtiger Hinweis: Man muss handeln, um Freude erleben zu können. Gelassenheit ist also immer auch etwas Aktives. Sie darf niemals mit Gleichgültigkeit verwechselt werden.

Sicher gibt es immer Konstellationen, Dinge, Probleme, die sich einfach nicht ändern lassen. Dann geht es darum, dies zu erkennen und hinzunehmen, um nicht meine ganze Energie sinnlos zu verschwenden und mich zu verrennen. Manchmal muss ich auch ganz einfach gehen; vielleicht etwas Neues aufbauen, eine neue Aufgabe suchen. Bei solchen Entscheidungen ist es gut zu wissen, dass ich mich auf mich selbst verlassen kann, dass es nichts gibt, was mich total aus der Spur bringen kann. Spätestens in solchen Momenten erkenne ich, welche Kraft mir die Gelassenheit gibt.

Meine Erfolgsformel

   Geduld aufbringen
+ innere Distanz einnehmen
+ loslassen lernen
_____
= Erfolg

Haltung einnehmen
Dr. Vanessa Conin-Ohnsorge

Stärken Sie sich mit Selbstreflextion.
Das kritische Hinterfragen der eigenen Zeitnutzung, ist für mich systemrelevant. Es geht dabei um das Gleichgewicht zwischen Anspannung und Entspannung. Dies herzustellen gelingt nicht alleine mit dem Fokus auf eine tickende Uhr oder dem Setzen von Prioritäten. Die Anforderungen, die an mich und von mir an meine Mitarbeiter gestellt werden, erfordern nicht nur die Erstellung von Handlungsplänen. Es geht dabei vielmehr um die stetige Entwicklung meiner Selbstwirksamkeit und -organisation.

Genießen Sie gerne hin und wieder ein gutes Glas Wein? Ganz egal, ob mit Freunden, außer Haus oder gemütlich im eigenen Sessel, ob beim Essen oder einfach „nur so" – und es spielt ebenfalls keine Rolle, ob Sie nun ein sogenannter Weinkenner sind oder lediglich Ihren natürlichen Geschmacksknospen auf der Zunge vertrauen. Ich möchte Sie einfach nur vorab fragen: Was denken Sie, wie kommt dieser „gute Wein" in Ihr Glas? Weil Sie ihn gestern beim Einkaufen mitgebracht haben – vom Discounter oder aus einem Weinladen oder direkt beim Winzer gekauft? Da kommen wir dem Thema „guter Wein" schon etwas näher, doch darauf will ich nicht hinaus.

Sie wissen natürlich ganz genau, dass der Wein, den Sie sich da vielleicht jetzt gerade beim gemütlichen Lesen schmecken lassen, einen langen Prozess hinter sich hat. Sie mussten ihn nur kaufen, entkorken und einschenken, um ihn genießen zu können. Doch vor Ihrer Verkostung haben die Trauben etliche Reifeprozesse, auch gedanklicher Natur, durchlaufen. Das begann schon bei der Wahl der richtigen Lage des Weinbergs für die passende Traubensorte. Bei der Lese wurden dann die faulen Trauben entfernt und nur gesunde und reife Beeren geerntet. Diese entrappt, also vom Traubengerüst getrennt, und dann sanft zerdrückt, bis der erste Most ablief. Der - Maische genannte – Brei, zunächst leicht eingeschwefelt und gegebenenfalls mit Gelatine versetzt, bekam dann Zeit zu ziehen. Nach der Pressung und Gewinnung des trüben Mostes, folgte dessen Klärung, danach die Entsäuerung oder Zuckerzusatz. Reinzuchthefen leiten die Gärung ein: Hauptgärung, Nachgärung, Fasswechsel und endlich, die Lagerung – sie dient grundsätzlich der Entwicklung der wichtigen Geruchs- und Geschmackskomponenten und dauert zwischen drei und neun Monaten. Während der Lagerung wird der Wein der Kellerbehandlung - dem Schwefeln, der Klärung und Schönung - unterzogen. Dann erst wird in Flaschen abgefüllt und die Reifung des Weines vollzieht sich nun dort weiter. Bis zu Ihrer gastlichen Tafel oder jetzt für Sie ganz alleine, sind es ab da immer noch diverse Schritte – ganz genau so, wie das Ergebnis all unserer täglichen Entscheidungen und gedanklichen Prozesse auch fast immer viele, viele Prozesse vorab durchlaufen hat, und seien es die der eigenen Prägung, Sozialisation oder Ausbildung.

Natürlich läuft dabei auch sehr vieles unterbewusst ab, gerade motorische Aktionen vollzieht unser Gehirn in einer Art vorauseilenden Gehorsams, doch brauchen die meisten weichenstellenden Entscheidungen länger andauernde Abwägungsprozesse. Ja, vielleicht darf man sie, um im Bild zu bleiben, sogar auch Gärungsprozesse nennen. Damit diese sich nicht kaskadenartig in unserem Hirn vom kleinen Schneeball zu einer Lawine aufbauen, brauchen wir eines: Strukturen und Organisation! Haben wir diese gut angelegt und aufgebaut, schmecken uns irgendwann unsere bevorstehenden Entscheidungsprozesse wie ein guter Wein, statt uns in Stress oder gar Panik zu versetzen.

Ja, die tägliche, stetige Herausforderung an uns Führungskräfte kann sich genussvoll anfühlen, wenn der Weinberg zur Rebe passt, die Ernte professionell angegangen und der weitere Reifeprozess mit Liebe zum Detail und dem Endprodukt begleitet wird. Wenn die Organisation im Kopf beginnt, doch weniger kognitiv gesteuert, sondern mental bewegt beziehungsweise noch viel passender: gesetzt. Das Fundament meines Erfolges sehe ich darin, dass sich in mir eine innere Haltung manifestiert hat, die nach außen strahlt. Ich liebe nicht nur was ich tue. Ich liebe es vor allem, zu tun! Es gibt für mich keinen Alltag. Ich gehöre zu den Menschen die einfach machen. Es ist mir ein Genuss, Erfolge einzufahren. Ich spule und lebe insofern meine täglichen beruflichen Herausforderungen nicht herunter, sondern immer ein kleines Stückchen weiter hinauf. Genau das ist der Rahmen, den meine innere Haltung mir vorgibt; in dem es mir selbstverständlich ist, dass nicht immer alles ohne Konflikte oder Druck abgeht, aber ich dennoch mit mir im Reinen bleibe.

Der Wichtigste sind Sie

Nicht Ihre Kunden, nicht Ihre Mitarbeiter, nicht Ihre Vorgesetzten und schon gar nicht die Menschen, die Ihnen beständig sagen wollen, wer oder was in Ihrem Leben das Wichtigste ist :-)

Mein Innerstes bildet den roten Faden meines Lebens. Zeit zu reflektieren habe ich nicht allzu oft. Und Ansätze zu finden, Hebel, die mehr bewegen, als immer nur einzelne Stellschrauben, dafür braucht es Ruhe und einen gewissen Raum. Diesen Raum muss man sich bewusst suchen und schaffen. Denn die Tür zu diesem Raum öffnet sich nicht automatisch. Die muss man persönlich öffnen und auch hindurchgehen. Die Auseinandersetzung mit sich selbst, kann man durchaus autark mit sich selbst führen. Das ist eine Typfrage. Natürlich geht dies auch im Austausch. Mit einem professionellen Coach oder mit sehr guten Freunden. Oder, indem Sie meine eigene kleine Geschichte lesen und sich ein wenig inspirieren lassen.

Nach dem Studium der Medizin war ich als praktische Ärztin in der Allgemeinmedizin tätig, fühlte mich jedoch schon bald dazu berufen, das Familienunternehmen, die IDV GmbH, meines Vaters fortzuführen. Ich durchlief alle Abteilungen, arbeitete mich ein und wurde kurze Zeit später neben drei männlichen Managern in die Geschäftsführung berufen. Vier Jahre darauf lagen alle Ebenen in meinen Händen, und ich bin heute geschäftsführende Gesellschafterin.

Es gibt Frauen, die sehen ihre Bestimmung darin, die ewige „rechte Hand" von immer irgendwem zu sein. Eine wichtige Position - durchaus. Doch bedeutet diese Assistenz ja vorrangig: damit jemand anderer beide Hände frei behält. Dieser andere wollte immer schon ich sein. Und diese beiden Hände brauchte und brauche ich auch. Denn neben der Geschäftsführung der IDV unterstützte ich meinen Mann beim Aufbau unseres Weingutes in Nierstein und bekam zwei Kinder. Aus der Motivation heraus, Frauen in Führungspositionen der Gesundheitswirtschaft sichtbarer zu machen, initiierte und baute ich den Healthcare Frauen e.V. mit auf. Wir unterstützen Frauen auf ihrem Weg in Führungspositionen aus der Überzeugung heraus, dass für die Wirtschaft Heterogenität zwingend ist. Das Machen liegt mir im Blut und treibt mich permanent an. Ist ein Ziel erreicht, werde ich unruhig und suche unbewusst die nächste Herausforderung. Ich liebe es Dinge zu bewegen!

Sind Sie auch so? Oder fragen Sie sich vielleicht manchmal, warum Sie bislang eher der zögerliche Typ waren, mal ein Wagnis einzugehen. Dessen Ausgang zwar ungewiss war, sonst wäre es ja kein Wagnis, aber dessen Perspektiven dafür herrliche Aussichten versprachen. Sehen Sie immer wieder in diese Perspektivfenster hinein und sehnen sich danach, sie auch einmal aufzustoßen, doch zögern allzu oft zu lange, so dass sich die Möglichkeiten und damit der Erfolg, Ihr Erfolg, in Rauch auflöst? Weil Sie womöglich jedes Mal in neue langwierige, weil rückschrittliche Entscheidungsprozesse gehen, die Sie zeitlich und kräftemäßig zu überfordern drohen?

Entwickeln Sie Prinzipien

Wie wäre es stattdessen, wenn man nicht immer wieder bei jeder neuen Entscheidung die gesamte persönliche Werteskala neu analysieren müsste. Nicht was wir täglich tun steht bei dieser Art Fokussierung im Mittelpunkt, sondern unsere gewohnheitsmäßigen Gedanken, die unser Unterbewusstsein bevölkern. Die holen wir täglich hervor und denken sie dann mehr oder weniger bewusst so „vor uns hin". Diese bilden die Grundlage unseres Handelns oder Nichthandelns. Von dem, was wir gerade tun oder auch nicht tun, vor uns herschieben oder ganz aussitzen. Kommt das Gefühl auf, sich besser organisieren zu müssen oder zu wollen, ist es an der Zeit sich diese Gedanken komplett bewusst zu machen und sie dann evtl. entsprechend zu ändern.

Diese Form der Selbstwahrnehmung nennt man auch Introspektion. Introspektionsfähigkeit beschreibt einen selbstreflexiven Prozess, der uns befähigt, unsere Gefühle und Gedanken wahrzunehmen und daraus Selbsterkenntnis zu ziehen. Sie ist unverzichtbar, um den Realitätssinn zu schärfen, aber eben auch eine wichtige Voraussetzung, um den verschiedenen Anforderungen des Lebens gerecht zu werden und in vielen Situationen notwendig, um spontan zu reagieren.

Gute Selbstorganisation spart eine Menge Kraft und Energie. Dies ist keine Frage des Wissens - sonst wären wir wohl alle stringent und effizient durchorganisiert. Sich selbst gut zu organisieren, ist eher eine Frage meiner inneren weit geöffneten Zugänge und - guten Gewohnheiten. So wird gut organisiert zu sein der bequemere Weg. Nicht was wir täglich tun steht dabei im Mittelpunkt, sondern unsere gewohnheitsmäßigen Gedanken, die unser Unterbewusstsein bevölkern oder die wir ganz bewusst täglich so vor uns hindenken. Denn diese bilden die Grundlage unseres Handelns oder Nichthandelns. Dem, was wir gerade nicht tun, vor uns herschieben oder ganz aussitzen. Ändern Sie Ihre Gedanken beziehungsweise machen Sie sie sich bewusst, wenn Sie das Gefühl haben, sich besser organisieren zu müssen oder zu wollen.

Stellen Sie sich Ihr Leben im Rahmen Ihrer beruflichen und auch privaten Herausforderungen mit den vielen anstehenden Entscheidungsprozessen doch mal als ein Maßband vor, von eins bis zehn. Wie viel effizienter wäre doch Ihr Tagesablauf, Sie müssten nicht immer wieder bei Eins anfangen, sondern könnten bei gewissen Entscheidungen schon bei Vier oder Fünf ansetzen. Probieren Sie es aus! Denn es spart Zeit und andere Ressourcen, vor allem Kraft und Nerven.

Wie das geht? Ich kann Ihnen verraten, wie es für mich geht, denn es ist im Prinzip ziemlich einfach, wenn man sich den Prozess verinnerlicht hat: Ich arbeite stetig daran Probleme als Sachverhalte, Situationen oder „Sosein" zu behandeln. Ich bin es – ausnahmslos -, die das Vorgefundene problematisiert. Problematisieren macht keinen Sinn, denn es lähmt und führt zum Stillstand.

Wie oft kam es schon vor, dass Sie um eine Entscheidung gerungen haben und dabei dachten: Ich kann nicht mehr klar denken. Die Gedanken kreisen und es gibt weder Rastplatz noch Ziel. Das kann dann natürlich viele Ursachen gehabt haben, aber ich wette, eine davon war es, zu viele Fragen auf einmal beantworten, zu viele Probleme gleichzeitig lösen zu wollen. Und die ändern dann auch noch ihre Richtung, widersprechen sich heute und münden morgen in stützende Informationen. Das führt viel eher in innere Konflikte. Viel zielführender ist es, die Kraft für Lösungen eines klaren Sachverhaltes zu nutzen. Das bedeutet natürlich nicht, sich nicht auch immer mal wieder zu hinterfragen. Doch nicht als ewig hin und her springender Flummi, sondern maximal als flexibel Denkende.

Die innere Haltung

Die Wissenschaft versteht unter einer Haltung eine relativ stabile, zeitlich unabhängige Verhaltensdisposition. Jeder von uns hat andere wichtige Themen, die immer wieder „hochkochen", deren Rezept man jedoch nicht immer wieder nachsehen muss, wenn man sich mal irgendwann eine grundlegende Marschrichtung vorgegeben hat. Und – dabei bleibt! Ich habe mir diese Bereitschaft antrainiert, bestimmten Themen gegenüber, auch übergreifend, je nachdem gleichermaßen stark positiv oder auch negativ, zu reagieren. Und das dauerhaft, also verlässlich. Sowohl für mein Umfeld, als auch für mich. Denn das verschwendet keine Energien.

Sie kennen vielleicht solche Tage, wenn alles kumuliert: Ein Projekt läuft nicht optimal, der Kunde ist unzufrieden, Mitarbeiter kommen mit scheinbar unlösbaren Problemen, der Tag ist im Stundenrhythmus mit Besprechungen durchgetaktet, und am Abend sind die Kinder nach einem langen Tag kaum zu bändigen, was dazu führt, dass der Familiensegen komplett schief hängt.

Da hilft: bei sich sein, geistig zurücktreten, durchatmen, innere Hygiene betreiben und jeden Sachverhalt für sich getrennt und zielorientiert lösen.

Das mag jetzt erst Mal ziemlich theoretisch klingen, doch bedeutet das in der Praxis ganz einfach, dass ich mir Freiraum verschaffe. Dass ich mit jeder gefundenen Einstellung zu einer Situation Hadern, Ängste, und unnötige Diskussionen verhindere. Was mich wiederum in meiner inneren Haltung zu mir selbst, mit mir im Reinen zu sein, bestätigt. Mehr und mehr.

Diese Selbstregulation führt zu Zufriedenheit mit mir selbst. Es reduziert den mentalen Druck und schafft Raum für Neues. Das ist die Basis für eine Form der Organisation, die gleichzeitig Leidenschaft und Motivation als Treibstoff für meine Antriebsmotoren bietet.

Soweit zur Theorie ... Denn ich weiß, Ihnen liegt die Frage auf der Zunge, ob mir das immer gelingt? Ist die Erde eine Scheibe? Ich denke dies unterliegt einem lebenslangen Prozess, der je nach Lebensphase mal leichter und mal schwergängiger ist. Doch es geht dabei gar nicht um Perfektion, sondern darum im Prozess verhaftet zu bleiben. Sich seines Unterbewusstseins bewusst zu sein. Die Managementtrainerin Vera Birkenbihl verglich einmal das Unterbewusstsein mit dem Bewusstsein in einer Relation von 11 km zu einem 15 mm Flaschenhals. Ich finde, das sollten wir durchaus ernst nehmen. Uns aber davon auch nicht entmutigen lassen. Wir werden ganz gewiss nie die ganze Wegstrecke dieses Mysteriums erforschen können, jedenfalls nicht in einem Leben, doch geht es auch viel mehr darum, in Bewegung zu bleiben. Und da gibt es einiges, was gar nicht so mysteriös ist, sondern ganz normaler heutiger Wissensstand und uns uns schon ein kleines Stückchen näher bringt.

Links und rechts

Unser Gehirn besteht aus zwei Hälften. Die rechte Gehirnhälfte ist für künstlerische und intuitive Tätigkeiten zuständig. Sie verarbeitet Informationen ohne Bewertung und Begrenzung. Mit ihr sind Begriffe verknüpft wie: kreativ, räumlich, ganzheitlich, unbeschränkte Wahrnehmung, keine Zeitgrenze. Ihr Ausdruck sind Bilder, Farben und Symbole. Von der linken Gehirnhälfte wird das analytische Denken und die motorische Sprachumsetzung gesteuert, für die tausende kleinster Muskelpartien angesprochen werden müssen. Auch für abstrakte Begriffe, wie Freiheit oder Liebe, ist überwiegend die linke Hirnhälfte zuständig. Sie verarbeitet Informationen nacheinander und zerlegt sie in kleinste Teilchen. Ihre Ausdrucksform ist das gesprochene und geschriebene Wort.

Sind beide Gehirnhälften harmonisch aufeinander abgestimmt, sind wir voll bewusst und leistungsfähig. Dann können wir nicht nur kreativ sein, sondern meistern gleichzeitig unsere täglichen Routineaufgaben und nehmen darüber hinaus noch andere Möglichkeiten wahr. Da uns in diesem bewussten Zustand also ganz andere Gehirnkapazitäten zur Verfügung stehen, als wenn wir nur einen Teil nutzen, liegt es nahe, die Zusammenarbeit der beiden Gehirnhälften zu fördern.

Wenn mal alles zu viel wird, bediene ich mich folgender Übungen, um wieder klar zu denken:

- Sie stehen aufrecht, die Knie gebeugt. Dann bewegen Sie sich über Kreuz: ein Knie anheben und dabei mit der rechten Hand das linke Knie berühren und umgekehrt. Wichtig ist, dabei die Mittellinie des Körpers zu kreuzen.
- Zusätzlich zur ersten Übung, das linke Knie zur rechten und das rechte Knie zur linken Hand ziehen. Dafür suchen Sie sich einen Punkt irgendwo links über Ihnen, den Sie während der gesamten Übung fixieren.
- Die linke Hand berührt jetzt das linke, die rechte Hand das rechte Knie. Den Blick lenken Sie nach rechts unten.
- Nun werden alle Übungen kombiniert, indem Sie über Kreuz bewegen: zwei Berührungen, wobei der Blick nach links oben streift. Dann bewegen Sie sich gleichseitig und richten den Blick nach rechts unten.
- Kreuzen Sie beide Füße und beide Arme. Die Hände greifen von innen. Sie sind nun sozusagen die Acht. Für das Gehirn verschwimmt bei dieser Übung, wo rechts und wo links ist. Fünf Atemzüge lang halten.

Probieren Sie es aus! Es macht Spaß und ist sehr effektiv!

Werden Sie Ihr eigener Dreh- und Angelpunkt

Ein Mensch, der sich eine Welt schafft, in der er sein eigener Mittelpunkt ist, weiß auch, dass er sein Schicksal in seiner Hand hält und übernimmt Verantwortung. Er ist nie Opfer. Natürlich gibt es Krisen. Aber, wenn ich beispielsweise zu einer Krise mit beigetragen habe, sehe ich zwar meinen Anteil daran, halte mich aber nicht mit Hadern und Schuldgefühlen auf. Denn das führt zu nichts. Viel wichtiger ist es, mein Verhalten zu reflektieren und in Folge dessen etwas zum Besseren zu bewegen. Dadurch wird die beklemmende Angst und Unsicherheit zu versagen weitaus unwahrscheinlicher.

Ohne diese Angst und Unsicherheit gewinne ich Lebensqualität. Und ich bin in schwierigen Situationen für meine Umwelt, meine Mitarbeiter oder meine Familie, meine Kunden, ein wesentlich besserer Lebens- und Sparringspartner. Da ich einschätzbar bin. In positivem Sinn berechenbar und standfest. Nicht im Sinne von leicht durchschaubar oder eindimensional – nein, gerade im Geschäftsleben sollte man sich das ein oder andere Geheimnis sehr wohl bewahren, aber eben auch nicht unberechenbar und wankelmütig.

Mein Tipp für Sie: Organisieren Sie sich nicht nur technisch, sondern auch mental. Sich so zu organisieren, dass Ihre Welt nicht aus dem Ruder läuft ist kein Hexenwerk, doch hat es selten allein mit Uhrwerken zu tun. Legen Sie Ihre Zeitmanagementsysteme ruhig einmal zur Seite. Trainieren Sie das Selbstreflektieren. Die Art, wie Sie sich selbst wahrnehmen und (be)achten, Einstellungen suchen und verinnerlichen, wird in Ihren Tagesablauf hineinwirken. Treten Sie aus Situationen, die im Moment ausweglos erscheinen, mental einen Schritt zurück. Atmen Sie durch und versuchen Sie Probleme als Sachverhalt zu sehen, mit klarem Lösungsziel.

Werden Sie Ihr eigener Mittelpunkt! Es lohnt sich!

Die festen Strukturen, die ich meinem Leben dadurch gebe, sortiert, ausgeglichen im Kopf und möglichst mit mir im Reinen zu sein, sind für meine Umwelt von Vorteil und wirken sich wiederum positiv verstärkend auf mich aus. Ein wunderbarer Kreislauf. Eine solche ausgeprägte innere Haltung führt zu mehr Selbstsicherheit und strahlt nach außen. So bringt man Sie nur schwer aus dem Gleichgewicht. Und Druck wird dadurch eher zum Antrieb, um Hürden zu überwinden. Dieses Rezept für ein ausgeglichenes Leben ist dann irgendwann so etwas wie ein gut gefüllter Weinkeller. Ein Griff ins Regal und die vielen Prozesse bis zur edlen Reife sind bereits automatisiert abgelaufen. Sie brauchen nur noch zum Korkenzieher zu greifen und können sich das Tröpfchen sofort schmecken lassen. Ausschlaggebend dafür ist Ihre Haltung zu sich selbst und aus sich selbst heraus. Sie bildet das Kapital für Ihr Leben.

MEINE ERFOLGSFORMEL

SELBSTREFLEXION
+ DISTANZIERTES BEOBACHTEN
+ INNERE HALTUNG EINNEHMEN
_____

= ERFOLG

WESENTLICHES BESTIMMEN
Birgit Maria Weinländer

Machen Sie immer das Beste draus.
Unser Wunsch nach Perfektion scheitert immer dann, wenn wir versuchen, die Unvollkommenheit auszuklammern. Perfektionisten verdrängen die Realität ihrer eigenen Grenzen und Gefühle. Statt das Leben anzunehmen, statt sich Schwächen zuzugestehen und Erfolge zu geniessen. Sie schneiden sich vom Leben ab. Ich möchte Sie gerne dazu aufrufen: Seien Sie perfekt - ohne den Anspruch auf Perfektionismus!

Es war einmal ein Wasserträger in Indien, der trug zwei Krüge. Einer der Krüge hatte einen Sprung und in ihm verblieb immer nur etwa die Hälfte des Wassers, wenn er am Haus ankam. Der Krug mit dem Sprung schämte sich dafür und sagt zu dem Wasserträger: „Ich möchte mich bei dir entschuldigen." „Aber wofür denn?" „Ich war die ganze Zeit nicht in der Lage, das Wasser zu halten, so dass du durch mich immer nur die Hälfte Wasser nach Hause tragen konntest." Dem Wasserträger antwortete: „Hast du die Wildblumen am Straßenrand gesehen? Ist dir aufgefallen, dass sie nur auf deiner Seite des Weges wachsen, nicht aber auf der, wo ich den anderen Krug trage? Ich wusste von Beginn an über deinen Sprung. Und so habe ich einige Wildblumensamen gesammelt und sie auf Deiner Seite des Weges verstreut. Bei jedem Weg hast du sie gewässert. Und all diese Schönheit hast du geschaffen."

Wer ich bin? Wasserträgerin in Indien? Wohl kaum. :-) Eine Frau mit einer besonderen Blumenaffinität? Schon eher – aber auch deshalb habe ich diese kleine Geschichte nicht vorangestellt. Ich bin Interims Managerin, also in gewisser Weise so etwas ähnliches, wie ein Wasserkrug mit einem Riss ...

Ich begleite und leite für eine gewisse Zeit Projekte, bei denen es meist darum geht „Feuer zu löschen" oder ein bestimmtes greifbares Ziel zu realisieren. Doch ist häufig vorher nicht genau bekannt, was in diesen Einsätzen noch alles aufgedeckt wird. So dass mit dem eigentlich definierten Ziel auch die Samenkörner auf dem Weg dahin Wasser erhalten und sich hervorragende Synergie-Effekte erzielen lassen. Insofern ist der Fokus auf das Wesentliche auch in meinem Job nicht immer das, was man auf den ersten Blick als solches definieren würde.

Ich habe gelernt, sehr schnell Sachthemen zu erkennen und mir selbst und anderen hohe Ziele zu setzen, die ich dann auch erreiche. Wenn ich einen Auftrag annehme, dann muss ich mich selbstverständlich akribisch in die Abläufe einarbeiten. Mir selbst den Quereinsteigerduktus nehmen und mich zu einem Teil der Abläufe machen. Einerseits, denn Interim bedeutet mehr. Ich sehe es als Mengenlehre an: Es gibt zwei Kreise, das Unternehmen und meine Tätigkeit, und in der Schnittmenge verbinden wir uns zu einem „externen Innern". Die vielzitierte Identifikation mit dem Unternehmen und seiner Mitarbeiter – ja – aber gleichzeitig doch den kritischen Blick von außen im Innen beibehalten. Das hört sich nun vielleicht komplizierter an, als es sich anfühlt. Es geht dabei schlichtweg um den Aufbau von gegenseitigem Vertrauen unter dem Aspekt der Konsistenz, aber immer verbunden mit der nötigen und beizubehaltenden Flexibilität.

Dabei habe ich einen sehr hohen Anspruch an mich. Meine Kunden können sich auf mich verlassen und wissen, ich setze alles daran, perfekte Arbeit abzuliefern. Doch wäre der allein darauf verengte Blick wenig effizient. Im Gegenteil kann es doch auch mal wichtig sein, sich auf einen imaginären Balkon zu stellen und den Blick auf das Wesentliche zu suchen. Den man von diesem beschriebenen vergleichsweise unabhängigen „Außen" haben kann. Der nicht zu verwechseln ist mit selektiver Wahrnehmung, sondern sich in dem beharrlichen Insistieren äußert – zum Punkt zu kommen. Das gelingt nicht immer, doch gelingt es in vielen Systemen viel zu häufig nicht. Wenn viel zu lange nachgeforscht wird, wenn man sich festbeißt am vermeintlich Erfolg versprechenden, wenn viel Geld in die Hand genommen und verbrannt wird.

Wo macht man weiter und wo nicht? Wo genau setzt man die Hebel an und wo sind vermeintliche „Risse" im System oder meinem Zeitmanagement, eher genau die Strategien, die das Wesentliche kennzeichnen und damit das große Ganze „bewässern"? Dazwischen zu entscheiden, ist schon fast eine Kunst. Aber eben eine, die es zu lernen gilt. Sonst hätte ich das Thema nicht als Aushängeschild meines Beitrages gewählt. Und wie lerne ich das? Hier möchte ich zunächst eine Brücke schlagen zu einem auf den ersten Blick ganz anderen Thema: der Intuition!

Intuition und Ratio – ein perfektes Team

Eine der wichtigsten Entdeckungen der letzten Jahre, war die Bedeutung der Gedanken für unsere Zukunft und damit auch für den Erfolg oder Misserfolg. Sie sind eben kein vages Nichts, nur weil sie nichts Haptisches an sich haben. Ganz im Gegenteil, sind Gedanken elektrische Impulse, die chemische Umschaltungen im Gehirn auslösen. Man kann sie als messbare Schwingungen ausweisen und da Schwingungen Energie sind, sind Gedanken Energie. Und Bedenken ebenso.

Unsere Bedenken schränken uns in unserem Denken ein. Die Welt ist viel größer, dichter und bunter, als das, was wir vordergründig denken. Und den Zugang dazu und damit letztlich zu dem, was wir uns als Erfolg wünschen, quasi die Trittleiter über unsere Bedenken hinweg, finden wir häufig über unsere Intuition. Das harte Wirtschaftsleben ist an der Stelle fast wie Kunst. Beides braucht eine Imagination, die sich an der Realität messen lassen muss, aber eben auch - Intuition.

Die personifizierte Realität sind Vorgesetzte und Führungskräfte, die Geschäftsführung oder der Vorstand. Wie glücklich kann man sich schätzen, wenn Ideen und Konzeptionen, die auf den ersten Blick sehr ambitioniert und die eingeschlagenen Wege neu sind, von jenen nicht direkt in Bausch und Bogen verdammt und abgelehnt werden.

Doch Intuition und Ratio, Leidenschaft und Vernunft, Emotion und Kognition – sollten natürlich nie jeweils isoliert herangezogen werden, sondern möglichst immer ein Paar bilden. Denn sie sind gemeinsam unschlagbar! Erst wenn sich das eine mit dem anderen verbindet, wird der Blick darauf frei, was in der Situation als Nächstes angebracht erscheint:

Eine intuitive Herangehensweise, ich nenne das, aus dem Bauchhirn heraus, bringt uns auf den Weg erkenntnisgesteuerte Ergebnisse überhaupt erst zu initiieren oder abzurufen. Diese lassen uns dann vielfach einen Handlungsplan entwerfen, bei dem mehrere Alternativen spontan und leidenschaftlich aufgelistet, doch im Nachgang rational abgewogen werden. So geht nichts verloren. Damit wird emotionales Verhalten in vernunftgesteuerte Aktionen überführt. Die Konsequenzen eklatanter Fehlbewertungen oder dem überschnellen, unvorsichtigen Sprung ins kalte Wasser, werden damit abgefedert.

Pareto – von 0 auf 80 in 20 Sekunden

Soweit zur Intuition, doch gibt es natürlich auch wissenschaftliche Ansätze, die mein Erfolgsmodell gut abbilden. Zeitdieben hilft beispielsweise das Pareto-Modell. Es beschreibt das Phänomen, dass lediglich 20 Prozent des Arbeitseinsatzes 80 Prozent des Ergebnisses bringen. Mit anderen Worten: Nur ein Bruchteil Ihrer Anstrengungen sind für die wesentlichen Anteile Ihres persönlichen Erfolges verantwortlich. Und in dem Rahmen streben wir immerzu nach Ausgleich. In jedem System, ob es sich um uns selbst, unsere Freundschaften, Familien, die Wirtschaft, und da um individuelle Arbeitsverhältnisse, handelt. Sogar beim Wetter und gewissen Klimaphänomenen kann man dies beobachten. Aber es kommt nur selten zu diesem 50 : 50 - Ausgleich. Ganz im Gegenteil sehen wir uns immer wieder gewissen Konzentrationen gegenüber, also einigen wenigen Punkten, die einen überproportional großen Einfluss auf das Gesamtsystem haben. Die unser Gleichgewicht tangieren und gefährden. Diese „Triggerpunkte" zunächst einmal zu akzeptieren - hilft. Was natürlich nicht ins andere Extrem führen darf, sich mit Schwachstellen, die wie Energiefresser funktionieren, abzufinden.

Beispielhaft seien da Vorgesetzte erwähnt, denen man es nie Recht machen kann. Kennen Sie das? Sie, als Mitarbeiter, liefern im Rahmen der vorgegebenen Parameter insgesamt mehr als gute Arbeit ab. Doch Sie haben einen Chef, dem das nicht genügt. Dem im Gegenteil ein kleiner Punkt genügt, um ein riesiges Fass aufzumachen, à la: *Nichts klappt! Ständig geht was schief. Wenn ich nicht alles selbst mache, dann...* u.s.w. Und ganz genau dann kommt es darauf an, wie Sie damit umgehen. Lassen Sie sich von diesem ungerechten Maulhelden in Ihrem Selbstbewusstsein erschüttern? Und zweifeln Sie jetzt tatsächlich an Ihrer gesamten Arbeitsleistung, was sich im Extremfall entsprechend negativ auswirkt? Oder können Sie sich sagen: *Ja, an der Stelle ist mir etwas aus dem Ruder gelaufen. Das hätte nicht passieren dürfen und ich werde meine Lehre daraus ziehen. Weiter geht´s!*

Ich wünsche Ihnen Letzteres! Ihren Chef werden Sie vermutlich nicht mehr ändern können. Es gibt Menschen, gerade in führenden Positionen, die benötigen das permanente Gefühl, alles im Griff zu haben, und die werden durch die kleinsten Fehler derart in sich selbst verunsichert, dass sie dies direkt weitergeben müssen. Ohne entsprechende Reflexion. Diese Menschen suchen die Fehler förmlich, statt den Fokus auf die Stärken zu legen. Und insofern werden sie auch immer etwas finden! Ich möchte Sie um einen anderen Fokus bitten, denn entsprechend bringt uns die Erkenntnis des Pareto-Modells auch nicht nur ein Aha-Erlebnis, sondern weiter.

Richten Sie Ihren Blick darauf zu erkennen, welche Ihrer Tätigkeiten zu den 20 Prozent gehören, die den meisten Erfolg bringen und räumen Sie diesen Tätigkeiten dann Vorrang ein. Das mag zunächst mal unlogisch klingen, da wir das nach dem Prinzip doch schon automatisch tun? Nein, nichts geschieht automatisch. Pareto ist ein statistisches Modell. Es greift auf Erfahrungen zurück, nicht auf Selbstverständlichkeiten.

Es gilt also, die Quintessenz der Erkenntnisse der Masse für sich zu nutzen und einzuüben. Herauszufiltern, welche Tätigkeiten eigentlich überflüssig sind und die dann einzuschränken. Und natürlich gehört zu dem Priorisieren auch, mal „nein" zu sagen.

Wenn es also bei der 80-20-Regel darum geht, sich auf die effizienten 20 Prozent zu konzentrieren, um seine Produktivität zu verbessern, so dürfen Sie nun aber nicht denken, dass die restlichen 80 Prozent generell verzichtbar wären. In jedem Bereich gibt es Aufgaben, die erledigt werden müssen, jedoch nicht sonderlich produktiv sind: E-Mails beantworten zum Beispiel. Darauf sollte man wohl kaum verzichten.

Doch macht es durchaus Sinn, sich die andere Seite der 20 Prozent Medaille auch mal genauer anzusehen, denn darunter fallen vielleicht bei Ihnen ebenso die Art Zeitkiller, wie reine „Smalltalk - und ich stecke mein Territorium ab – Meetings", unstrukturierte Chefs, die Kamikaze-Anweisungen geben oder Kollegen, die in ihrem Selbstdarstellungspool baden. Diese 20 Prozent kennen, bedeutet ihnen den entsprechenden Raum zu geben – oder eben zu entziehen. Was zählt, sind letztlich die anderen wesentlichen 80 Prozent voller Leidenschaft, mit denen Sie Ihre Ziele und Projekte von 0 auf 80 in 20 Sekunden auf die Straße bringen, indem Sie sie geradewegs ins Visier nehmen. Apropos geradewegs ...

Der Weg ist das Ziel – Konfuzius lässt grüssen

Begleiten Sie mich an einen langen Sandstrand, irgendwo an der Nord- oder Ostseeküste und machen Sie mit mir einen Spaziergang. Es ist Frühling oder Herbst – jedenfalls keine Hochsaison - und der Strand ist so gut wie menschenleer. Wir gehen nicht direkt am Wasser, sondern etwas oberhalb, im noch von der letzten Flut durchfeuchteten Sand. Und was tun wir, während wir uns unterhalten? Wir hinterlassen Spuren. Schritte, ob auf Waldboden oder geteerter Straße, sind sonst nicht wiedererkennbar. Aber die am Strand gesetzten Fußstapfen wirken wie Stempel, die wir unserem Weg aufdrücken. Und das - passt zu mir.

Richtig interessant wird es allerdings erst auf dem Rückweg. Als Kind habe ich immer versucht, dabei die selbst ausgetretenen Spuren wieder zu treffen und so wirklich exakt den gleichen Weg zurückzunehmen. Da sich dies, wenn man nicht rückwärts laufen will, nur seitenverkehrt gestalten lässt, ist es zumindest anstrengend. Aber nicht nur deshalb eine Spaßbremse, denn: Auch wenn man noch so vehement behauptet geraden Schrittes gegangen zu sein, so hat man doch Wellenlinien zurückgelassen! Ich gebe zu, das mag daran liegen, im Sand wegzurutschen - aber ich behaupte, dass man auch auf normalen und sogar asphaltierten Wegen, wenn überhaupt, dann nur sehr schwer und unter absoluter Konzentration, kerzengeradeaus gehen kann. Was nicht daran hindert trotzdem doch immer wieder anzukommen.

Sei authentisch und geradlinig. Das war das Motto, unter dem ich meine berufliche Welt erobern. Und gelingt zumindest letzteres auch nicht immer, so bleibt es wichtig das Wesentliche nicht aus dem Blick zu verlieren.

Den müssen Sie für sich ganz individuell herausfinden. So schloss ich beispielsweise von Anfang an einen geradlinigen Nichtangriffspakt mit langatmigen und nervigen Diskussionen, indem ich sie von vornherein aus meiner Verhandlungstaktik ausschloss.

Meetings standen für mich immer schon viel zu häufig unter dem Motto: meet & greet. Natürlich weiß ich, ein gewisser Anteil Smalltalk gehört nicht nur dazu, sondern ist wichtig. Um einen Einstieg zu finden, nicht nur thematisch, sondern auch klimatisch. Aber im Ganzen betrachtet, sehe ich die wertvolle Zeit, die dabei verloren geht, von Holz auf Stock zu kommen, ohne dabei wirklich etwas zu sagen. Und durch diejenigen, die sich einfach nur gerne selbst reden hören. Was nerven mich diese Plaudertaschen der Colleur: „Ich bin ein Star und ihr dürft mir huldigen."

Es können sich durchaus viele sachdienliche Hinweise in diesen Plauderrunden verstecken und dem offenbaren, der die Ohren groß und spitz macht. Das kommt immer auf den Einzelfall an. Aber ich vertrete heute insgesamt mehr denn je die Ansicht: Verhandlungen von Anfang an meinen Stempel aufzudrücken ist zielführender. Ein guter Freund gab mir diesbezüglich den Spitznamen: Black & Decker, weil er immer schmunzeln musste, wenn ich in Besprechungen die Sachthemen oder Probleme an die „Wand gebohrt" habe - oder in die Köpfe der Teilnehmer.

Sie verstehen meinen ganzheitlichen Ansatz? Das Berufsleben definiert sich über vieles, aber nicht unbedingt über immer schnurgerade Wege. Was nicht heißt, die Verhandlungsziele nicht klar im Fokus zu haben. Ihren Weg gehend, kann auch schon mal kurzfristig um- oder gar weggehend, also nicht immer nur stringent „darauf zu", bedeuten. Nicht ziel- und rastlos drauflos laufen - denn das erschöpft im nassen Sand, sondern auch mal innehalten und abwägen – den Tanz der Wellen am Horizont beobachten – und ansonsten gleichmäßigen Ganges kontinuierlich mit jedem Schritt Fuß fassen. Das hält hellwach und erhält den Blick auf das Wesentliche, gibt mehr Kraft als es kostet und trägt mich in die 20 Prozent Quote.

Noch auf ein Wort

Man braucht nicht unbedingt Leidenschaft für die Arbeit, ja, man könnte sogar die These vertreten, dass viele Probleme im Arbeitsleben sogar von Leidenschaft verursacht werden, doch das wird das Thema meiner nächsten Geschichte sein, aber: man braucht Leidenschaft! Für irgendwas. Und die Arbeit nimmt, ja stiehlt, einem die Zeit dafür. Wer also seine Leidenschaft in der Arbeit findet, in ihr leidenschaftlich aufgeht, hat daher einen hedonistischen Effizienzvorsprung, weil er für seine Leidenschaft bezahlt wird, während andere unter Umständen dafür zahlen müssen.

Aber Achtung: Ich erlebe häufig so etwas wie eine kollektiv-manische Glorifizierung von Arbeit. Das kann Schaden anrichten. Denn dies suggeriert, dass jemand, der sich im Arbeitsleben mit weniger als dem makellosen Glück zufriedengeben muss, schon von vorneherein versagt hat. Da geht es dann nicht mehr darum, etwas aus subjektivem Empfinden heraus ändern zu wollen, sondern aufgrund eines latent vorhandenen gesellschaftlichen Drucks. Ich sehe da eine ambivalente, weil sich überschneidende Entwicklung der unterschiedlichen Generationen: Während der sogenannten Generation X noch das Image der verbissenen Kämpfer anhaftet, die alles mit zusammengebissenen Zähnen durchstehen, das Wort Stress zum Alltag und fast schon guten Ton gehört – wer ihn nicht hat, arbeitet nicht genug! -, sucht die sich langsam etablierende Altersklasse der Generation Y ihr Heil im genauen Gegenteil. Und bleibt damit nicht in irgendeinem Trend stecken, sondern steckt Arbeitswelt, wie Führungsetagen mit diesem Gedankengut an.

Mittlerweile scheint das Wort Stress geächtet und Anspruchsdenken auch schon auf dem Index zu stehen. Die Herausforderungen des Jobs müssen immerzu eingebettet sein in einen Work-Life-Balance-Flow, der uns durchs Arbeitsleben schweben lässt. Ist das realistisch? Nein, natürlich nicht. Das Ziel mag ja lobenswert sein, doch ist es nicht erreichbar, setzen wir uns damit nur auf andere Weise unter Druck. Mehr noch als mit dem Streben nach Erfolg, ist es das Streben nach dem „Wolle-Wolle-weich-Erfolg", der letztlich in die dadurch bedingte grassierende Unzufriedenheit mündet.

Alles, was sich nur in reinem Kopfkino erschöpft, wirkt destruktiv. Nichts gegen die Vorstellungskraft, dass Sie Ihren Job mit einer Leidenschaft ausüben, die Sie schon fast glückstrunken besinnungslos macht und wenn ein Banker aussteigt, um künftig Brautsträuße zu binden, dann freue ich mich mit ihm. Aber ich bin zu sehr Realistin, um nicht zu wissen, dass das nicht die Normalität abbildet. Denn wäre die totale und absolute Selbstverwirklichung eines jeden Berufstätigen die universale Messlatte, zerbräche die Mehrheit daran jeden Tag aufs Neue.

Erfüllung kann das Leben in vielen Bereichen bieten. Und Freunde, Familie und Freizeit werden doch dadurch nicht weniger wertvoll, dass sie mir die ausgleichende Balance bieten, die ich im Beruf nicht finde. Dafür verdiene ich mit meiner Arbeit Geld. Auch eine Form der ausgleichenden Balance und dem Blick fürs Wesentliche. Das ist der Normalfall, und kein Leben läuft schief, wenn es so läuft.

Es geht also nicht darum den Druck mittels oktroyierter Standards sogar noch zu erhöhen. Stattdessen geht es einerseits um die Fähigkeit zur Selbstregulation. Das heißt, aus den zur Verfügung stehenden Mitteln - der inneren Einstellung, kombiniert mit den eigenen Fähigkeiten, den Bedingungen und der Beschaffenheit der Außenwelt - das dem eigenen Maßstab entsprechende Bestmögliche zu machen. Und andererseits darum, dies in sein Innerstes zu integrieren, so dass Sie eins werden mit sich - mit sich im Wesentlichen im Reinen sind und bleiben. Sie allein legen die Definition für Ihren Erfolg fest, ich kann Ihnen hier nur ein wenig von dem erzählen, was ich in zwei Jahrzehnten gelernt habe. Doch ist es sehr viel wichtiger, wie Sie für sich persönlich Erfolg und Misserfolg definieren. Es zu thematisieren und sich dieses Buch gekauft zu haben, sind schon mal ein paar sinnvolle Ansätze, ganz genau Maß zu nehmen und dann Ihrem Nukleus entsprechend das Maß aller Dinge zu werden. Dafür wünsche ich Ihnen alles Gute.

Meine Erfolgsformel

   80% effiziente Strategien
+ 20% Mut zur Lücke
_____

= 100% Erfolg

Herausforderungen suchen
Nela Novakovic

Werden Sie zu Ihrem eigenen Erfolg.
Ich gehe leidenschaftlich in meinen Beruf auf. Ich liebe und suche den Erfolg. Mit dieser Energie bin ich geboren: Bewährtes erhalten und Herausforderungen suchen - das ist mein persönliches Erfolgsrezept. Und ich möchte Sie auf den folgenden Seiten entflammen, Ihre Leidenschaft zu suchen und dafür zu brennen!

Wie findet man zum Erfolg? Es ist eine Sache des Interesses. Des wirklich ernsthaften Interesses. Etwas nicht gerne zu tun, macht auch den Erfolg unwahrscheinlicher. Fragen Sie sich: Womit befasse ich mich am liebsten? Was macht mir keine Mühe und wobei vergesse ich die Zeit? Sobald Sie sich für eine Sache wirklich interessieren, beginnen Sie tiefer in die Materie einzudringen. Dazu gehört das Ausprobieren, als auch das Lernen. Umso mehr Sie darüber wissen, umso mehr möchten Sie erfahren. Je neugieriger und interessierter Sie werden, umso größer wird die Auswahl, denn das Angebot steigt. Und so geht es immer weiter, bis der Punkt kommt, wo die Beschäftigung damit zur Leidenschaft wird. Sollte man daraus dann auch noch ein Businessmodell machen können, dann ist der richtige Weg beschritten. Ein zusätzlicher Gradmesser ist, wenn Ihnen auch die Menschen um Sie herum bestätigen, dass Sie gerade in diesem Metier hervorragend sind.

Wenn Sie Ihre Leidenschaft gefunden haben, muß das natürlich nicht heißen, dass sich der Erfolg sofort einstellen wird. Es gehören sowohl eine Portion Beharrlichkeit als auch der Glaube an „die Sache" dazu. Vermutlich wird zuerst eine Durststrecke zu überwinden sein - trotz großem Engagement. Dann aus Trotz weiter zu machen kann sinnvoll sein, aber auch gefährlich werden. Das gilt es im Einzelfall zu prüfen. Behalten Sie also bei aller Leidenschaft immer einen gewissen Abstand bei und beachten Sie auch die Regeln der Betriebswirtschaft! Finanzielle Warnsignale nicht zu erkennen kann sehr gefährlich werden. Doch vermutlich wird man den Erfolg nur finden, indem man auch einige Fehler auf dem Weg dorthin in Kauf nimmt. Kein großes Projekt kam ohne Fehler aus – und aus manch einem Fehler wurde sogar ein Geschäftsmodell – denken Sie an „Post it"!

Ein definitives Kriterium ist, dass man es nie nur als Arbeit sieht. Es mag anstrengend sein, stressig, ja auch mal frustrierend. Doch wer die innere Stechuhr in sich trägt, die nach Hause und auf die Couch schickt, der empfindet keine Leidenschaft. Hat man das gefunden, was ausfüllt ohne überzulaufen, fühlt man sich dazu berufen, es ohne viel Tam-Tam groß zu machen. Dann ist das Gefühl der täglichen Arbeit mit dem eines Hobbys zu vergleichen. Treiben Sie beispielsweise leidenschaftlich gerne Sport, dann lassen Sie die Serotoninschübe ja auch Verletzungen und Schmerzen vergessen. Ein Hobby ist Ihnen niemals lästig, auch wenn Sie viele Stunden darauf verwenden. Ja, logisch, sagen Sie - sonst wäre es ja nicht mein Hobby. Genau. Aber warum sollte das dann nicht ganz genauso für Ihren Beruf gelten, dem Sie die Hälfte Ihres Lebens widmen – nein, nicht opfern! – ganz genau DAS wäre doch unlogisch, oder?

Sich schon am Morgen auf die Aufgaben des Tages zu freuen, ob nun positiv oder negativ, ob lösbar oder scheinbar unlösbar, jeden Tag voller Energie an die Arbeit zu gehen, ohne die Angst, dass Probleme nicht gelöst werden können, sondern Vertrauen zu haben, diese mit Kreativität und Know-how zu meistern – das ist das Ziel.

Um eine solche Berufung zu finden, sollte man so früh wie möglich open-minded durchs Leben gehen. Dann findet man seine Leidenschaft fast von selbst beziehungsweise wird man von der Leidenschaft gefunden. Es spricht nichts dagegen, sich dabei auch vom Bauchgefühl leiten zu lassen. Sie merken, dass Sie auf dem richtigen Weg sind, wenn Sie sich auf den Montag freuen oder die Wochentage gar keine Bedeutung für Sie haben. Wenn Sie diese Passion gefunden haben, also das, worin Sie gleichzeitig gut sind und es genießen, ja es vielleicht sogar lieben, dann stellt sich die Frage nach der Leidenschaft gar nicht mehr. Sie gehört dann zu Ihrem täglichen Leben, wie das Zähneputzen. Etwas nicht nur zu tun, weil Sie damit gut verdienen, sondern weil Sie sich ein Leben ohne gar nicht vorstellen können. Kommen diese beiden Beweggründe zusammen, ist das der Superbowl.

Natürlich gibt es trotzdem in jedem Beruf Sequenzen, die auch mal keinen Spaß machen. Das kann eine weite Bandbreite haben. Ob es die unzähligen zu beantwortenden E-Mails sind oder Sie einem Mitarbeiter kündigen müssen. Auch das muss sein. Auch das gehört dazu, wenn Sie eine leidenschaftliche Führungskraft sind. Und auch das ist nicht nur schlecht. Denn je mehr Sie es hassen, umso mehr werden Sie vielleicht die Mitarbeiterentwicklung vorantreiben oder zur Chefsache erklären.

Mit einer guten Mischung aus Intuition, Glück, Mut, Steherqualitäten und Selbstvertrauen, stehen die Chancen für jeden gut, seine Leidenschaft auch im Beruf zu finden und ausleben zu können. Letztendlich fordert aber auch jeder Traumjob Respekt, Toleranz und Kompromissfähigkeit ein. Nur unter diesen Prämissen kann er der Richtige sein.

Mitten hinein in den Erfolg

Nun könnte man ja sagen, wenn man Dinge tut, die einem am liebsten sind, was braucht es da noch Erfolg, da man ihn doch bereits lebt. Kann man sagen, ja. Also nennen oder definieren wir den Erfolg anders: gesättigten Ehrgeiz. Jemand, der Ehrgeiz in sich verspürt, wird sich nicht damit zufrieden geben, „nur" leidenschaftlich zu arbeiten, der wird auch die Früchte dieser Arbeit ernten wollen.

Die Formel: „Leidenschaft = Erfolg" wäre allerdings etwas zu simpel.

Leidenschaft ist sicherlich das wichtigste Fundament, doch sollten ausreichend Selbstkritik, Mut zu Entscheidungen und zur permanenten Veränderung hinzukommen. Das heißt, jegliche Entscheidung muss für das Umfeld als authentisch und wahr empfunden werden, ob nun im privaten oder beruflichen Umfeld. Und es braucht eine gehörige Portion Glück. Meine Überzeugung ist, dass Glück kein Zufall ist. Es gibt Momente im Leben, da stimmen so viele Faktoren überein, dass ein Schritt nach vorne die einzig logische Konsequenz ist. Dann geht es darum, die innere Stimme in die innere Einstellung zu überführen, so dass es schon fast einer Erleichterung gleichkommt, neue Wege zu beschreiten.

Die Konsequenz und Ausdauer, sein Ziel nicht aus den Augen zu verlieren und das ständige Bestreben es zu erreichen – und dazu noch eine gehörige Portion Talent als Grundlage: Dann macht man etwas nicht nur leidenschaftlich gerne, sondern ist auch richtig gut darin. Talent, Ausdauer, zum richtigen Zeitpunkt am richtigen Ort zu sein: All das erlaubt es scheinbar spielerisch Erfolg zu haben; tatsächlich das Hobby zum Beruf zu machen und wesentlich mehr leisten zu können, als jemand, der für sein tägliches Brot ohne Leidenschaft arbeiten geht. Weitere wichtige „Zutaten" sind: Kreativität, Durchsetzungskraft, aber auch Geduld und ein großer Mut zum Risiko. Es gibt nämlich vor dem Erfolg keine Sicherheiten für das Ziel.

Außerdem unabdingbar: eine tiefe Sehnsucht nach dem Erfolg! 50 Prozent konsequente, strukturierte und pragmatische Strategien und 50 Prozent Esprit, Emotion und totale Hingabe. Ist all das vorhanden, kann es schon fast körperlich weh tun, wenn ein Plan nicht sofort so aufgeht wie gewollt. Umso mehr ist dann die Konsequenz gefordert, es so lange zu probieren bis es klappt.

Sicher gibt es auch gewisse Laufbahnen, wozu man nicht mal besonders talentiert sein muss. Doch unbedingt notwendig ist es, Angst und Zweifel zu vermeiden. Dies sind die größten Hindernisse zum Erfolg. Daher sehe ich das Selbstvertrauen als eine der absolut wichtigsten Eigenschaften um erfolgreich zu sein. Vertrauen in sich selbst und seine Fähigkeiten, Neugier auf sich selbst und neue Herausforderungen, Freude über sich selbst und Erreichtes, sind die tragenden Säulen für meinen Erfolg.

Mein grösster Erfolg bin ich selbst!

Ich habe immer ein klares Ziel vor Augen oder setze mir mehrere. Diese Ziele auszuformulieren macht Sinn! Dabei erkennt man Hürden frühzeitig und auch manchmal, dass das Ziel im Kopf viel zu kurz gesprungen war. Darauf zu achten mich nicht auszuzehren, fällt zwar manchmal schwer. Aber ich bin ein durch und durch positiver Mensch. Ich weiß, dass es immer einen gangbaren Weg gibt, mag es auch aktuell noch so schlecht aussehen. Mit dieser optimistischen Lebensbrille auf der Nase kann man auch schon mal ins Stolpern kommen, deshalb Obacht: Es ist genauso wichtig realistisch zu bleiben und nicht abzuheben. Das gelingt, wenn Sie nicht in erster Linie problem-, sondern lösungsorientiert denken.

So sind meine Lieblingstiere der Tiger und die Kuh. Warum mir die so sehr gefallen?

Weil sie so gegensätzlich sind. Als Haustiere sind sie jedenfalls definitiv nicht geeignet. Aber wer weiß, vieles was ich mir in den Kopf setze, setze ich oft auch irgendwie durch. Vielleicht gelingt es mir ja doch in irgendeiner Zukunft meine Lieblingstiere zu Hause begrüßen zu können.

Natürlich gibt es auch in meinem Leben schwierige Situationen. Die zu verdrängen wäre dumm und keineswegs lösungsorientiert! Ob es im Auslandsstudium der Diebstahl meiner kompletten Habseligkeiten war oder ob mein serbisches Geburtsland bei Bewerbungsgesprächen anfangs manchmal mehr interessierte, als meine Qualifikationen – ich habe mich stets durch alles hindurchgekämpft und alle Chancen, die sich mir boten ergriffen. Für mich galt immer: Gibt es ein Problem - finde eine Lösung.

Die Situation annehmen, sie begreifen und verarbeiten – mit dem nötigen Zeitfenster! Manchmal eröffnen sich dann aus der Akzeptanz heraus doch wieder „Augenblicke" auf mögliche Lösungsszenarien. Dann wird aus einer vermeintlichen Sackgasse plötzlich ein veränderbarer Zustand. Zur Akzeptanz gehört aber auch das Loslassen. Nicht alles ist unter allen Umständen durchziehbar. Es gibt Dinge und Ideen in meinem Kopf, die brauchen die permanente Bereitschaft mich selbst zu überdenken. Es ist wichtig das zu erkennen und auch umzusetzen. Auch das ist ein Teil meiner positiven Denke und Energie. Denn selbst wenn es sich um einen Misserfolg handelt, den ich auch beim besten Willen nicht in einen Erfolg umdeuten kann, dann weiß ich doch: Ich habe es versucht; ich habe mir nichts vorzuwerfen. Daran jedoch um jeden Preis festzuhalten, kostete mich viel zu viel Energie. Es lässt sich nichts festhalten, was nicht bleiben will. Aber das Wichtigste: Rückschläge entmutigen mich nicht.

Menschen beklagen sich sehr häufig über ihre Umwelt, ohne dabei zu bemerken, dass sie es doch selbst in der Hand haben, sich ihre Welt selbst zu schaffen, in der sie gerne leben würden. Jeder hält sein Schicksal in seiner Hand, wenn er Verantwortung übernimmt. Mit diesem Blick ist man nie Opfer, sondern kann durch sein Verhalten immer etwas bewegen, verändern und zum Besseren lenken.

Natürlich muss ich meine Leidenschaft auch manchmal zügeln. Es gibt Probleme, die gehören äußerst gründlich analysiert. Die Steuerung meiner Emotionen ist dann wichtig, um die richtigen Wege zu erkennen und einzuschlagen. Vermeidung macht keinen Sinn.

Was nicht heißt, dass ich nicht ein sehr emotionaler Mensch wäre. Für mich ist das emotionale Pendant zur beruflichen leidenschaftlichen „Besessenheit" im Privaten die Beständigkeit. Neben meiner Familie gehören Freunde zu meinen wichtigsten Bezugspersonen. Mit ihnen teile ich meine Interessen und entdecke Neues. Der Zuspruch, die Anerkennung und die Unterstützung sind unverzichtbare Ressourcen, um mich immer wieder aufs Neue zu stabilisieren und umgekehrt gilt dies genauso – bin ich meinen besten Freunden eine wertvolle Stütze. Leidenschaft funktioniert nie isoliert, nur auf einen Lebensbereich bezogen oder gar als Einbahnstraße.

Die Liebe zu meiner Familie macht mich zu einem sehr engagierten Familienmenschen. Die Fähigkeit dies und die erfolgreiche Geschäftsfrau in einem zu sein, folgt in beiden Fällen der Selbstmotivation einer zutiefst empfundenen Berufung. Beides zu verknüpfen, ohne das eines der beiden verwässert, die Strategien und Talente aus beiden Bereichen wertschöpfend ineinander fließen zu lassen, ist mein tägliches Ziel.

Und es zieht sich noch weiter wie ein roter Faden durch mein Leben: Ich unterrichtete „English for Kids" bei der AWO und dieses ehrenamtliche Engagement erlaubte es mir, meine Stärken und mein Wissen an einer Stelle zu teilen, wo sie auf besonders fruchtbaren Boden fielen. Es machte mir großen Spaß den Kindern dabei zu helfen, eine erfolgreiche Zukunft für sich zu gestalten. Fremdsprachen sind für mich ein Medium um Horizonte zu öffnen und Barrieren zu brechen. Es bereitet mir immer wieder eine große Freude, wenn ich nach all den Jahren Kinder aus den Kursen wiedertreffe und mir diese dann voller Stolz erzählen, was sie von damals noch behalten haben beziehungsweise welchen Vorteil ihnen das in ihrem Leben gebracht hat. Ihre leuchtenden Augen geben mir persönlich mehr als jede Auszeichnung.

Resilienzerwerb

Wie ist es bei Ihnen? Haben Sie Probleme mit Ihrem Selbstbewusstsein? Ist das Leben für Sie meistens schwierig? Ist es für Sie nicht leicht, mit Druck umzugehen. Aus schlechten Erfahrungen beziehen Sie wenig. Sie fühlen sich leicht verletzt, wenn Sie kritisiert werden. Manchmal erleben Sie sich hilflos?

Wie kann ich mein Selbstbewusstsein trainieren? Lässt sich vielleicht sogar diese besondere Widerstandskraft, die man heute Resilienz nennt, erlernen? Ja, das ist beides möglich. So hat die im Kindesalter entwickelte Persönlichkeit natürlich Auswirkungen auf das Verhalten als Erwachsener. Doch das heißt nicht, dass sie für immer und ewig in uns manifestiert wäre. Persönlichkeitsmerkmale sind nicht in Stein gemeißelt. Auch Erwachsene können in jedem Fall noch bedeutende Veränderungen erreichen. Es ist nie zu spät für eine glückliche Kindheit!

Unsere Gedanken machen uns zu dem, was wir sind – ein mittlerweile arg strapazierter Satz, doch seine Aussage trifft zu. Der Mechanismus unseres Unterbewusstseins funktioniert nicht in Form vernünftiger und nachvollziehbarer Gedankenabläufe. Vielmehr wird aus Erfahrung Gewohnheit und wiederkehrende Verhaltensmuster automatisieren sich. Das gilt es zu beachten und da gilt es aktiv anzusetzen. Dabei geht es nicht darum, sich auf Teufel komm raus abzuhärten oder alles von sich wegzuschieben, sondern um den Erwerb von Frustrationstoleranz und einen besseren Umgang mit seelischem Schmerz. Ein wichtiger Ansatzpunkt dabei sind die Gedanken.

Man kann seine Gedanken nicht abstellen. Schön wäre es manchmal, aber in der Regel umgeben sie uns immerzu. Sie lassen sich in Bahnen lenken, indem ihnen so lange bewusst Schienen vorgelegt werden, bis sie wie von selbst dorthin fahren, wohin sie sollen. Dann übernimmt das Unterbewusstsein. Hier ein paar Impulse:

- Versuchen Sie in einer Krise oder chaotischen Situation durchzuatmen und sich darauf zu konzentrieren, was Sie sinnvollerweise tun können.
- Bleiben Sie optimistisch. Sehen Sie Schwierigkeiten realistisch als das an, was sie sind: vorübergehend. Akzeptieren Sie sie und glauben Sie daran, dass „es" gut ausgehen wird.
- Halten Sie Ungewissheit und Unentschiedenheit eine Zeitlang aus.
- Passen Sie sich an neue Entwicklungen an.
- Seien Sie irgendwie spielerisch unterwegs. In den schwierigsten Situationen kann Humor oder über sich selbst lachen zu können, ein probates Mittel sein.
- Sagen Sie sich: Ich bin in der Lage, mich von Verlusten und Rückschlägen emotional zu erholen.
- Sprechen Sie mit Freunden darüber. Fassen Sie Ihre Gefühle in Worte, drücken Sie sie aus, bitten Sie ruhig andere um Hilfe.
- Seien Sie neugierig. Stellen Sie viele Fragen. Entdecken Sie so neue Wege.
- Nutzen Sie persönliche und Erfahrungen anderer, um daraus wertvolle Erkenntnisse zu gewinnen.
- Üben Sie sich darin analytisch, kreativ oder praktisch zu denken – je nachdem.
- Dinge gut auf den Weg zu bringen lernen Sie nur, wenn Sie oft Gruppen oder Projekte leiten. Melden Sie sich freiwillig dafür.
- Sie sind optimistisch und pessimistisch, vertrauensvoll und vorsichtig, selbstlos und egoistisch? Wunderbar! Bleiben Sie flexibel. Fühlen Sie sich mit Ihren Gegensätzen wohl, denn denken Sie daran:
- Sie sind immer Sie selbst und authentisch! Aber das heißt nicht, dass Sie nicht mit unterschiedlichen Leuten und in verschiedenen Situationen immer auch anders sein können - Ihr anderes Selbst!
- Nehmen Sie Menschen so gut wie möglich wahr und vertrauen Sie auch mal auf Ihre Intuition.

- Hören Sie immer gut zu.
- Erhalten Sie sich Ihren Freigeist.

Aber am allerwichtigsten ist die Beantwortung der Frage: „Möchten Sie lernen, mit Schwierigkeiten besser umzugehen?" Ist Ihre Antwort „JA!", dann ist es ein guter Start, gemeinsam mit anderen, Ihre Fähigkeiten zur Resilienz zu entwickeln. Lassen Sie sich coachen, ermutigen und anleiten. Vielleicht ermöglicht Ihnen sogar Ihr Arbeitgeber ein entsprechendes Coaching. Wenn Sie Freude daran haben, Neues dazuzulernen, ist das schon eine gute Basis. Menschen lernen von anderen, lernen von Vorbildern. Und auch Sie können (eines Tages) ein Vorbild sein.

Für mich selbst ist dies ein beständiger Anspruch. Doch nicht derart, etwas „vorzuleben", so dass die Mitarbeiter es nachahmen können. Menschen sind komplex. Der Punkt ist ein anderer. Ein Beispiel: Wir wissen natürlich, dass man einen Mitarbeiter nie vor der Gruppe kritisieren darf. Aber wir haben kein Problem damit, einen Mitarbeiter vor der Gruppe zu loben. Aber das ist doch toll, denken Sie? Nun, den einen Mitarbeiter lächeln wir an, den anderen nicht. Den einen grüßen wir, den anderen nicht. Mit dem einen reden wir länger, für den anderen haben wir gerade keine Zeit. Merken Sie etwas? Der Grund liegt natürlich in unserem Terminplan, in der Eile, an unserer momentanen Stimmungslage; es ist nichts Persönliches, aber woher sollen die Mitarbeiter das wissen. Und obwohl wir vielleicht denken, dass wir eine Vorbildfunktion einnehmen, kommt an irgendeiner Stelle Missmut auf, breitet sich im Büro wie ein Virus aus und holt uns völlig überraschend bei der nächsten Teamsitzung wieder ein.

Wir müssen nur in einem Vorbild sein: unsere Werte und Anforderungen mit den Mitarbeitern respektvoll und wertschätzend teilen, dass sie den Mitarbeitern auch bewusst sind. Die Verhältnisse müssen klar sein. Alle müssen wissen, was von ihnen erwartet wird und woran sie gemessen werden. Einfaches „Vorleben" reicht nicht. Und diese Messung erfolgt anhand von Kriterien, die für alle gleichermaßen gelten sollten.

Mit Freude für Bewährtes einstehen und beständig offen für Neues bleiben – das wünsche ich Ihnen.

Suchen Sie sich die Herausforderungen, die Ihre Leidenschaft entfachen, nehmen Sie sie an und bleiben Sie in Schwung - und Ihr Erfolg ist Ihnen so gut wie sicher!

Meine Erfolgsformel

   Leidenschaft entfachen
+ Neugierig bleiben
+ Unwegbarkeiten voraus sein
———————————————
= Erfolg

Vorwärts gehen
Susanne Caspar

Riskieren Sie es mutig zu sein.
Wo immer Menschen Dinge verändern wollen oder müssen, entstehen Risiken und es besteht die Gefahr zu scheitern. Dieser Fakt klingt unangenehm, ist aber private und beruflich gelebte Praxis. Wir gehen tagtäglich mit Risiken unterschiedlicher Dimension um und akzeptieren auch ein Scheitern. Dies ist Bestandteil unseres Lebensalltags. Ein Wagnis einzugehen erfordert meistens Mut. Und den möchte ich Ihnen mit meiner Geschichte machen!

„Fürchte Dich nicht vor dem Vorwärtsgehen, fürchte Dich vor dem Stehenbleiben." Ich möchte mit dieser chinesischen Weisheit meine beruflichen Erfahrungen, Gedanken und meine Empfehlungen für ein mutiges aber auch abgewogen - risikobereites Handeln illustrieren.

Als Führungskraft ist ein Wegducken vor Entscheidungen mit Risikopotenzial der sichere Weg im Mittelmaß hängenzubleiben. Die Wertschätzung von Vorgesetzten, Kollegen und Mitarbeitern wird sich auch in Grenzen halten. Eine Empfehlung für weiteren Aufstieg mit einem umfassenderen Verantwortungsbereich ist es ganz sicher nicht. Andererseits ist ein zu schnelles und unüberlegtes "hier bin ich, welches Problem darf ich lösen" auch nur bedingt empfehlenswert und keine Aufstiegsgarantie.

Dennoch bin ich der Ansicht, und meine berufliche Entwicklung belegt dies, dass eine erhöhte Bereitschaft zu mutigem und riskantem Handeln nötig ist. Keine erfolgreiche Unternehmung, auch die eigene Karriereentwicklung, kommt ohne Schritte in neues, unbekanntes und somit risikobehaftetes Terrain aus. Das Unangenehme ist, es gibt meist keine Blaupause für Risiko minimiertes und erfolgreiches Agieren. Die Entscheidung den Schritt ins Unbekannte zu wagen, nicht zu wissen, ob die eigenen Fähigkeiten und bisher erworbenen Erfahrungen ausreichen um diesen Weg erfolgreich zu meistern, ist immer wieder eine große Herausforderung, die zeitweise auch von Ängsten, Unsicherheiten und Selbstzweifeln begleitet wird.

Nicht jeder wird das Bonmot von Arthur Schopenhauer: „Hindernisse überwinden ist der Vollgenuss des Daseins" in solchen Situationen nachempfinden können. Ich kann aber bestätigen, dass sich nach einer erfolgreich bestandenen Herausforderung, ein großartiges Gefühl der Befriedigung und des Stolzes auf die eigenen Fähigkeiten in einem ausbreitet. Vor allem auch der Mut sich einer Aufgabe gestellt zu haben, die man anfangs für kaum lösbar gehalten hat, wirkt nach. Neben der verinnerlichten Gewissheit, dass man es kann, wird die nächste große Aufgabe mit einem spürbar gestärkten Selbstbewusstsein, noch mehr Mut und der Freude sich an Größerem zu beweisen, schon viel selbstverständlicher und lockerer angegangen.

Doch stehen ja nicht nur Menschen in Führungsverantwortung immer wieder vor Herausforderungen, wenn die Auswirkungen von Entscheidungen nicht valide voraussagbar sind. Das betrifft auch Mitarbeiter, denen sich eine neue Chance im Unternehmen eröffnet, bei der ihnen jedoch mulmig wird. So hatte ich einmal eine Sekretärin, mit der ich bereits länger zusammenarbeitete und ihr Potenzial erkannte. Das Problem war allerdings, sie selbst sah dies nicht. Jemandem, der nicht genug Selbstvertrauen hat, diesbezüglich die Augen zu öffnen, ist nicht leicht. Man kann als Vorgesetzter noch so empathisch und gesprächstrainiert sein: die Basis Selbstbejahung, die noch nicht auf einem festen Fundament steht, ist nicht einfach hierarchisch installierbar! Das braucht einen fruchtbaren Boden. Ein sich Öffnen für Perspektiven, die einem selbst bislang komplett verschlossen vorkamen.

Sollten Sie das also erleben, liebe Leser, dass Ihr Vorgesetzter eines Tages vor Ihrem Schreibtisch steht und Ihnen ein Angebot macht, das Sie zunächst aus allen Wolken fallen lässt – so sagen Sie nicht sofort nein. Fassen Sie sich, und bitten Sie darum, in aller Ruhe die Konsequenzen gemeinsam durchdenken zu dürfen. Ich machte meiner Sekretärin beispielsweise den Vorschlag, den möglichen Fall des harten Aufpralls aus den Wolken, abzufedern. Sie bekam die Chance den Fuß auf die Karriereleiter zu setzen und bei Nichtgelingen ohne Gesichts- und Stellungsverlust wieder in ihre ursprüngliche Position zu wechseln. Ich bot ihr meine imaginäre Hand – also sie nach dem nächsten Schritt nicht alleine zu lassen. Das wirkte. Sie brachte den Mut auf und wuchs auf der neuen Position über sich hinaus. Ich hatte ihr Selbstbewusstsein geweckt. Es war die ganze Zeit da, doch schlummerte es ungenutzt vor sich hin. Nun ist sie fürs Unternehmen produktiver als manch ein Jungakademiker, der „Was kostet die Welt" auf der Stirn geschrieben stehen hat!

Diese Form der vorsichtigen Mitarbeiterentwicklung hat also einen doppelten Effekt und ich kann nur allen Führungskräften empfehlen: Achten Sie auf vermeintliche „Schläfer" in Ihrem Unternehmen. Aber, halten Sie diesen nicht nur den rasselnden Wecker ans Ohr, sondern bauen Sie ihnen Brücken. Dieser Art vordenkende Hilfe zum Umdenken lohnt sich!

Mein Weg und meine Ziele in den letzten 25 Jahre

Ohne damals die oben genannten Gedanken oder Abläufe zu kennen, hatte ich schon in der Schulzeit meinen eigenen Kopf. Beide Elternteile im Krieg geboren, in der Nachkriegszeit in die Schule gegangen, hatten selbst nur den Volksschulabschluss.
Um ihr Kind nicht zu überfordern, wollten sie mich, trotz anderweitiger Empfehlung der Schule, lieber auf die Realschule statt auf das Gymnasium schicken. Mit dem nötigen Willen und einer gehörigen Portion Hartnäckigkeit habe ich meine Eltern überzeugt mir das Abitur zu ermöglichen. Ich war eine gute Schülerin. Doch war es auch eine ungewohnte Erkenntnis, dass meine Eltern mir bei den meisten Fächern keine Unterstützung beim Lernen geben konnten, da sie z. B. Sprachen nie selbst gelernt hatten. Hier habe ich das erste Mal erfahren, was es bedeutet, sich auf ein großes Ziel einzulassen und dabei weitestgehend auf sich selbst angewiesen zu sein.

Außerdem habe ich früh ein besonderes Faible dafür entwickelt, ganz bewusst in sogenannte Männerdomänen „einzudringen". Auch das ging und geht natürlich nur über Kompetenz. Und das fing damit an, dass ich mir das Skat spielen von Freunden habe beibringen lassen - weil mein Vater das Spiel seiner Tochter nicht erklären wollte - ging über Physik bis zum Abitur - als einziges Mädchen in meiner Stufe - bis hin zu meiner Neugierde, mich in einer Schulprojektwoche lieber mit der Funktion eines Otto Motor auseinanderzusetzen, als z. B. mit dem Malen von bunten Bildern. Diese Themen waren für mich im Nachhinein gesehen standortbestimmend. Ich habe ihn mir noch anhören müssen, den Chauvi-Spruch eines Kommilitonen, als ich überlegte in „seinem" Lehrstuhl meine Diplomarbeit zu schreiben: Ich nähme einem männlichen Kollegen einen Studienplatz weg, da ich ja doch heiraten würde, Kinder bekommen und dann aufhören würde zu arbeiten. Derlei prägt! Macht wütend und aktiv, im Kopf und in Bezug auf die Lebensthemen - bis heute! Und natürlich habe ich meine Diplomarbeit dort geschrieben, schon alleine um es diesem Idioten zu zeigen.

Nach dem Abitur entschied ich mich für das Studium der Biologie. Wohl wissend, dass die finanzielle Unterstützung von zu Hause nur minimal sein konnte, habe ich von Anfang an gejobbt. Mit Erfolg und Glück konnte ich mich relativ schnell aus einem Nebenjob als Promotiondame für Camel und Coca Cola weiterentwickeln. Nach zwei Jahren bot man mir an, als Gebietsleiterin ein Team von 65 Freelancern eigenverantwortlich zu führen. Dies war Neuland für mich, aber das in mich gesetzte Vertrauen war ein großer Motivator meine Selbstzweifel und die Angst zu scheitern zu überwinden. Mit jedem gelungenen Promotionevent stieg meine Selbstsicherheit und mein Ehrgeiz die Abläufe und Effizienz meiner Einsätze zu verbessern. Dies schon alleine deswegen, um mein Studium erfolgreich innerhalb der Regelstudienzeit mit dem Diplomabschluss zu beenden und meine seit dem zweiten Semester völlige finanzielle Unabhängigkeit zu erhalten.

Nach Beendigung meines Studiums stand ich vor der Wahl als Biologin in die Forschung zu gehen, oder das Angebot einer Eventagentur anzunehmen, und nun als Projektleiterin mit 120 freien Mitarbeitern im Promotionbereich weiterzuarbeiten.

Rückblickend kann ich sagen, dass die Entscheidung nicht als Biologin tätig zu werden, sondern als Quereinsteigerin im Bereich Marketingpromotion zu arbeiten, eine richtungsweisende Entscheidung war, zu der mein Bauchgefühl einen nicht unerheblichen Anteil beigetragen hat. Es waren weder die überdurchschnittliche Bezahlung für eine Berufseinsteigerin noch ein flippiges Arbeitsumfeld, was mich zu diesem Schritt veranlasste. Es war das kribbelnde Gefühl mich immer wieder in neuen komplexeren und größeren Aufgaben beweisen zu können - auch mit dem nicht geringen Risiko an der Umsetzung eines Projektes zu scheitern. Und es war die Reflexion und Rückbesinnung auf die seinerzeit große Herausforderung, als 22-jährige Biologiestudentin mit Mut und Risikobereitschaft eine unternehmerische Tätigkeit mit Personalverantwortung angenommen und erfolgreich über vier Jahre bewältigt zu haben.

Mein nächster beruflicher Schritt führte mich dann in das OTC-Marketing einer größeren amerikanischen Pharmafirma. Hier konnte ich innerhalb von fünf Jahren die klassische Laufbahn von der Marketingassistentin zur Brandmanagerin durchlaufen. In dieser Zeit erarbeitete ich mir bei der Führung mehrerer bekannter und großer OTC-Marken das Handwerkszeug für weitere anspruchsvollere Aufgaben.

Diese Gelegenheit ergab sich durch das Angebot als Marketing- und Exportleiterin in ein kleineres mittelständiges Pharmaunternehmen einzusteigen. Auch bei dieser Entscheidung war es der Reiz, mich neben einem größeren Verantwortungsrahmen mit Personalführung, in ein ganz neues, zusätzliches Aufgabengebiet - den Bereich Export - einzuarbeiten und dies dann auch erfolgreich zu gestalten. Bis zu diesem Zeitpunkt hatte ich noch keine Idee vom Exportbereich, aber ich kannte mich im Marketing aus. Also würde ich die zweite Hälfte der Position auch noch erlernen können. No risk, no fun.

Nach vier Jahren wurde ich durch einen Headhunter angesprochen, ob ich Interesse an einer Position als Marketingleiterin mit Prokura in einem großen bekannten weltweit tätigen Pharmaunternehmen hätte. Nach dem ersten Vorstellungsgespräch war ich mir sehr unsicher, ob ich diesen großen Schritt wagen könnte. Eine deutlich höhere Personalverantwortung mit vielen gestandenen, erfahrenen und älteren Mitarbeitern, dazu die Leitung der Med.-Wiss. Abteilung, zuständig außerdem für das Business Development, die Marktforschung und wie sich später herausstellen sollte für ein Labor und eine internationale Arbeitsgruppe. Das war schon einige Schuhnummern größer als mein bisheriges Wirkungsfeld. Außerdem hatte mein neuer Vorgesetzter, der Geschäftsführer des Unternehmens, den Ruf, sich stark in das Marketing einzumischen. Er hatte in den letzten vier Jahren drei Marketingleiter verschlissen. Der Respekt vor den knackig dargestellten umfangreichen Aufgaben und den an mich gerichteten Erwartungen waren sehr groß, fast einschüchternd. Aber es stellte sich auch wieder jene kribbelige Unruhe ein, sich mit einer solchen Aufgabe zu beweisen und so entschied ich mich nach einem langen, ausgiebigen Abwägungsprozess schließlich dafür diese Stelle anzutreten.

Unbestritten hatte ich bis zu meinem ersten Arbeitstag ein mulmiges Gefühl, ob ich nicht doch einen großen Fehler gemacht hatte. Andererseits war da auch wieder dieses aufregende Gefühl, mich in einem völlig neuen Umfeld mit deutlich vergrößertem Verantwortungsbereich zu bewähren. Ich habe in solchen Momenten für mich das Credo entwickelt: „Auch wenn ich nach einer kurzen Zeit meine Position verlieren sollte, habe ich bis dahin so viel gelernt, das mir dieses Wissen niemand mehr nehmen kann."

Es war dann oftmals eine anstrengende,

manchmal frustrierende Zeit, die sich aber auch durch einen großen Erfahrungsgewinn und sehr intensive und lehrreiche Diskussionen auszeichnete.

Mehrfach war ich kurz davor die Brocken hinzuschmeißen, aber diese Niederlage wollte ich mir unter keinen Umständen eingestehen. Also versuchte ich meinen Vorgesetzten und seine Denk- und Handlungsweise zu verstehen. Nach einiger Zeit wussten wir uns gegenseitig zu nehmen, es waren häufig nur Marginalien an denen sich größere Reibungspunkte entluden, nichts Grundsätzliches.

Eine neue Erfahrung war es, feststellen zu müssen, dass es so etwas wie heimliche Spielregeln und etliche ungeschriebene Gesetze innerhalb des Unternehmens und besonders zwischen den vier männlichen Abteilungsleitern gab. Hier war ich nicht eingeladen mitzuspielen. Der Geschäftsführer entschied dann, mit Hilfe einer renommierten Betriebspsychologin, sich und die Abteilungsleiter intensiv auf ein neues und besseres Miteinander zu coachen. Sicher hatte ich zu damaliger Zeit auch ein Defizit was die Führung meiner Mitarbeiter anbetraf. So viele Mitarbeiter auf einmal zu führen, dabei gestandene Männer kurz vor dem Rentenalter, war schon eine echte Herausforderung. Die erste Zeit des Coachings hat allen, und besonders mir, viel gebracht, und ich wurde deutlich souveräner in meinem Führungsverhalten. Leider missbrauchte die Psychologin ihre Vertrauensposition und konspirierte munter über alle Ebenen hinweg. Dies wollte ich nicht mehr mittragen. Als die Dame merkte, dass ich mich von ihr lösen wollte, kam es bei einem Dreiergespräch zwischen ihr, dem Geschäftsführer und mir zu einem Show-down.

Die Psychologin empfahl meinem Chef mich weiter coachen zu lassen, bis ich die aus ihrer Sicht weiterhin mangelnde Führungs- und Durchsetzungsfähigkeit erlernt hätte. Sie wollte es darüber hinaus durchsetzen, dass Mitarbeitergespräche nur in ihrem Beisein erfolgen sollten. Ich war über diese Anmaßung so genervt, dass ich die Zusammenarbeit mit dem Coach mit sofortiger Wirkung eingestellt habe. Eigentlich war ich fest davon überzeugt, dass dieser Schritt auch zu meiner eigenen Kündigung führte, aber ich war nicht mehr bereit mich weiterhin zu verbiegen. Zu meiner Überraschung passierte das genaue Gegenteil. Mein Chef entband den Coach von allen Aufgaben und sagte mir nur, ich hätte durch diesen Schritt sehr klar meine Durchsetzungsfähigkeit bewiesen.

Meine Erkenntnis aus diesem Vorfall möchte ich gerne an Sie weiterreichen: „Lassen Sie sich nicht verbiegen und riskieren Sie was!" Ich selbst wurde durch dieses Verbiegen unglücklich und stand unter Druck. Meine Umwelt nahm mich nicht als authentisch und damit auch als Chef nicht als souverän wahr. Vor meiner Entscheidung habe ich mich lange damit auseinandergesetzt, was schlimmstenfalls passieren könnte: Ich hätte gekündigt werden können. Das musste ich für mich erst einmal akzeptieren. Gekündigt werden wollte ich nicht. Das wäre eher ein Gefühl des Scheiterns gewesen, aber was konnte mir schon passieren? Dann würde ich mir eben eine neue Position suchen. Ich bin nicht auf den Kopf gefallen, habe in meinem Lebenslauf schon einiges vorzuweisen, bin flexibel bei meinem Wohnort - also alles besser, als diese unglückliche Situation weiter durchzustehen – so sprach ich mir Mut zu.

Meine zweite Erkenntnis aus dieser Situation: „Wenn du dich nicht verbiegst, wirst du als viel erfolgreicher wahrgenommen". Fortan lief es in dieser Firma wesentlich entspannter.

Nach sechs Jahren wechselte ich nach Berlin in die Firmengruppe eines ehemaligen Kollegen, in der ich als Geschäftsführerin für Marketing und Vertrieb diesen Bereich neu aufbaute und zusätzlich drei Firmen in eine neue Firma überführte. Getreu der Maxime: „if you can dream it, you can do it" suchte ich nach einiger Zeit nach einer neuen Aufgabe: Ich wollte als alleinige Geschäftsführerin ein Gesamtunternehmen leiten - und fand sie vor einigen Jahren. Auch in meinem jetzigen Unternehmen gibt es wieder Bereiche für die ich noch nie zuständig war, aber mit dem Wissen aus meiner langjährigen Berufserfahrung in der pharmazeutischen Industrie und meiner Neugier, auch diese Bereiche fachlich abdecken zu können, macht mir die Arbeit jeden Tag aufs Neue wieder viel Spaß. Mein Wissenszuwachs kann mir auch heute wieder niemand mehr nehmen.

Jedes Risiko, das ich eingegangen bin, hat sich am Ende des Tages gelohnt.

Die Erkenntnisse meines bisherigen Berufsweges

Wie man an meiner bisherigen beruflichen Entwicklung sehen kann, gab es immer wiederkehrende Ereignisse und Situationen, die Chancen und Risiken für mich bereithielten. Wie bin ich vorgegangen? Habe ich einen Masterplan mit Erfolgsformeln? Welche Rolle spielen Zufall oder das Glück, zur richtigen Zeit an der richtigen Stelle gewesen zu sein? Reflektierend trifft beides in unterschiedlichem Maße zu. Ich denke, dass die Persönlichkeitsstruktur die Basis für die Bereitschaft zu einem risikoaffineren Handeln darstellt. Ob dies in der Folge auch gelebt wird ist eine andere Frage. Zwischen einer ängstlichen Person und einem Hasardeur liegt ein weiter Bereich unterschiedlichster persönlicher Ausformungen.

Meine Kindheit und Jugend vermittelten eher ein Streben nach Sicherheit. Mit meinen ersten erfolgreichen Entscheidungen wuchsen jedoch mein Selbstvertrauen und die Erkenntnis, dass derjenige der wagt, auch viel gewinnen kann. Dies scheint meine Ur-Triebfeder zu sein, die mir das Selbstvertrauen und den Mut gab Aufgaben zu übernehmen, die auch das Risiko des kompletten Scheiterns erkennbar in sich trugen.

Für mich gehört zum erfolgreich sein auch die Analyse der eigenen Stärken und Schwächen dazu. Das heißt eigene Stärken stärken und die Schwächen akzeptieren. Als Führungskraft sucht man sich kompetente und loyale Mitarbeiter, die die eigenen Schwachstellen kompensieren, dies ist und signalisiert Souveränität.

Zielstrebigkeit und Hartnäckigkeit sind auch wichtige Gradmesser um sich einem Risiko zu stellen und für einen nicht immer einfachen aber sicher lohnenden Weg, um auf der Karriereleiter nach oben zu steigen. Dass es auch zu Härten kommt, wie z. B. Wohnortwechsel, Auslandsaufenthalt etc. kann nicht verschwiegen werden. „Per aspera ad astra": „ Der Weg zu den Sternen ist rau", - eine 2000 Jahre alte Lebensweisheit. Meine Erfahrungen und Vorgehensweisen sind natürlich nicht 1:1 übertragbar, aber sicherlich eine Orientierung. Was immer Sie tun um voranzukommen, ohne die Unterstützung und Akzeptanz Ihres Umfeldes wird es auf Dauer nicht gehen. Nehmen Sie die Menschen mit, kommunizieren Sie klare Ziele und begeistern Sie Ihre Mitarbeiter dafür. Nehmen Sie symbolisch die Fahne in die Hand und schreiten Sie mutig voran. Fördern und unterstützen Sie Ihre Mitarbeiter bei deren eigener Karriereplanung, es wird sich für Sie mehr auszahlen als Sie sich vorstellen können. Vermeiden Sie Konfrontationen und unnötige Machtspiele mit Kollegen und Vorgesetzten. Wenn es nicht anders geht, bleiben Sie hart aber fair.

Meine Erfolgsformel

   Anlagen kultivieren
+ Risiken eingehen
+ Chancen ergreifen
_____

= Erfolg

Beständig wachsen
Monika Tiedemann

Wo bleiben Sie denn - Ihre Entwicklung wartet (nicht).
Vitale Organisationen benötigen Persönlichkeiten, die auch in Zeiten des permanenten Wandels fähig sind, die Wirkzusammenhänge des Systems zu erfassen und sich zum Wohl des Unternehmens und der darin arbeitenden Menschen angemessen zu verhalten. Mitarbeiter zu führen, bedeutet weit mehr als ihnen zu sagen, wo es lang geht. Führungskräfte die wegbegleitend anleiten, das gab es nicht immer. Doch stellt sich an Mitarbeiterführung neben der fachlichen Qualifikation, heute mehr denn je der Anspruch, eines gewissen Persönlichkeitsprofils.

Wachsen bedeutet: wach sein. Hellwach für die Steigerung Ihrer Freiheit und Effizienz. Persönlichkeitsentwicklung bedeutet, als Mensch zu wachsen. Dass wir dazulernen, uns selbst trainieren und so unsere Fähigkeiten und Einstellungen erweitern. Weiterentwicklung bedeutet also lebenslanges Lernen. Nicht auf dem Status Quo verharren, sondern sich immerzu bewegen. Sowohl kognitiv, als auch emotional.

Ganz allgemein, oder universell, hat der Mensch zwei grundlegende, meistens entgegengesetzte Bedürfnisse: Das nach Abgrenzung und physischem Selbsterhalt und das nach Teilhabe und Gemeinschaft. Die Menschheit pendelt zeitlich und räumlich verteilt zwischen beiden hin und her und hält sich meistens in einem Zwischenraum auf. Die äußeren Umstände, die wir auch mitgestalten, entscheiden häufig, wohin sich das Pendel bewegt. Und schaffen wir Umstände, in denen das eine auf Kosten des anderen Bedürfnisses überbetont wird, egal in welcher Richtung, endet das in Chaos. Der Weg natürlicher Systeme ist es also: Spannungen abzubauen. Richten wir nun unseren Blick auf den Kosmos Unternehmenswelten, ist es da anders?

Unternehmen sind sozio-technische Systeme. Für das gute Funktionieren genügt es nicht, die technische Ausstattung auf dem neuesten Stand zu halten, die Organisation nach den modernsten Konzepten auszurichten und die Mitarbeiter gut zu bezahlen. Dazu gehört außerdem, deren Fachausbildung ständig zu verbessern und intakte soziale Strukturen zu gewährleisten. Nur diese gewähren auf Dauer eine hohe ökonomische Effizienz. Ich kenne Führungskräfte, die gehen permanent den Weg des Wettbewerbsdrucks, statt die soziale Kompetenz der Belegschaft zu erhöhen. Als Manager lernt man frühzeitig sich gegenüber seinen Mitschülern, Kommilitonen und Kollegen durchzusetzen. Doch niemand bringt dir bei, wie man es anstellt, aus den sogenannten Rivalen um die Macht, loyale Teamgefährten zu machen. Man ist darauf programmiert, zuerst an die eigene Karriere zu denken. Der Erfolg der Mannschaft oder der Firma ist dabei nur Mittel zum Zweck.

Ich weiß nicht, ob dies ein spezifisches Frauenkriterium ist, denn es wäre mir auch egal, aber ich sehe in einer kooperativen Unternehmenskultur weitaus mehr Potenzial. Unsere Unternehmensstrukturen haben eine Komplexität erreicht, die nur durch einen wachsenden Kooperations-, Koordinations- und Kommunikationsaufwand beherrscht werden kann. Kooperationsfähigkeit wird vor allem in der Teamarbeit, die in allen Bereichen der Arbeitswelt zunehmend gebraucht wird, eingefordert. Viele Aufgaben lassen sich nur noch durch gute Zusammenarbeit bewältigen. Der Einzelkämpfertyp wird zwar immer noch herangezüchtet, hat aber fast ausgedient. Es gilt tagtäglich in der Einbindung von Projekten und Arbeitsgruppen vielfältige Interaktionen mit anderen Menschen auszuführen. Kommunizieren, koordinieren, informieren, besuchen, sich abstimmen. Die Schnittstelle zwischen Menschen wird somit zur wichtigsten Quelle für Produktivität, Wettbewerbsfähigkeit und Wachstum. Zusammenarbeit ist die Voraussetzung für Synergie. Und dadurch lassen sich mehr Informationen, unterschiedliche Begabungen und die interdisziplinäre Kompetenz integrieren. Für die Unternehmensführung hat das Ganze auch einen Nutzen, denn kooperative Beziehungsnetze machen von Einzelpersonen unabhängiger. Durch ausfallende Mitarbeiter entstehende Lücken sind einerseits - bei Krankheit - leichter durch das Kollektiv aufzufangen und andererseits ist - nach Kündigung - ein neuer Mitarbeiter leichter einzuarbeiten.

Wie oben gesehen, gelingt die Weitergabe dieser Fähigkeiten im Rahmen der Ausbildung nur bedingt. Aber was wäre denn die erste Institution für Weiterentwicklung und die Vermittlung von Kooperationsfähigkeiten und Einsatzbereitschaft? Doch normalerweise die Familie, oder? In einer intakten Familie lernt der Heranwachsende, was er auch für ein gelungenes Zusammenwirken im Beruf braucht: Rücksichtnahme, Einfühlungsvermögen, Vertrauen, Humor, Solidarität, Hilfsbereitschaft, Teamfähigkeit und Verantwortung. Die Liste ließe sich natürlich fast beliebig verlängern. Ob die Familien diese Werte heute noch derart vermitteln können, dass dies für die Anforderungen im zwischenmenschlichen Bereich ausreicht, mag allerdings zunehmend bezweifelt werden. Gerade Personalverantwortliche, die Ausbildungsplätze zu besetzen haben, machen diese schmerzhafte Erfahrung, dass nicht nur fachliche, sondern auch soziale Kompetenzen häufig fehlen. So müssen die Unternehmen dazu übergehen, diese Fähigkeiten im Betrieb zu vermitteln oder zu entwickeln.

Konkret bedeutet dies, die individuellen Stärken und Talente herauszufiltern, zu erhalten und zu fördern und gleichzeitig die Synergien einer intensiven Zusammenarbeit zu erschließen.

Warum eine Schwachstelle eine Kraftquelle sein kann

Manchmal gibt es im Leben allerdings Hürden, die Sie vermeintlich von dem kontinuierlichen Wachstum abhalten. Beziehungsweise, die Sie kontinuierlich abhalten – können. Ich lebe nun schon seit Jahrzehnten mit Migräne und durchschnittlich zehn Anfällen pro Monat. Ich habe die Schmerzen verflucht, gehasst, verabscheut und war oft am Ende meiner Kraft, weil ich keine Energie mehr hatte. Durch spezielle Migränemedikamente (Triptane) kann ich heute die Schmerzen so weit beherrschen, dass ich arbeitsfähig bleibe, aber dennoch geht es mir auch im behandelten Anfall sehr schlecht. Ich habe in den vielen Jahren immer wieder über den Sinn dahinter nachgedacht. Den Sinn eines solchen Lebens – da ich in besonders schlechten Phasen bis zu 25 Migränetage im Monat hatte – und über den der Krankheit selbst.
Das Leben wird einem geschenkt. Egal ob

man will oder nicht. Das Problem ist nur, zu diesem Geschenk wird kein Sinn mitgeliefert. Den muss man sich selbst suchen oder geben.

Aber, wer will schon ein Geschenk, welches anstrengend ist, welches Schmerz und Leid im Überfluss bietet? Ich behaupte, niemand will das. Und ich wollte das in vielen Phasen auch nicht. Aber hat man die Wahl? Also ging es darum, den Schmerz und das Leid so weit es nur irgend möglich war einzugrenzen. Das war und ist immer wieder eine Art Leben am eigenen Limit.

Diese begrenzende Limitierung ist es aber ganz genau, um die es geht. Sie einerseits als unheilbare Krankheit zu akzeptieren, als Teil meines Ichs, ja vielleicht sogar meiner Persönlichkeit, da Körper und Geist immer eins sind, und sie andererseits als Ansporn zu nehmen, mit ihr ganz genauso umzugehen, wie mit allen anderen Grenzen auch. Nämlich sie zu überwinden zu versuchen – ist ein stetiger Balanceakt!

Der gelingt, wenn man verinnerlicht, dass man absolut nichts zu verlieren hat. Gar nichts. Nur wer nicht versucht etwas für sich zu gewinnen, hat etwas zu verlieren. Sicher genügt kein müdes Lächeln, um unbeschwert weitergehen zu können. Der Schmerz ist immer wieder präsent und stellt meinen Willen dann auf eine harte Probe, zwängt ihn teils ein, wie ein vier Nummern zu kleines Korsett den Magen. Von freier Entfaltung meiner Initiativ- und Tatkraft, kann dann oft nicht die Rede sein. Um zu gewissen Erkenntnissen zu kommen und dabei zu bleiben, braucht es also eine stetige Auseinandersetzung damit. Da hilft kein einmaliges Fingerschnippen.

Daraus erwuchs eine Willenskraft, die mich mittlerweile immer häufiger stärkt, als das die Anfälle mich zu schwer beeinträchtigen. Die Migräne hat mir Augen und Horizonte geöffnet. Sie hat mich bewusster leben lassen, mir ganz klare Prioritäten gezeigt, und vor allem geboten, die beschwerdefreien Zeiten richtig zu genießen - weil sie eben nicht selbstverständlich sind! Sie gab mir die Möglichkeit auf meinen Körper zu hören, meine vermeintliche Schwachstelle wahr- und anzunehmen. Nicht immer weiter dagegen zu kämpfen, nicht jedem auch noch so kleinsten Therapiehoffnungsschimmer hinterherzulaufen, denn damit habe ich die Krankheit teils geschürt, wie der Haken das Feuer. Da kaum etwas schlimmer ist, als eine weitere zu begrabende Hoffnung. So abstrus dies auch klingen mag - ohne Migräne würde ich vielleicht ein etwas anderes Leben leben, ich könnte regelmäßiger Sport treiben, mich dabei auch mal komplett verausgaben oder auch mal eine Nacht durchfeiern. Events wie beispielsweise das Oktoberfest oder laute Konzerte sind mir verwehrt, aber ich bin schon lange nicht mehr sicher, ob dies auch ein besseres Leben wäre. Ich habe früher oft gedacht: Was hast du alles trotz deiner Migräneerkrankung geschafft; heute denke ich manchmal, wer weiß, vielleicht hätte ich einiges an Ehrgeiz weniger gehabt ohne sie. Die

Antwort kann mir keiner geben. Die brauche ich aber auch nicht, denn Fakt ist, ich habe es geschafft etwas in mein Leben zu integrieren, an dem andere Menschen vielleicht verzweifelt wären. Und genau denen möchte ich mit meinen Zeilen Mut machen.

Haben Sie auch eine „Schwachstelle"? Ein sogenanntes Handicap?

Das muss keine Erkrankung sein; das kann etwas sein, das Sie auf andere Art als schmerzhaft erleben. Vielleicht eine Kindheitserinnerung, die immer wieder hochkommt oder eine Phobie, die Sie im Alltag hemmt. Etwas, das Sie permanent unzufrieden macht oder verletzt. Ihnen Druck und Stress verursacht. Wodurch belastet Sie diese Schwachstelle konkret? Und welche Bedürfnisse werden durch sie missachtet?

Ist es vielleicht das Bedürfnis nach: Anerkennung, Teil von etwas zu sein, Miteinander, Sichtbarkeit, Harmonie, Sicherheit, Macht, Selbstverwirklichung, Freiheit, Gerechtigkeit? Wenn Sie das erkannt haben, dann ist eines ganz wichtig: Bleiben Sie nie da stehen! Nie im Selbstmitleid stecken bleiben, ist die Devise! Das mag mal für eine Weile wichtig sein zuzulassen. Niemand von uns ist ein Übermensch. Aber kein Hadern hilft, kein Schimpfen oder gar Weinen bringt etwas auf Dauer. Deshalb stellen Sie sich die Fragen:

Wie kann ich mir dieses Bedürfnis selbst erfüllen? Wer kann mir dabei helfen? Gibt es jemanden, mit dem ich darüber reden kann? Wo und bei wem muss ich für mich und meine Wünsche einstehen? Wo muss ich vielleicht sogar mein Umfeld verlassen, damit ich besser für mich sorgen kann?

Tja und nun die Frage aller Fragen: Was könnte das Geschenk dieser Schwachstelle sein? In jedem noch so haarigen und wunden Punkt, steckt irgendwie ein Lichtblick und Funken Gutes. In jedem Problem kann ein Geschenk enthalten sein. Dazu die Fragen: Was ist daraus vielleicht bereits jetzt schon Gutes entstanden? Augen auf! Was musste ich deswegen lernen? Und bin ich deshalb nicht bereits gewachsen? Wen habe ich kennengelernt? Welche positiven Lebensumstände hätte es sonst nie gegeben?

Selbstannahme und Weiterentwicklung sind keine Gegensätze, sondern ein Paar, das Hand in Hand gehen sollte.

Meine eigene Entwicklung

In der Reflexion meiner beruflichen Stationen und Entwicklungsschritte, wurde mir bewusst, dass ich ganz genau darauf immer ganz besonders viel Wert gelegt habe. Durch meinen großen Antrieb zur persönlichen Weiterentwicklung, die Lust am Lernen und durch meine Begeisterungsfähigkeit, gepaart mit Selbstbejahung, habe ich mein

Potenzial am effektivsten ausgenutzt. Dass ich mich dann thematisch als Exportverantwortliche auch in der Weiterentwicklung der Exportmärkte wiederfand, ist vielleicht nicht unbedingt als eine natürliche Entwicklung zu bezeichnen, doch passte es einfach zu mir und meinen Ambitionen. Ein weiterer wichtiger Aspekt meiner Karriere war die Tatsache, dass ich in meinem Chef einen hervorragenden Coach hatte, der mich immer positiv verstärkt hat, immer ermutigt hat, die nächsten Schritte zu gehen, mir viel Handlungsfreiheit gab und in schwierigen Situationen immer mit Rat und Tat zur Seite stand. Er hat mehr an mich geglaubt, als ich mir zunächst selbst zutraute.

Er war ein sehr weitblickender Mensch, im Sinne des Unternehmens, aber auch oder gerade deshalb immer im Sinne der Mitarbeiter. So hat er sehr früh begonnen seine Nachfolge zu planen - und es noch länger im Fokus gehabt: Ich war schon drei Jahre vor seinem geplanten Ruhestand als künftige Geschäftsführerin auserkoren und davor lag wiederum ein ganzes Jahr, in dem er Überzeugungsarbeit an mir geleistet hat. Bis ich endlich zugestimmt habe, fand ich immer wieder Gründe diesen Weg für mich nicht zu erkennen. Ich habe es mir damals einfach noch nicht zugetraut, doch er hat mein Potenzial erkannt. Es zudem positiv verstärkt, weil er von mir als richtige „Besetzung" vollkommen überzeugt war. Meine ersten beiden Jahre als alleinige Geschäftsführerin waren dann auch sehr erfolgreich. Aber, ohne ihn wäre ich wohl nicht da, wo ich heute stehe. Das macht gute Führungskräfte aus. Potenziale zu entdecken und vor allem zu entwickeln. Und das glaubhaft, authentisch und souverän. Er führte das Unternehmen als geschäftsführender Gesellschafter in einer Art, die sich zu 100 Prozent mit meinen persönlichen Werten deckte. Das findet man natürlich nicht immer. Und es geht bei dem Thema Weiterentwicklung ja auch um alles andere, als um Abziehbilder oder immer um ein von oben nach unten! Ganz im Gegenteil rückt die Gegenseitigkeit auf Augenhöhe immer stärker in den Fokus. Voneinander lernen, aufeinander hören, miteinander arbeiten und umgekehrt. Darum geht es bei dem Weiterentwicklungstool der *Kollegialen Beratung*, das ich Ihnen gerne nachfolgend kurz vorstellen möchte.

Kollegiale Entwicklung

Sie ist genau das, was ihr Name aussagt: Das Kollegium berät unter- und miteinander, wie die Strukturen im Unternehmen weiterentwickelt werden können. Es richtet sich an Führungskräfte, Personal- und Organisationsentwickler sowie interne wie externe Berater, um sie in ihrer Professionalisierung und Weiterentwicklung zu unterstützen und zu begleiten. Eine natürliche Lernmethode, da konkrete Praxisanliegen der Führungskräfte bearbeitet werden. Erst anschließend wird konzeptualisiert und mit Theorie angereichert.
Die Kollegiale Beratung sollte mit einem

mehrtägigen Workshop außer Haus und externer Begleitung starten und vom Personalbereich zunächst inhaltlich und danach weiterhin zumindest noch organisatorisch begleitet werden. Wesentlicher Bestandteil dieser kollegialen Beratungstage ist das gemeinsame Arbeiten an den von den Teilnehmern eingebrachten Anliegen.

Das Konzept besteht aus zwei Phasen, die sich in mehrere Einzelbausteine untergliedern. Phase eins beinhaltet den Prozess des Zusammenfindens der Gruppe, die geführte Reflexion des eigenen Führungsverhaltens sowie das Kennenlernen der Methodik. Schwerpunkte sind Input, Beratung, Feed-Back und Supervision. Phase zwei leitet über zu den selbstgesteuerten kollegialen Beratungstagen. Die Gruppe organisiert sich mit Unterstützung des Personal-Bereichs selbst und führt auch die Beratung eigenständig durch. Sie hat über den Zeitraum von etwa fünf Treffen innerhalb eines Jahres aber die Option, einen internen Berater hinzuzuziehen und/oder zu einem der Treffen den externen Berater einzuladen. Dieser steht dann für die Beantwortung konkreter Fragestellungen oder zur Supervision des Gruppenprozesses bereit.

Der Beratungsansatz wirkt insgesamt auf unterschiedlichen Systemebenen. Es geht dabei um die Reflexion persönlicher Haltungen und Einstellungen, um mehr über sich selbst zu erfahren und die Autonomie der Führungskräfte in ihrer Rolle zu fördern. Dadurch erweitert sich das Verhaltensrepertoire und macht fitter, um in den unterschiedlichsten Situationen und Kontexten situationsangemessen zu handeln. In erster Linie werden Möglichkeiten der effektiven gegenseitigen Unterstützung unter Kollegen aufgezeigt, so dass sich kollegiale Netzwerke bilden können. In den Beratungen wiederkehrende und wichtige Schlüsselthemen werden für das Management des Unternehmens transparent und können so genutzt werden.

Das angestrebte Ergebnis ist die Entstehung von abteilungsübergreifenden Netzwerken, das Entwickeln und Trainieren von Feedback- und Beratungskompetenz, ein intensiverer Dialog zwischen den Hierarchieebenen, eine aktivere Übernahme der eigenen Führungsrolle, was wiederum in Impulse für die Weiterentwicklung der Organisation mündet.

Selbstverständlich sollte die Teilnahme immer freiwillig sein, denn sie basiert auf großem gegenseitigem Vertrauen.

Persönliche Entwicklung

Es braucht nicht immer solche Tools, die zeitaufwändig sind und eines organisatorischen Rahmens bedürfen. Ihre eigene Entwicklung können Sie auch jederzeit im Auge behalten und erforschen. Dazu kann man sich hin und wieder durchaus einmal ganz bewusst infrage stellen: Wohin man sich entwickeln möchte und in welcher Richtung. Was möchte man lernen oder verbessern? Wo sieht man sich als Mensch noch im Wachstumsprozess, wo kann man ihn beschleunigen? Wo stagniert er oder man selbst und warum? Ist etwas bestimmtes vielleicht gar nicht mehr das Ziel, so wie noch vor einigen Jahren? Dann kann und sollte sich die Zielausrichtung ändern – kein Problem. Aber es sich bewusst zu machen, macht Sinn! Die zentrale Frage ist also:

In welcher konkreten Hinsicht möchte ich als Mensch wachsen?

Als nächstes schauen Sie sich bitte die Motive dafür näher an. Warum wollen Sie das eigentlich? Eine wichtige Frage der Selbsterkenntnis. Der eigenen Motivation auf die Spur zu kommen, kann sehr erhellend sein, und oft lernen wir dabei wichtige Dinge über uns selbst, die uns noch gar nicht klar waren.

Stellen Sie sich doch dazu einmal vor, Sie hätten Ihr Ziel schon erreicht. Das hat mit Visualisieren zu tun, ja. Denn damit programmieren Sie Ihren Geist, weil Sie ihm auf diese Weise zeigen, wo Sie gerne hin möchten. Allerdings nicht im Sinne eines Wunsches ans Universum ... , sondern viel konkreter: Dieser Schritt hilft Ihnen, Ihr Wachstumsziel fassbarer zu machen.

Damit Ihr Wachstumsziel nicht nur eine theoretische Option bleibt, suchen Sie dann konkrete Möglichkeiten, mit denen Sie sich in seine Richtung entwickeln können. Was genau werden Sie bis wann tatsächlich tun, um sich in Richtung Ihres Wachstumsziels zu bewegen? Setzen Sie sich einen konkreten zeitlichen Rahmen, vielleicht sogar ein festes Datum, damit Sie Ihre Schritte auch wirklich gehen. Haben Sie Ihr Ziel erreicht, schenken Sie sich etwas. Geben Sie sich eine Belohnung und feiern Sie – die Entwicklung Ihrer Persönlichkeit.

Sie können an Ihren Fähigkeiten und Potenzialen, ja sogar an Ihrer Persönlichkeit, arbeiten und dies alles weiterentwickeln. Da ist kaum etwas in Stein gemeißelt! Bleiben Sie beweglich – vor allem im Kopf. Doch vergessen Sie niemals, sich zu achten und wertzuschätzen. Alles an Ihnen, auch oder insbesondere Ihre vermeintlichen Schwachstellen.

MEINE ERFOLGSFORMEL

   POTENZIALE ERKENNEN
+ PERSÖNLICHKEIT ERKENNEN
+ SELBSTANNAHME
_____
= ERFOLG

Führung umdenken
Katrin Wenzler

Kontrollieren Sie ohne zu kontrollieren.
Neue Strategien oder auch die Umsetzung der bekannten – all das kostet Gedanken, Zeit und Kraft, wenn sie den Mitarbeitern zu vermitteln sind. Doch fast noch wichtiger: Die gleichzeitige Investition in den Aufbau von Vertrauen darauf, dass die neuen Strategien richtig und notwendig sind.

Sehr lange dachte ich: Wenn ich nichts anweise, dann wird sich auch nichts tun oder zumindest nicht das Richtige. Wenn ich das Angewiesene nicht kontrolliere, dann wird es auch nicht umgesetzt oder zumindest nicht angemessen. Darin drückt sich aus, dass der so wichtige Führungsanspruch viel zu oft mit der Erwartung sich fügender Mitarbeiter verwechselt wird.

Häufig werden Aufgaben delegiert, ohne die Verantwortung ebenfalls zu übertragen. Menschen zu sagen, was sie tun sollen, ist da gleichbedeutend mit der Konsequenz, ihnen auch zu sagen, wie sie es tun sollen. Dadurch bekommt der Mitarbeiter keine Hoheit über die Entscheidungen, die mit dieser Aufgabe zusammenhängen. Doch Untersuchungen haben belegt: Sobald Menschen ihre Arbeit beeinflussen können, sind sie motivierter bei der Arbeit.

Anweisung und Kontrolle als Führungsstil bilden zur Unselbstständigkeit fort. Eine einheitliche Wertegemeinschaft und eine gut vernetzte Kommunikation hingegen verbindet und mündet in einen gemeinsamen Kanon. Die Leader mögen gute Ideen haben; sie mögen zu Recht eine Führungsposition bekleiden, doch wird es in Zukunft immer wichtiger, statt des herkömmlichen Leadership, das Followership zu leben. Der Generationswechsel hat diesbezüglich schon einiges gebracht. Wir leben in einer Zeit der Gründermentalität, die man manchmal nicht Start-up, sondern eher Stand-up nennen könnte. Da wird viel und gleichermaßen innovativ wie impulsiv, man mag fast meinen, aus dem Bauch heraus, gegründet. Was daraufhin häufig schief geht, bringt an anderer Stelle bombastische Erfolge und exorbitante Gewinne mit sich. Althergebrachte, konservative Arbeitsabläufe und hierarchische Strukturen, haben dort fast ausgedient. Natürlich gibt es auch da Führungsebenen, doch die Augenhöhe und Eigenverantwortung wird schon im Auswahlverfahren beachtet. Die Einstellungen können da genauso ad hoc gehen, ohne Ansicht von Zeugnissen oder Referenzen, weil die Kompetenzermittlung auf andere Gradienten setzt, wie sich über Monate hinziehen, wie beispielsweise bei Apple, wo die Bewerbungsverfahren den *Tributen von Panem* ähneln. Aber wer es geschafft hat, hat es – geschafft.

Wenn also auch nichts mehr in Stein gemeißelt ist, so wie noch in der Nachkriegsgeneration, so bleiben doch noch genug Unternehmen im Mittelstand und auch auf Konzernebene, die das Prinzip von oben nach unten, nach wie vor leben – und deshalb über kurz oder lang im globalen Wettbewerb Probleme bekommen werden. Wie aber transformiert man diesen bekannten Stil langfristig etablierter Standardverfahren, der sich auf strenge Hierarchien und feste Regeln gründet?

Ganz einfach: Indem man kontrolliert ohne zu kontrollieren.

Grundsätzlich ist die Basis dafür natürlich immer, dass eine Führungskraft über ein positives Bewusstsein des eigenen Wertes verfügen muss – unabhängig von ihrer jeweiligen beruflichen Situation, sozialen Stellung oder materiellen Ausstattung. Wer seine Stärken kennt, seine Schwächen aber auch zugeben kann, ist da schon mal auf sicherer Seite. Außerdem braucht es eine hohe Toleranz, Ambiguität oder mehrdeutige Situationen zu handhaben. Angst, Dinge in Frage zu stellen – braucht es keinesfalls. Wer zudem offen für, aber nicht abhängig von Feedback und sich seiner emotionalen Anteile an der Kommunikation bewusst ist, der kann auch Dialoge auf Augenhöhe führen. Ich sehe als weitere Voraussetzung drei wichtige Punkte:

- ein einheitlicher Wertekanon
- eine grundlegende Wandlungsbereitschaft
- eine dichte Kommunikation

Wertegemeinschaft

Innovationen und Inspirationen brauchen auch eine Leadershipkultur, die Menschen zu diesen Gedanken führt. Nicht wie Marionetten an Fäden, sondern ganz im Gegenteil, die Freiraum zur Entfaltung bietet. Vielleicht haben Sie ja gerade ein Team übernommen, das sich nicht viel zutraut, dann machen Sie bitte nicht den Fehler dieses stur „einzuordnen". Klare Strukturen sind wichtig, gar keine Frage. Doch noch viel wichtiger ist es, Sauerstoff zum Atmen zu geben oder zu lassen und Verantwortung zu übertragen. Das gibt Energie. Und für den Erfolg eines Unternehmens ist es wichtig, diese notwendige Energie aufzubauen und zu fokussieren. Dies gelingt am besten durch ein gemeinsames Ziel bei den Mitarbeitern, eine Vision, die es zu verwirklichen oder eine Bedrohung, die es zu bekämpfen gilt. „Der Geist schafft die Materie und nicht umgekehrt" ist ein geflügeltes Wort und hier passt es perfekt. Über den langfristigen Erfolg eines Unternehmens entscheidet also letztendlich, welcher Geist herrscht. Häufig hängt die „Vision" gerade mal als Spruch an der Wand oder ist in irgendwelchen Firmenbroschüren zu finden, aber kein Mensch richtet sich danach. Nur die konsequente Ableitung der Unternehmensstrategie und der mittel- und kurzfristigen Ziele aus der Unternehmensvision bewirkt, dass diese tatsächlich gelebt wird. Zu meiner Vision später mehr.

Wahlfreiheit beim Mitarbeiter

Ein Systemwandel in der Führungskultur braucht die Wandlungsbereitschaft aller Beteiligten. Zwar kann er selten von unten nach oben umgesetzt, jedoch durchaus angeregt werden. Doch diese Initiativkraft führte etwas vom Thema weg. Ich möchte da ansetzen, wo der Prozess bereits im Gange ist und es um die Tatkraft der Mitarbeiter geht.

Um die Willenskraft zu entwickeln, freie Hand zu bekommen und sie dann auch entsprechend zu nutzen, braucht es Wahlmöglichkeiten, die den Mut fördern diese Möglichkeiten zu ergreifen – oder es gerade nicht zu tun. Diese neuen Wege, das Handeln Ihrer Mitarbeiter zu unterstützen, ohne vorab genau zu definieren, was sie tun sollen, braucht eine Strategie.

Statt Befehl und Kontrolle, ein System, bei dem alle Mitarbeiter einen hohen Grad an Entscheidungsfreiheit zugesprochen bekommen. In Konzernen kann dies soweit gehen, dass Teams nicht zusammengestellt werden, sondern sich über interne Ausschreibungen selbst finden. Dies bedeutet eine durchlässige und flexible Abteilungsstruktur, man möchte sie fast dynamisch nennen. Das mag sich auf den ersten Blick erschreckend anhören, doch bietet es einen wahren Fundus an Entwicklungspotenzial. Niemand muss festzementiert an seinem Platz verharren, sondern kann sich gemäß seiner Qualifikationen, und vor allem seines Mutes, neue Herausforderungen anzunehmen, vorwärts bewegen. Oder auch mal seit- und vielleicht sogar rückwärts, wenn ihn etwas derart reizt oder er einen Gang zurückschalten will, warum auch immer.

Ein Übermaß an Kontrolle, mangelndes Vertrauen, die Unfähigkeit, sich auf etwas Neues einzulassen, und sicherlich auch Ängste sowie Konkurrenz zwischen verschiedenen Abteilungen – das alles verhindert diese Ansätze, ein sich selbst regulierendes System aufzubauen. Doch führt man es behutsam ein und flankiert es mit wichtigen disziplinarischen Filtern, wird es möglich. Denn dieses Konzept, was sich da so frei und fluffig anhören mag, braucht eines ganz sicher (trotzdem): Disziplin.

Beispielsweise die Disziplin der Mitarbeiter, auch mal anzuhalten und eine falsche Wahl zu korrigieren. Das Prinzip von Try and Error ist kein Wolke 7 – Synonym, sondern hat die eigentliche Zielrichtung, zu erlauben, aber eben auch zu erkennen, dass ein Ziel zwar erwünscht, aber schlicht und einfach unerreichbar ist. Wird dies einzig von oben herab angezeigt und durchgesetzt, bringt es das System ins Wanken. Denn das machte es unglaubwürdig. Es braucht also Selbstreflexionskompetenz, das Gefühl der Entscheidungsfreiheit bis ins Letzte zu leben.

Sie werden erkennen, liebe Leser: Ein sich selbst regulierendes System macht Zielvorgaben keineswegs obsolet, ganz im Gegenteil. Sie sind umso wichtiger, als dass sie als Messlatte eigener Bewertungsmaßstäbe dienen. Allerdings – lassen Sie die Zielvorgaben und die Kriterien für den Abbruch zu Beginn eines Projektes von den Mitarbeitern selbst definieren! So kann man beispielsweise darauf bestehen, dass die Initiatoren eines Projektes auch die Verantwortung für dessen Beendigung übernehmen. Dazu gilt es, bestimmte kritische Ereignisse oder Zwischenergebnisse zu definieren.

Es geht um Sauerstoff – nicht um einen luftleeren Raum!

Und dies alles gilt es sukzessive aufzubauen. Die erforderliche Nachhaltigkeit entsteht dabei vor allem durch den Aufbau eigener Handlungskapazitäten der Mitarbeiter durch die zunehmende Selbstführung. Schwierige und anspruchsvolle Aufgaben winken – doch damit sollte selbstverständlich nicht begonnen werden. Willensbestimmtes Handeln braucht die Erfahrung eines funktionierenden Systems – auf beiden Seiten. Sowohl der Loslassenden, als auch der sich der Verantwortung Annehmenden. Das führt zu einer Steigerung des Reifegrades mittels Delegation von Aufgaben und Verantwortung.

Was es dafür immer braucht? Vertrauen. Auch auf allen Seiten. Zunächst der Mitarbeiter in die Führungskraft, da es die Basis für noch mögliche notwendige Anpassungen des Verhaltens innerhalb der Führungsbeziehung darstellt. Und natürlich umgekehrt. Wie baut sich dies auf? Richtig, durch permanenten, nahen Austausch.

Nicht viel, aber vielversprechend

Miteinander sprechen als Kernpunkt des Loslassens? Wie das? Sollte es nicht viel eher darum gehen, die Leinen mal zu lockern? Nicht alles zu zerreden und die Mitarbeiter einfach mal „machen zu lassen"? Darauf ein ganz klares: Jein! Kommunikation und Gesprächsführung sind sehr wichtige Führungswerkzeuge. Sie werden zukünftig zu DEM entscheidenden Erfolgsfaktor für Führungskräfte, denn jüngere Mitarbeiter fordern immer mehr Transparenz ein. Der Begriff Kommunikation wird vielleicht deshalb oft als reine Information fehlinterpretiert und damit missverstanden. Transparenz entsteht durch einen guten Informationsfluss. Doch sind beispielsweise Rund-E-Mails nur die eine Seite der Medaille. Kommunikation hat immer aber mindestens zwei Seiten, denn kommunizieren bedeutet: etwas austauschen. Und nicht vortragen. Das dürfen und sollten sogar durchaus Informationen sein, doch nicht einwegige.

Mir geht es aber um noch mehr: um die pragmatische Kommunikation. In dem Wissen, dass mehr Austausch gewünscht wird, nun ständig althergebrachte Meetings anzuberaumen, wäre ineffizient. Stattdessen schlage ich vor, dass sich jede Führungskraft mit ihrem Team täglich für 15 Minuten trifft - nicht mehr und nicht weniger. Die Mitarbeiter wissen, dass es bei den Treffen stets darum geht selbst ihre eigenen Ziele und Aufgaben zu benennen. Im Anschluss daran findet ein Austausch darüber, und wie es den Mitarbeitern gerade geht, statt. Dies stellt eine größere Transparenz im Unternehmen her. Die täglichen kurzen Kommunikationseinheiten sorgen dafür, dass jeder über das Aufgabenspektrum und das seiner Kollegen unterrichtet ist. Die Folge sind sinnvollere Aktionen, und da die Vorgesetzten immer auf der Höhe der Entwicklungen sind, kann sich nicht so leicht ein Kontrollbedürfnis einstellen.

Außerdem erzeugt diese erhöhte Kommunikationsdichte eine Eigendynamik, eine Art kollektiver Intelligenz. Es muss keine permanenten Anordnungen geben, was jeder machen soll, noch überprüft werden, ob getan wurde, was getan werde sollte. Daran zeigt sich eine Überlegenheit dieser Dynamik, mit der keine Kontrolle mithalten kann.

Nicht falsch verstehen: Dies soll nicht bedeuten nicht mehr zu informieren. Wenn wir unseren Mitarbeitern zu wenige Informationen zur Verfügung stellen, entsteht daraus Demotivation. Transparenz entsteht allerdings nur bei klaren Worten.

Aus dem Nähkästchen geplaudert

Nun war ich bislang sehr theoretisch unterwegs und möchte das Ganze anhand eines konkreten Beispiels nochmal erläutern: Der Healthcaremarkt hat sich in den zurückliegenden Jahren enorm verändert. Auf diese Marktentwicklungen und die damit verbundenen Veränderungen bei den Bedürfnissen unserer Kunden haben wir mit der internen Neuaufstellung bei Marvecs reagiert. Wir sehen zum einen, dass es im Pharmamarkt immer mehr Stakeholder und damit auch immer mehr relevante Ansprechpartner gibt. Gleichzeitig haben sich in den letzten Jahren die Vertriebsmöglichkeiten weiterentwickelt. Die Kommunikationskanäle haben sich vervielfacht, und die Kommunikation ist auch aufgrund der zunehmenden Anzahl von Zielgruppen sehr viel komplexer geworden. Die Konsequenz für uns als Dienstleister heißt, dass wir unsere eigene Organisationsstruktur an diesen Marktveränderungen orientieren und uns intern entsprechend anders organisieren.

Es gibt bei uns keine nach Bereichen oder Abteilungen aufgeteilte Kundenverantwortlichkeiten mehr, sondern jeder Kunde hat seinen Client-Partner, der für alle Aspekte eines Projektes verantwortlich ist. Intern sagen wir, dass der Verantwortliche „den Hut aufhat" und für alle Fragen und Aufgaben seines Kunden zuständig ist. Das Aufgabengebiet reicht von der Vakanzbesetzung und dem Recruiting über die Aufstellung externer Teams bis hin zur Umsetzung ganzheitlicher Projekte in der Multi-Channel-Kommunikation. Der Client-Partner berät den Kunden strategisch und konzeptionell – gleichzeitig ist er aber auch für die operative Umsetzung verantwortlich. Operative Umsetzung beinhaltet dabei auch die Zusammenstellung der internen Spezialisten zu einem Team und die Führung dieses Teams. Die internen Experten werfen dann – salopp gesprochen – ihr Know-how der Aufgabe entsprechend in den Ring. Mit unserer Matrixorganisation schaffen wir es, neue Themen und Ideen aufzugreifen und das gesamte Know-how unserer Mitarbeiter noch gezielter zu nutzen.
Mit diesem Ansatz wird zum einen die Verantwortung des einzelnen Mitarbeiters verstärkt und gleichzeitig spielt die engere Zusammenarbeit im Team eine maßgebliche

Rolle. Wir denken eben nicht mehr in Abteilungsgrenzen, sondern es geht darum, wie wir den Kunden am besten betreuen können. Mit dieser Herangehensweise haben wir eine weitere Dimension geschaffen und die Themen und Lösungen bekommen noch mehr Tiefe.

Die Zusammenarbeit im Team spielt bei unserem Ansatz eine maßgebliche Rolle. Um den Austausch und die Diskussion zwischen den Mitarbeitern zu forcieren, haben wir als erstes die räumliche Trennung zwischen den verschiedenen Abteilungen aufgehoben. Dadurch haben wir im wahrsten Sinne des Wortes Raum geschaffen für die geänderte Meeting- und Diskussionskultur. So können die Mitarbeiter über Aufgaben diskutieren, Erfahrungen und Wissen weitergeben und Ideen austauschen. Die Veränderungen sind sehr positiv aufgenommen worden. Seit wir das Konzept leben, spüren wir bei uns diese besondere Dynamik, von der ich oben schrieb. Diese Neustrukturierung hat tatsächlich neue Energien bei den Mitarbeitern freigesetzt. Wichtig ist, dass die Leute offen und bereit sind, neue Themen aufzunehmen, Lösungen zu entwickeln und diese dann auch auf die Straße zu bringen.

Eine weitere wichtige Erkenntnis ist, dass wir durch den offenen Austausch nun in der Lage sind, mehr Ideen zu finden. Doch Ideen zu formulieren ist eine Sache, diese dann auch immer konsequent auf den Weg zu bringen, eine andere. Ich sehe es als Teil meiner Führungsaufgabe, und keineswegs als Gegensatz zum Loslassen, mit den verschiedenen Mitarbeitern kontinuierlich zu kommunizieren und auch immer wieder aktiv nachzufragen, wie die Projekte laufen oder ob an der ein oder anderen Stelle Unterstützung gebraucht wird.

Ich kann oder darf nicht anders …

Sie sind eine Führungskraft, die auf Kontrollen nicht verzichten kann? Sie haben trotz meiner Ausführungen das Gefühl, eine Zielerreichung nicht dem „Zufall" überlassen zu wollen? Nun, es gibt einige Möglichkeiten zu kontrollieren, ohne dass dies eine negative emotionale Auswirkung hat. Wichtig ist: Es gibt kein schwarz und weiß, es gibt kein nur oder immer. Um die Ziele des Unternehmens zu erreichen, gilt es zuvorderst den Zielen, dem Reifegrad und der Persönlichkeit der Mitarbeiter gerecht zu werden. Doch machen wir uns nichts vor, es bestehen wechselseitige Abhängigkeiten von Wirkungen in einem Unternehmen. Und diese Interdependenz erfordert mehr als nur die Achtsamkeit bezüglich der Bedürfnisse und Wünsche des Mitarbeiters. Es geht dabei darum die Balance zwischen Nähe und Distanz zu finden. Das ist natürlich individuell sehr unterschiedlich und hängt von vielen Faktoren ab: der Unternehmenskultur, der Persönlichkeit der Führungskraft, der Persönlichkeit des Mitarbeiters und auch des Arbeitsumfelds u.a.

Aber dafür müssen Sie unbedingt den Begriff „Kontrolle" aus Ihrem Arbeitsalltag verbannen. Es gibt so viel bessere Alternativen, die nicht so negativ besetzt sind: Reflexion, Ansicht oder Feedback.

Verschieben Sie den Fokus mal etwas: Kontrollieren Sie, nicht um in erster Linie Fehler aufzudecken oder zu vermeiden, sondern um Erfolge hervorzukehren und diese besonders zu beachten und zu bestätigen. Beachten Sie den Faktor der Emotionalität. Der menschliche Faktor ist fehlbar, aber gleichzeitig auch entwicklungsfähig! Fehler sind also zwar bedauerlich, doch nicht vermeidbar. Akzeptieren Sie Fehler im Prozess, und gehen Sie in gemeinsamer Kommunikation auf die gemachten Fehler ein. Führen Sie in wertschätzender Art und Weise konstruktive Entwicklungsgespräche, das heißt Sie bleiben freundlich, erwähnen positive Arbeitsleistungen, trennen die Person klar von der Sache und beziehen dennoch klar Stellung und teilen Ihren Standpunkt mit.

Übertreiben Sie es nicht. Kontrollieren Sie nicht zu regelmäßig und nicht zu häufig. Vertrauen Sie Ihren Mitarbeitern, trotz Kontrolle. Überlassen Sie Verantwortung, bestärken Sie positiv und steigern Sie somit das Selbstwertgefühl und die Motivation.

Oder ist es genau umgekehrt? Sie leiden unter einem Vorgesetzten, der Sie beharrlich ausbremst? Bleiben Sie dran. Es wird sich in Ihrem Vorgesetzten einprägen, wenn man sich als Mitarbeiter nicht vorzeitig stoppen lässt, sondern seinen Weg teils argumentativ und teils emotional begründet, versucht durchzusetzen. Wer für eine Idee wirklich brennt, wird damit letztlich immer auch andere entflammen. Aber natürlich gilt immer: Beharrlichkeit nicht um derselben willen zu leben, sondern sie im Zweifelsfall ummünzen in eine Beharrlichkeit, die für Sie einsteht.

Beharrlich zu sein, bedeutet nicht, dass Sie alles aushalten oder gar in Ihrem Job ausharren müssten! Immer gegen eine Wand zu rennen, bringt auch dem standhaftesten und überzeugtesten Menschen irgendwann Kopfweh. Dann ist es an der Zeit einen anderen Weg zu wählen. Nicht abzuweichen, sondern auszuweichen. Daran ist nichts verkehrt, ganz im Gegenteil - dies ist konsequent und vernünftig!

MEINE ERFOLGSFORMEL

   WANDLUNGSBEREITSCHAFT
+ WERTEGEMEINSCHAFT
+ KOMMUNIKATION
_____

= ERFOLG

Weiblich führen
Marina Friess

Erkennen Sie was in Ihnen steckt.
Männer führen im Schnitt 33, Frauen hingegen nur 20 Mitarbeiter. Über den Grund dafür kann nur spekuliert werden. Doch eines ist klar: Über kurz oder lang wird sich das ändern. Nicht nur weil sich die Gesellschaft ändert. Es gibt mittlerweile immer mehr hochqualifizierte Frauen und die werden ihren Weg gehen. Und dieser Weg geht über den Ausbau weiblicher Führungsqualitäten. Hierbei betone ich das Wort weiblich.

Die Zeiten ändern sich, die Wirtschaft ändert sich und die Menschen in Unternehmen ändern sich. Ich beobachte jedoch immer wieder, dass Frauen meinen sich an den männlichen Führungsstil anpassen zu müssen, um erfolgreich zu werden. Sie setzen zum Beispiel vermehrt auf angeblich männlichen Eigenschaften: Durchsetzungskraft, Dominanz und Autorität. Männern wird hingegen nahegelegt, dass sie feinfühliger, emphatischer und herzlicher führen sollen. So werden Frauen immer männlicher und Männer immer weiblicher.

Wahren Vorsprung in der Führung erlangen wir meiner Meinung nach nur darüber, dass Männer ihre männlichen und Frauen ihre weiblichen Qualitäten einbringen und dadurch eine Symbiose beider Pole bilden. Hier sind wir allerdings schon beim ersten Problem. In meinen Beratungen stelle ich immer wieder fest, dass die meisten Frauen gar nicht mehr wissen, was weibliche Führung bedeutet. Ganz einfach aus dem Grund, weil ihnen die Vorbilder fehlen. Schauen wir uns doch einmal die Frauen an der Spitze an. Sie verkörpern meist alles, nur keine Weiblichkeit. Es muss also zunächst dafür gesorgt werden, dass Frauen neue Orientierungspunkte in Unternehmen bekommen. Diese müssen die weiblichen Führungsqualitäten erkennen und entsprechend einsetzen.

Was macht weibliche Führungskraft aus?

Frauen haben häufiger personenorientierte und seltener aufgabenorientierte Führungsmerkmale. Sie sind ausgleichend, loyal, besonnen und intuitiv. Das heißt natürlich nicht, dass ein Mann diese Eigenschaften nicht haben könnte. Wie gesagt, hier gleichen sich die Geschlechter mittlerweile an. Und der weibliche Führungsstil wird mehr geschätzt. Im Buch „The Athena Doctrine" von John Gerzema und Michael D'Antonio finden sich spannende Studienergebnisse zu den Unterschieden männlicher und weiblicher Führungsstile und wie diese von den Mitarbeitern angenommen werden. Die Studie wurde in 13 Ländern, von Amerika bis Asien erhoben. Demnach sind 57 Prozent der Befragten unzufrieden damit, wie sich die Männer in ihrem jeweiligen Land verhalten. Das ist ein klares Zeichen, dass ein Wandel kommen muss. Ein großer Teil möchte also keine männlich dominierten Strukturen und Führungsstile mehr. Und dabei reiben wir uns verwundert die Augen, dass es eher mehr wird, da Frauen diese Art der Führung adaptieren. Sie hoffen durch ein männliches Verhalten an die Spitze zu gelangen.

Aber es kommt noch schlimmer. 76 Prozent der Deutschen sagen in dieser Umfrage: „Die Welt wäre ein besserer Ort, wenn Männer mehr wie Frauen denken würden." Damit wird deutlich, dass die Akzeptanz und Wertschätzung weiblicher Führungsstile immer größer wird. Und bei den 76 Prozent der Befragten waren mit Sicherheit auch ein paar Männer dabei.

Eine stärkere Positionierung von Frauen in Führungspositionen muss über das Thema Persönlichkeitsentwicklung angegangen werden. Das ist die Basis für ein starkes Selbstbewusstsein und ein souveränes Auftreten. Firmen müssen mehr in die Persönlichkeit ihrer weiblichen Mitarbeiter investieren, nicht wie bisher überwiegend in das fachliche Wissen. Fachlich sind die meisten Frauen top ausgebildet, auch wenn es ihnen selbst nicht gut genug sein kann. Doch die Persönlichkeitsentwicklung bleibt häufig auf der Strecke. Bei Soft Skills schrecken noch zu viele Unternehmen zurück und setzen eher auf Wissen, statt auf persönliches Wachstum.

In diesem Beitrag zeige ich Ihnen Wege auf, wie Sie Ihre Fähigkeiten einsetzen, um die Menschen in Ihrem Umfeld zu führen. Dabei geht es mir nicht rein um Mitarbeiterführung. Wahrer Erfolg entsteht dann, wenn Sie Ihr gesamtes Umfeld von sich überzeugen.

Diese Punkte unterstützen für mich weiblichen Erfolg:
- Authentizität
- Intuition
- Souveränität
- Status
- Charisma

Authentizität

Kennen Sie auch diese überheblichen Menschen in Ihrem beruflichen Umfeld, die immer meinen sie sind die Größten? Da fragt man sich oft, auf welcher Grundlage eigentlich? Sie versuchen etwas darzustellen, was sie gar nicht sind, in der Hoffnung dadurch Autorität und Respekt zu erhalten. Bemerken allerdings selten, dass die Menschen in ihrem Umfeld dadurch Angst statt Respekt bekommen.

Ich stelle bei meiner Arbeit mit berufstätigen Frauen fest, dass sie sich häufig ihrer Selbst und ihrer Wirkung gar nicht bewusst sind. Sie wissen nicht wer sie sind und wie sie auf andere wirken möchten. Und hierbei ist es völlig egal, auf welcher Karrierestufe sie gerade stehen oder wie groß das Unternehmen ist, welches sie leiten.

Ist Ihnen zu jeder Zeit bewusst, wie Sie wirken (möchten)? Wie sehen Sie sich selbst? Wie werden Sie von anderen gesehen? Um sich selbst gut zu reflektieren, sind das ganz entscheidende Fragen. Die Wirkung auf andere kann und sollte gezielt beeinflusst werden. Diese äußere Beeinflussung hat viel mit dem inneren Selbstbild zu tun. Umso klarer das Bild von sich selbst, umso einfacher kann man es steuern, also bewusst einsetzen.

Jeder Mensch verfügt über ein:
- Eigenbild: So sehen Sie sich selbst.

- Fremdbild: So werden Sie von anderen gesehen.
- Projiziertes Bild: So möchten Sie gerne gesehen werden.

Im Optimalfall sind sich die drei Bilder sehr ähnlich und die Betreffenden werden als authentisch erlebt. Fragen Sie sich: Wie sieht mein authentisches ICH aus? Wie fühle ich mich wohl? Wie möchte ich wahrgenommen werden? Nehmen Sie sich Zeit diese Fragen zu beantworten. Wenn Sie nun darauf eine ausführliche Antwort haben, dann überlegen Sie, was Sie brauchen, um diese Wirkung im Außen zu erzielen. Welche Fähigkeiten und Ressourcen fehlen Ihnen noch und dann holen Sie sich diese in Form von Büchern, Seminaren, Mentoren oder Beratern.

Authentizität funktioniert über die bewusste Wahrnehmung der eigenen Person unabhängig davon, wie Sie Ihr Umfeld gerne sehen möchte. Es zählt nur, dass Sie morgens in den Spiegel sehen und die Person wiedererkennen und wertschätzen die sich darin spiegelt.

Intuition

Der Schweizer Psychologe C. G. Jung hat die Intuition als eine grundlegende menschliche Funktion bezeichnet, die das Unbekannte erforscht und Möglichkeiten ahnt, die noch nicht sichtbar sind. Es handelt sich um eine kognitive Funktion, ein psychisches Organ, das die Wahrheit in ihrer Gesamtheit greifen kann. Im Gegensatz zur wissenschaftlichen Vorgehensweise kommt die Intuition nicht vom Teil zum Ganzen, sondern erfasst direkt das Ganze. Das intuitive Denken läuft als Programm im Untergrund ab. Vieles was wir wahrnehmen und erleben, was wir denken, lernen oder fühlen, wird im Unterbewusstsein verarbeitet und gespeichert. Selbstverständlich ohne unser aktives Zutun und definitiv in einem höheren Umfang, als uns bewusst ist. Man unterscheidet folgende Arten der Intuition:

Unbewusste Wahrnehmung

Stellen Sie sich einmal vor, Sie liegen gemütlich am Sonntagnachmittag in Ihrem Lieblingsstuhl im Garten. Sie dösen vor sich hin, weil Sie am Vortag ein langes erschöpfendes Meeting hatten. Plötzlich nehmen Sie Ihr Telefon in die Hand, weil Sie das Gefühl haben, es klingelt gleich und tatsächlich, einer Ihrer Geschäftspartner ruft an und erkundigt sich, wie es Ihnen geht.

Unbewusste Informationsverarbeitung

Stellen Sie sich vor, Sie haben seit Wochen ein Problem, das Ihnen den Schlaf raubt. Sie quälen sich mit dem Gedanken an eine Lösung, bisher erfolglos. Während einer Entspannungssitzung oder Yogaeinheit beschließen Sie die Angst loszulassen und fokussieren sich einfach auf Ihre Übungen, ohne dem Problem weitere Aufmerksamkeit zu schenken. Kurz danach gehen Sie duschen und da passiert es: Sie haben einen Geistesblitz, der

Ihnen dabei hilft eine Lösung zu finden. Sie sehen eine Information aus einem anderen Blickwinkel und das wiederum hilft Ihnen dabei, das Problem zu lösen!

Erfahrungswissen
Stellen Sie sich vor, Sie spielen mit Ihrem zweijährigen Kind im Garten, als plötzlich das Telefon klingelt. Während des Telefonates sind Sie unruhig und nervös, weil Sie aus Erfahrung wissen, dass Ihr kleines Kind noch nicht sicher Gefahren einschätzen kann. Sie brechen das Gespräch ab, gehen zurück in den Garten und sehen, wie es gerade wackelig am Teichrand steht und hineinzufallen droht.

Jedes der drei aufgeführten Beispiele ist ein Element der Intuition. Letzteres, das im Laufe eines Lebens angesammelte Erfahrungswissen, ist auch der Grund dafür, warum wir besonders intuitiv auf den Gebieten sind, wo wir Expertise, also ein entsprechendes Wissen angesammelt haben. Dabei ist die Fähigkeit auf dieses Wissen schnell zurückgreifen zu können, eine Art Basis für unsere Intuition. Doch wie findet man einen Zugriff darauf?

Jeder Mensch hat Zugang zur eigenen Intuition, nur wird dieser nicht von allen genutzt. Es ist, als hätten wir im Keller einen Vorrat an Gold in unserem Tresor eingesperrt, ohne jemals davon Gebrauch zu machen. Der Großteil von uns bezeichnet die diversen Arten der Wahrnehmung und Intuition als Zufälle und gibt sich damit zufrieden, dass der Mensch ein Wesen ist, das den Begebenheiten im Leben wahllos ausgeliefert ist, ohne jemals aktiv daran beteiligt sein zu können. Daraus resultierend führen die meisten Menschen ein Leben fern jeder Intuition, Vorstellungskraft und bewussten Handlungen, die dazu führen, erfolgreiche Ergebnisse zu erzielen. Was für ein brach liegender Schatz!

Doch zum Glück gibt es Strategien, wie wir diese Zugänge frei räumen und aktiv für uns und andere einsetzen können! Die einfachste und schnellste Strategie ist das „Innehalten". Nehmen Sie sich vor wichtigen Entscheidungen einen kurzen Moment Ruhe. Atmen Sie dreimal tief in den Bauch ein und aus. Und dann stellen Sie sich vor, Sie hätten die Entscheidung bereits in eine Richtung getroffen. Wie fühlt es sich für Sie an?

Und dann stellen Sie sich vor, Sie hätten die Entscheidung in eine andere Richtung getroffen. Welche der beiden Möglichkeiten fühlt sich für Sie besser an? Meist ist es die, die uns zuerst in den Sinn kommt. Denn bevor eine Information in unserem Kopf ankommt, hatten wir bereits ein Gefühl dazu. Der wichtigste Faktor ist und bleibt allerdings, dass Sie sich einen kurzen Moment Zeit nehmen. Stress trennt uns von unserer Intuition. Sorgen Sie für Ruhe, um mit Ihrem Bauchverstand zu kommunizieren.

Souveränität

Souveräne Persönlichkeiten haben Stil. Sie sind ruhig und gelassen. Sie strahlen in ihrer Ruhe vollkommene Kraft aus. Sie haben erkannt, dass wahre Macht leise ist. Kennen Sie Menschen, die ständig laut und außer sich sind? Das ist Ohnmacht. Wenn jemand außer sich ist, ist er nicht bei sich. Und nicht bei sich zu sein bietet sehr viel Angriffsfläche. Bleiben Sie bei Stress gelassen, stark und überlegen. Wenn Sie bei einem Angriff „wild" werden, haben Sie bereits verloren. Wenn Sie ruhig atmen, Ihre Körperhaltung aufrichten und Ihre Stimme tief halten, dann können Sie dem souverän entgegen gehen. Druck erzeugt immer Gegendruck. Das haben Sie sicher schon oft gehört, aber mal Hand aufs Herz: Bleiben Sie wirklich ruhig, wenn es mal hektisch wird, da Sie viel Arbeit auf dem Tisch haben? Strahlen Sie Gelassenheit aus oder werden Sie unruhig? Ruhe ist der Schlüssel zum Sieg!

Souveränität sollte auch dann gewahrt werden, wenn Sie mit unangenehmen, lauten oder dominanten Zeitgenossen arbeiten müssen. Und diese gibt es leider sehr häufig. In meinem Buch: „Die Alpha DNA" nenne ich diese Menschen liebevoll Hyänen, denn sie sind bissig und nicht so schön anzusehen. Die Herausforderung ist, wenn Sie Menschen führen möchten, dann müssen sie auch mit Hyänen konstruktiv zusammenarbeiten. Sie bilden in der Berufswelt einfach einen hohen Anteil, da sie auf Macht und Prestige aus sind. Und wo bekommt man das besser als im Job? Ihre vermeintliche Macht spielen Hyänen leider viel zu gerne aus, indem sie ihr Umfeld verbal angreifen und erniedrigen, um sich selbst zu erhöhen. Sie meinen, wenn sie andere kleiner machen, wirken sie selbst größer.

Genau in diesen Momenten ist Souveränität enorm wichtig. Nicht gleich gedankenlos kontern und sich verschreckt zurückziehen. Nutzen Sie genau an dieser Stelle die sogenannte Reizreaktionslücke. Jeder Mensch besitzt diese Lücke zwischen einem Reiz und der Reaktion. Diese beträgt leider nur 250 Millisekunden und muss daher effizient genutzt werden, um die Emotionen zu sammeln, tief durchzuatmen und einen klaren Gedanken zu fassen. Dann haben Sie die Möglichkeit souverän zu reagieren. Gestehen Sie sich diese Zeit zu. Verschaffen Sie sich Ihren Raum. Mit Selbstbewusstsein und Souveränität setzten Sie sich an die Spitze und können die Menschen in Ihrem Umfeld ganz leicht führen. Ein hoher Status wird Ihnen ebenfalls dabei helfen.

Status

In Unternehmen stellen sich Frauen leider viel zu oft als Statisten dar. Sie halten sich und ihre Meinung im Hintergrund. Somit gelangen Menschen in den Vordergrund, die oft mehr Schein als Sein sind. Genau diese Menschen haben dann mehr Mitarbeiterverantwortung und nur, weil sie besser klappern können. Aber klappern gehört einfach zum Geschäft. Selbst Gott lässt die Glocken läuten, um Werbung für sich zu machen. Doch wie können Sie klappern ohne sich unangenehm in den Mittelpunkt zu drängen? Das geht, indem Sie Ihren Status erhöhen.

Beim Thema Status ergeben sich wesentliche Unterschiede der weiblichen und männlichen Führung. Frauen ist ihr persönlicher Status häufig nicht so wichtig. Sie brauchen meist nicht das größte Büro, den besten Parkplatz und den größten Dienstwagen. Deshalb werden sie leider auch häufig von Kollegen oder Mitarbeitern nicht wahrgenommen. Das ist sehr schade. In Unternehmen sollte mehr Wert darauf gelegt werden, was ein Mensch ist, als darauf, was er darstellt. Doch werden Menschen mit großen Statussymbolen noch immer meist ernster genommen, als die, die ihren Status nicht stark nach außen tragen. Solange die Höhe des Status noch über den Erfolg entscheidet, gilt es also, das Spiel mit ihm zu beherrschen – passiv wie aktiv. Das bedeutet, es ist wichtig, passiv den Status seines Gegenübers zu erkennen und aktiv Statusgesten so einzusetzen, dass das Umfeld Ihren Status akzeptiert. Insbesondere dann, wenn Sie Führungspositionen mit einem hohen Status einnehmen wollen.

Betrachten wir uns einmal genauer die beiden Arten des Status:

Hoch-Status-Typen sind Menschen, die groß und imposant wirken. Sie haben eine überlegene Ausstrahlung.

Tief-Status-Typen sind Menschen, die sich kleiner machen als sie sind. Ihre Ausstrahlung ist die eines Unterlegenen.

Ihre Körperhaltung zeigt Ihren Status: um genau zu sein, entlarvt Ihre Körperhaltung den Status, den Sie für sich verinnerlicht haben. Hat eine Person eine gerade Haltung mit festem Stand, Spannung im Körper, eine aufrechte Kopfhaltung und einen direkten Blickkontakt, dann ist sie ein Hoch-Status-Typ. Ist die Körperhaltung eher gebückt mit hängenden Schultern, Beine geknickt und der Blick weicht aus, dann ist es ein Tief-Status-Typ.

Der Statushöhere gibt vor, was zu tun ist und der Statustiefere folgt. Man spricht hier auch vom 'Führer' und vom 'Folger'. Die besten Führungspersönlichkeiten sind die 'Führer', das steckt bereits im Wort. Sie können Menschen bewegen und anleiten. Das heißt, prüfen Sie in der Kommunikation mit Vorgesetzen oder mit Mitarbeitern immer Ihre Körperhaltung und Ihre Stimme. Lassen Sie Ihre Körpersprache Souveränität ausstrahlen. Wichtig dabei ist, der Status wird Ihnen von Ihrem Umfeld zugeschrieben, insofern ist seine Höhe auch immer vom Kontext abhängig. Es kann sein, dass eine Frau in einem Gespräch mit ihrem Mitarbeiter einen hohen Status hat und in dem Gespräch mit ihrem Chef einen tiefen.

Charisma

Einer der größten Redner unserer Zeit ist Barack Obama. Ich verweise immer gerne auf seinen Lebenslauf. Nach nur drei Jahren als Junior Senator wurde er der erste afroamerikanische(!) Präsident der USA. Quasi ein Ding der Unmöglichkeit – Barack Obama hat es geschafft. Wie hat er das gemacht? Er hatte eine klare Vision und er hat es geschafft, sehr viele Menschen damit zu infizieren. Er bewegte die Menschen so sehr, dass sie nahezu den gesamten Wahlkampf finanzierten. Das ist vor ihm noch niemandem gelungen. Er hat mit seinem Charisma sein Volk beseelt: YES, WE CAN!

Was ist das besondere Geheimnis dieser charismatischen Führungspersönlichkeit? Ganz einfach, er spricht so über bahnbrechende Visionen, dass sie jeder verstehen und nachvollziehen kann. So fühlen sich die Menschen, zu denen er spricht, verstanden und abgeholt. Wahre Führungskräfte sagen nicht: „Mein Ziel ist es, die Wahl zu gewinnen!", denn das fordert die Replik heraus: „Schön, viel Erfolg dabei!" Sie sagen vielmehr: „Mein Ziel ist es, diese Wahl zu gewinnen, damit ich Sie unterstützen kann, noch zufriedener in Ihrem Leben zu werden!" Jetzt fühlen sich die Zuhörer angesprochen. Sie fühlen sich abgeholt und verstanden. Ja, sie können sich sogar damit identifizieren. Sie finden den Redner charismatisch.

Charismatische Führungskräfte sind ausdrucksstark. Sie überzeugen ihr Umfeld. Ihr ausgeprägtes Gespür hilft ihnen, die Bedürfnisse ihrer Mitmenschen zu erkennen. Zudem sind sie bereit, unter großem persönlichen Einsatz und auch mit großem persönlichen Risiko, ihre Ideen und Visionen zu verteidigen. Sie legen Wert auf Kompetenz und verfügen über Verantwortungsgefühl und ethische Überzeugungen.

Um es auf den Punkt zu bringen: Charismatiker sind wahre Führungspersönlichkeiten. Sie nutzen all ihre positiven weiblichen Fähigkeiten und setzen sie gezielt ein. Das ist der Garant für Erfolg!

Weibliche Führung setzt sich durch. Echtheit – ist heute wichtiger denn je. Wir wollen von Menschen geführt werden, die mit sich im Reinen sind und in sich selbst ruhen. Ehrlichkeit und Berechenbarkeit sind gefragt. Jede Frau kann diese Fähigkeiten ausbauen, denn sie stecken schon in uns. Wir dürfen uns daran erinnern wer wir sind und was uns ausmacht. Wenn wir Frauen wieder in unsere weibliche Kraft kommen, dann erreichen wir unsere Ziele und zwar mit Leichtigkeit und Freude. Das wünsche ich Ihnen.

Meine Erfolgsformel

   Intuition
+ Souveränität
+ Charisma
_____

= Erfolg

Autorin	Firma	Position
Ingrid Blumenthal	ALIUD PHARMA GmbH	Geschäftsführerin
Dr. Renate Braeuniger-Weimer	Mediatum Deutschland	Geschäftsführerin
Susanne Caspar	Schaper & Brümmer GmbH & Co KG	CEO
Dr. Vanessa Conin-Ohnsorge	IDV GmbH	geschäftsführernde Gesellschafterin
Petra Exner	Insight Health GmbH & Co. KG	Geschäftsführerin
Monika Fenzau	FENZAU & Company	Managing Director
Marina Friess	Feminess | Female Business	Inhaberin
Dr. Sabine Huppertz-Helmhold	Professional Pharma Partner	Geschäftsführerin
Susanne Jurasovic	Lüdke + Döbele GmbH	Inhaberin
Manuela Hoffmann-Lücke	Baxter Deutschland GmbH	Geschäftsführerin
Martina Lackner	CrossM	Inhaberin
Nela Novakovic	Kyowa Kirin GmbH	Finance & Operations Director
Maria V. Popova	Mithra Pharmaceuticals GmbH	Country Manager
Christel Röttinger	Pharma K Services GmbH	geschäftsführernde Gesellschafterin
Dr. Julia Schäfer	Kienbaum Executive Consultants GmbH	Mgl. d. Geschäftsleitung/ Director Health Care
Dehlia Thürheimer	REDT Consulting	Geschäftsführerin
Monika Tiedemann	Protina Pharmazeutische GmbH	Geschäftsführerin
Katrin Wenzler	Marvecs GmbH	Geschäftsführerin
Birgit Maria Weinländer	Weinländer Interim Management	Geschäftsführerin
Sylvia Weimer-Hartmann	Biokanol Pharma GmbH	Geschäftsführerin
Dr. Angelika Weinländer-Mölders	Caesar & Loretz GmbH	Geschäftsführerin